桐蔭学園高等学校

〈収録内容〉

便利な DL コンテンツは右の QR コードから ⇒

解答用紙　過去年度

※データのダウンロードは 2025 年 3 月末日まで。
※データへのアクセスには、右記のパスワードの入力が必要となります。 ⇒ 210122

〈合格最低点〉

※学校からの合格最低点の発表はありません。

本書の特長

実戦力がつく入試過去問題集

▶ 問題 …………… 実際の入試問題を見やすく再編集。
▶ 解答用紙 …… 実戦対応仕様で収録。
▶ 解答解説 …… 詳しくわかりやすい解説には、難易度の目安がわかる「基本・重要・やや難」の分類マーク付き（下記参照）。各科末尾には合格へと導く「ワンポイントアドバイス」を配置。採点に便利な配点つき。

入試に役立つ分類マーク

基本 確実な得点源！
受験生の 90％以上が正解できるような基礎的、かつ平易な問題。
何度もくり返して学習し、ケアレスミスも防げるようにしておこう。

重要 受験生なら何としても正解したい！
入試では典型的な問題で、長年にわたり、多くの学校でよく出題される問題。
各単元の内容理解を深めるのにも役立てよう。

やや難 これが解ければ合格に近づく！
受験生にとっては、かなり手ごたえのある問題。
合格者の正解率が低い場合もあるので、あきらめずにじっくりと取り組んでみよう。

合格への対策、実力錬成のための内容が充実

▶ 各科目の出題傾向の分析、合否を分けた問題の確認で、入試対策を強化！
▶ その他、学校紹介、過去問の効果的な使い方など、学習意欲を高める要素が満載！

解答用紙ダウンロード 解答用紙はプリントアウトしてご利用いただけます。弊社ＨＰの商品詳細ページよりダウンロードしてください。トビラのＱＲコードからアクセス可。

UD FONT 見やすく読みまちがえにくいユニバーサルデザインフォントを採用しています。

桐蔭学園 高等学校

これからの社会を主体的に生き抜くための資質・能力を“新しい進学校”が育む

URL	https://toin.ac.jp

普通科
生徒数　2603名
〒225-8502
神奈川県横浜市青葉区鉄町1614
☎045-971-1411
東急田園都市線市が尾駅・青葉台駅・あざみ野駅　各バス10～15分
小田急線柿生駅　バス15分

プロフィール

時代の変化に応じた教育改革を推進

1964（昭和39）年に学校法人桐蔭学園設立とともに高等学校（男子校）を開設。1971年に理数科を開設。1981年に女子部を開設し、男女別学制での教育を実施。2018年、理数科・普通科、男女別学制を普通科3コース（プログレス・アドバンス・スタンダード）の男女共学に変更。

環境

充実した施設が質の高い学びを提供

横浜市北部の緑に囲まれた桐蔭学園。シンフォニーホール（1700人収容）を中心に校舎が機能的に配置され、生徒は施設を有効に活用できる。各校舎には図書室・体育館・保健室・食堂など、生徒の学習・生活を支える施設が整っている。また教室にはプロジェクターとスクリーンが配備され、質の高い先進の授業を展開。学習のための設備はもちろん、体育施設、文化施設も充実している。

カリキュラム

桐蔭ならではの先進かつ伝統の教育

学園創立50周年を機に大幅な教育改革を推進。

授業をベースに、アクティブラーニング型授業・探求・キャリア教育を3本柱とする「新しい進学のカタチ」で、変化の激しい社会を主体的に生き抜く力を育む。アクティブラーニング型授業は、「個→協働→個」の標準的流れが「バランスの良い」学力を育成する。研究は科目名を“未来への扉”と称し、自ら学び続ける力を養成。キャリア教育では、成長し続ける力を育てる。

また長年実施している習熟度別授業も継続。英語・数学は、定期考査の結果をもとに授業クラスのメンバーを入れ替え、各生徒はその時々の学力にあったクラスで授業を受ける。

近代的校舎、設備を誇っている

学校生活

多彩な行事が可能性を引き出す

入学直後の新入生歓迎会や部活動紹介に始まり、遠足・鵬舞祭（体育祭）・鵬翔祭（学園祭）・学園内のシンフォニーホールでの舞台芸術鑑賞・修学旅行や、企業・大学・OBなどの協力を得て実施するジョブシャドウイング・研究室シャドウイング・卒業生ガイダンス・高大連携企画など、行事は多彩。

また、社会のグローバル化への対応として、アメリカやニュージーランドの提携校への研修、長期・短期の留学制度など（希望制）も用意されている。

学習サポートとしては、放課後の学習相談会・特別講習や校内夏期講習など、大学進学に向けてのフォロー体制を整えている。

進路

自身が学びたいことを学べる大学へ　多様かつ幅広く進学

一般入試はもちろん、総合型選抜や学校推薦型選抜などを経て、8割を超える生徒が現役で進学している。2023年度の現役合格実績は次のとおり。

国公立大は東大2、一橋大4、東工大6、筑波大5、横浜国大12、東京都立大17、東京学芸大8、防衛大1など、私立大は早大52、慶大42、上智大40、東京理科大47など。

ひとこと

在校生からのひとこと

授業内で意見を交換することで、理解がより一層深まっていると感じます。新たな考え方や違う角度からの知見を得ると「そういう意見もあるのか！」と驚きがたくさんありました。意見を伝えるためには、説明できるほどの理解が必要です。だからこそ、考えをまとめ、わかりやすく伝える力が身についたと感じます。

2024年度入試要項

試験日　1/22（推薦）　2/11（一般A）
試験科目　面接（推薦）
国・数・英（一般A）
※一般B方式は書類選考（課題作文を提出）

<table>
<tr><th>2024年度</th><th>募集定員</th><th>受験者数</th><th>合格者数</th><th>競争率</th></tr>
<tr><td>プログレス推薦</td><td>30</td><td>18</td><td>18</td><td>1.0</td></tr>
<tr><td>アドバンス推薦</td><td>80</td><td>152</td><td>152</td><td>1.0</td></tr>
<tr><td>スタンダード推薦</td><td>90</td><td>137</td><td>137</td><td>1.0</td></tr>
<tr><td>プログレスA方式</td><td>30</td><td rowspan="3">874</td><td>101</td><td>—</td></tr>
<tr><td>アドバンスA方式</td><td>40</td><td>41</td><td>—</td></tr>
<tr><td>スタンダードA方式</td><td>20</td><td>22</td><td>—</td></tr>
<tr><td>プログレスB方式</td><td>130</td><td>1306</td><td>1306</td><td>1.0</td></tr>
<tr><td>アドバンスB方式</td><td>160</td><td>1771</td><td>1771</td><td>1.0</td></tr>
<tr><td>スタンダードB方式</td><td>80</td><td>398</td><td>398</td><td>1.0</td></tr>
</table>

過去問の効果的な使い方

① **はじめに**　入学試験対策に的を絞った学習をする場合に効果的に活用したいのが「過去問」です。なぜならば，志望校別の出題傾向や出題構成，出題数などを知ることによって学習計画が立てやすくなるからです。入学試験に合格するという目的を達成するためには，各教科ともに「何を」「いつまでに」やるかを決めて計画的に学習することが必要です。目標を定めて効率よく学習を進めるために過去問を大いに活用してください。また，塾に通われていたり，家庭教師のもとで学習されていたりする場合は，それぞれのカリキュラムによって，どの段階で，どのように過去問を活用するのかが異なるので，その先生方の指示にしたがって「過去問」を活用してください。

② **目的**　過去問学習の目的は，言うまでもなく，志望校に合格することです。どのような分野の問題が出題されているか，どのレベルか，出題の数は多めか，といった概要をまず把握し，それを基に学習計画を立ててください。また，近年の出題傾向を把握することによって，入学試験に対する自分なりの感触をつかむこともできます。

過去問に取り組むことで，実際の試験をイメージすることもできます。制限時間内にどの程度までできるか，今の段階でどのくらいの得点を得られるかということも確かめられます。それによって必要な学習量も見えてきますし，過去問に取り組む体験は試験当日の緊張を和らげることにも役立つでしょう。

③ **開始時期**　過去問への取り組みは，全分野の学習に目安のつく時期，つまり，9月以降に始めるのが一般的です。しかし，全体的な傾向をつかみたい場合や，学習進度が早くて，夏前におおよその学習を終えている場合には，7月，8月頃から始めてもかまいません。もちろん，受験間際に模擬テストのつもりでやってみるのもよいでしょう。ただ，どの時期に行うにせよ，取り組むときには，集中的に徹底して取り組むようにしましょう。

④ **活用法**　各年度の入試問題を全問マスターしようと思う必要はありません。できる限り多くの問題にあたって自信をつけることは必要ですが，重要なのは，志望校に合格するためには，どの問題が解けなければいけないのかを知ることです。問題を制限時間内にやってみる。解答で答え合わせをしてみる。間違えたりできなかったりしたところについては，解説をじっくり読んでみる。そうすることによって，本校の入試問題に取り組むことが今の自分にとって適当かどうかが，はっきりします。出題傾向を研究し，合否のポイントとなる重要な部分を見極めて，入学試験に必要な力を効率よく身につけてください。

数学

各都道府県の公立高校の入学試験問題は，中学数学のすべての分野から幅広く出題されます。内容的にも，基本的・典型的なものから思考力・応用力を必要とするものまでバランスよく構成されています。私立・国立高校では，中学数学のすべての分野から出題されることには変わりはありませんが，出題形式，難易度などに差があり，また，年度によっての出題分野の偏りもあります。公立高校を含め，ほとんどの学校で，前半は広い範囲からの基本的な小問群，後半はあるテーマに沿っての数問の小問を集めた大問という形での出題となっています。

まずは，単年度の問題を制限時間内にやってみてください。その後で，解答の答え合わせ，解説での研究に時間をかけて取り組んでください。前半の小問群，後半の大問の一部を合わせて50%以上の正解が得られそうなら多年度のものにも順次挑戦してみるとよいでしょう。

英語

英語の志望校対策としては，まず志望校の出題形式をしっかり把握しておくことが重要です。英語の問題は，大きく分けて，リスニング，発音・アクセント，文法，読解，英作文の5種類に分けられます。リスニング問題の有無(出題されるならば，どのような形式で出題されるか)，発音・アクセント問題の形式，文法問題の形式(語句補充，語句整序，正誤問題など)，英作文の有無(出題されるならば，和文英訳か，条件作文か，自由作文か）など，細かく具体的につかみましょう。読解問題では，物語文，エッセイ，論理的な文章，会話文などのジャンルのほかに，文章の長さも知っておきましょう。また，読解問題でも，文法を問う問題が多いか，内容を問う問題が多く出題されるか，といった傾向をおさえておくことも重要です。志望校で出題される問題の形式に慣れておけば，本番ですんなり問題に対応することができますし，読解問題で出題される文章の内容や量をつかんでおけば，読解問題対策の勉強として，どのような読解問題を多くこなせばよいかの指針になります。

最後に，英語の入試問題では，なんと言っても読解問題でどれだけ得点できるかが最大のポイントとなります。初めて見る長い文章をすらすらと読み解くのはたいへんなことですが，そのような力を身につけるには，リスニングも含めて，総合的に英語に慣れていくことが必要です。「急がば回れ」ということわざの通り，志望校対策を進める一方で，英語という言語の基本的な学習を地道に続けることも忘れないでください。

国語

国語は，出題文の種類，解答形式をまず確認しましょう。論理的な文章と文学的な文章のどちらが中心となっているか，あるいは，どちらも同じ比重で出題されているか，韻文(和歌・短歌・俳句・詩・漢詩)は出題されているか，独立問題として古文の出題はあるか，といった，文章の種類を確認し，学習の方向性を決めましょう。また，解答形式は，記号選択のみか，記述解答はどの程度あるか，記述は書き抜き程度か，要約や説明はあるか，といった点を確認し，記述力重視の傾向にある場合は，文章力に磨きをかけることを意識するとよいでしょう。さらに，知識問題はどの程度出題されているか，語句(ことわざ・慣用句など)，文法，文学史など，特に出題頻度の高い分野はないか，といったことを確認しましょう。出題頻度の高い分野については，集中的に学習することが必要です。読解問題の出題傾向については，脱語補充問題が多い，書き抜きで解答する言い換えの問題が多い，自分の言葉で説明する問題が多い，選択肢がよく練られている，といった傾向を把握したうえで，これらを意識して取り組むと解答力を高めることができます。「漢字」「語句・文法」「文学史」「現代文の読解問題」「古文」「韻文」と，出題ジャンルを分類して取り組むとよいでしょう。毎年出題されているジャンルがあるとわかった場合は，必ず正解できる力をつけられるよう意識して取り組み，得点力を高めましょう。

数学

出題傾向の分析と 合格への対策

●出題傾向と内容

本年度の出題数は，大問5題，小問数21題，設問数にして24題と例年並みであった。

1が平方根の計算問題，方程式，方程式の応用，角度，面積の5題の小問群で，2以降が大問となっている。大問は，直角三角形の一部を折り返した図形の長さや面積，正六角形の対角線によってできる三角形の種類，関数・グラフと図形，正三角柱と内接する球についての計量問題となっている。

小問を順に解くことで次の小問が手掛けやすい誘導形式がとられているが，問題数が多く，思考力や応用力，整理する力などを要求するものも混じるのでレベルは標準よりやや上である。

✔学習のポイント

基本事項を徹底的に学習しておこう。思考力，応用力をつけるには，日常的に様々な事象に疑問を持つこと。

●2025年度の予想と対策

来年度も出題形式，問題レベルとも例年と同様であると思われる。

1で，数量分野，図形分野の基本的な事柄を問い，2以降では，それぞれにテーマを設けて，小問に順に答えながらやや高度な所までたどりつけるように，工夫された形での出題となるだろう。

設問数が多いが，それが考えを進めていく上でのヒントになっていることが多く，問題を解きながら学べる良問が出題されるだろう。

教科書内容の徹底理解で基本を固めた上で，標準レベルの問題集などで，思考力・応用力を伸ばしていこう。

▼年度別出題内容分類表 ……

出題内容			2020年	2021年	2022年	2023年	2024年
数と式		数の性質	○		○	○	
		数・式の計算	○	○	○	○	○
		因数分解	○	○			
		平方根	○	○	○		○
方程式・不等式		一次方程式					
		二次方程式			○	○	
		不等式					
		方程式・不等式の応用			○		○
関数		一次関数	○	○	○	○	○
		二乗に比例する関数	○	○	○	○	○
		比例関数					
		関数とグラフ	○	○	○	○	○
		グラフの作成					
図形	平面図形	角度	○	○	○	○	○
		合同・相似	○	○	○	○	○
		三平方の定理	○	○	○	○	○
		円の性質	○	○	○	○	○
	空間図形	合同・相似				○	
		三平方の定理	○	○	○	○	○
		切断	○	○	○	○	○
	計量	長さ		○		○	○
		面積		○	○	○	○
		体積	○	○	○		○
	証明		○				
	作図						
	動点					○	
統計		場合の数	○	○		○	○
		確率	○	○	○		○
		統計・標本調査					
融合問題		図形と関数・グラフ	○	○	○	○	○
		図形と確率					
		関数・グラフと確率					
		その他					
その他				○	○		

桐蔭学園高等学校

英語

出題傾向の分析と合格への対策

●出題傾向と内容

昨年度同様，長文読解問題2題および語句整序問題1題という出題構成だった。長文読解重視の姿勢に変わりはない。

長文読解問題の英文は，本校受験生のレベルを考え合わせると難解というほどのものではないが，話の展開を正確におさえなければ内容吟味の問題に対応できない。また，量が多いので，速読力がなければ時間内にすべてに解答することはできないだろう。かなりのスピードで文を読みながらも，正確に一文ずつの意味を把握する力が求められている。

語句整序問題では，中学で学習する範囲内の正確な文法力が問われている。

✔学習のポイント

長文の分量が多い。速読の練習を充分に行おう！

●2025年度の予想と対策

この数年間は，長文読解問題中心の出題傾向が続いており，来年度もこれと大きく変わることはないと思われる。

長文読解問題の対策としては，さまざまな種類の英文を数多く読んで長文に慣れ，最終的には700語くらいの文も正確に速く内容を把握できる力を養おう。特に，登場人物の心情を正確に理解するために行間を読み取る力も必要である。段落ごとに要約するなどの練習を重ね，文の流れを確実につかむ力をつけておこう。同時に教科書の基本的な文法事項などは確実に理解し，文法問題にも対応できるよう準備をしておくことが必要となる。

▼年度別出題内容分類表 ……

	出題内容	2020年	2021年	2022年	2023年	2024年
話し方・聞き方	単語の発音					
	アクセント					
	くぎり・強勢・抑揚					
	聞き取り・書き取り					
語い	単語・熟語・慣用句	○				○
	同意語・反意語					
	同音異義語					
読解	英文和訳（記述・選択）					
	内容吟味	○	○	○	○	○
	要旨把握			○		
	語句解釈				○	○
	語句補充・選択	○	○	○	○	○
	段落・文整序					○
	指示語		○	○	○	○
	会話文					
文法・作文	和文英訳					
	語句補充・選択					
	語句整序	○	○	○	○	○
	正誤問題					
	言い換え・書き換え					
	英問英答					
	自由・条件英作文					
文法事項	間接疑問文		○			○
	進行形					
	助動詞					
	付加疑問文					
	感嘆文					
	不定詞	○	○	○	○	○
	分詞・動名詞		○	○	○	○
	比較			○		
	受動態		○		○	○
	現在完了				○	
	前置詞					
	接続詞			○		
	関係代名詞	○	○	○	○	

桐蔭学園高等学校

国語

出題傾向の分析と合格への対策

●出題傾向と内容

本年度は，現代文と古文の読解問題が1題ずつの大問2題構成で，漢字や語句の意味といった知識分野は本文に組み込まれる形で出題された。

現代文は，例年通り論説文からの出題。シンプルなテーマで比較的読みやすい内容だが，長文であるため，論の展開を正確にとらえて読み進めることが不可欠である。設問は内容吟味，文脈把握が中心であるが，内容真偽や論の進め方を考察する問題など，総合的な読解力を求められる設問もあった。

古文は『唐物語』から，本文のみの出題で，例年通り，長文である。読解中心で，的確な文脈の読み取りが要求されるので難易度は高い。

学習のポイント

論説文対策の第一歩は，段落チェック。段落ごとのキーワード，語句の対応関係をマークしよう。

●2025年度の予想と対策

現代文（論理的文章）と古文の出題は変わらないものと予想される。

現代文は，文脈を正しく把握し，細かい内容まで正確に理解することが大切。日頃から，さまざまなジャンルの論理的文章に触れるように心がけ，論の運び方や，頻出の論点の背景に関する一般的な知識を身につけておきたい。

古文は，採用文は標準的であるが，踏み込んだ内容まで問われる設問が見られるので，教科書レベルの学習では高得点をとることは難しいだろう。参考書や問題集などで，古文の読解力を高めるとともに，資料集や用語集を活用して，知識を深めていくことが大切である。

▼年度別出題内容分類表 ……

出題内容			2020年	2021年	2022年	2023年	2024年
内容の分類	読解	主題・表題					
		大意・要旨	○	○	○	○	○
		情景・心情	○	○	○	○	○
		内容吟味	○	○	○	○	○
		文脈把握	○	○	○	○	○
		段落・文章構成	○	○			
		指示語の問題		○			
		接続語の問題			○	○	
		脱文・脱語補充	○	○	○	○	○
	漢字・語句	漢字の読み書き	○	○	○	○	○
		筆順・画数・部首					
		語句の意味	○				○
		同義語・対義語					
		熟語		○			
		ことわざ・慣用句	○	○		○	
	表現	短文作成					
		作文(自由・課題)					
		その他					
	文法	文と文節	○	○			
		品詞・用法					
		仮名遣い					
		敬語・その他	○				
	古文の口語訳		○			○	○
	表現技法						
	文学史			○			
問題文の種類	散文	論説文・説明文	○	○	○	○	○
		記録文・報告文					
		小説・物語・伝記					
		随筆・紀行・日記					
	韻文	詩					
		和歌(短歌)					
		俳句・川柳					
	古文		○	○	○	○	○
	漢文・漢詩						

桐蔭学園高等学校

2024年度 合否の鍵はこの問題だ!!

数学 [1] (4)・(5), [2] (2)・(3), [3], [4], [5] (3)・(4)

[1] (4)

正五角形は対角線を引くことによって頂角が108度，底角が36度の二等辺三角形と頂角が36度，底角が72度の二等辺三角形ができる。覚えておこう。

[1] (5)

3辺の長さの比が2：1：$\sqrt{3}$の三角形は，内角の大きさが30°，60°，90°の直角三角形である。問題図の直方体は2辺の比が2：1であり，対角線の長さは$\sqrt{5}$である。直角をはさむ辺の比が2：1の直角三角形の3辺の比が2：1：$\sqrt{5}$であることも覚えておこう。

[2] (2)，(3)

本文解説では平行線と線分の比の関係を用いたが，三平方の定理を用いることもできる。例をあげておく。右図で，∠ABC＝90°，AB＋BC＋CA＝10，AB＝4とする。BC＝xとすると，CA＝$6-x$　三平方の定理を用いて，$(6-x)^2=4^2+x^2$　$12x=20$　$x=\mathrm{BC}=\dfrac{5}{3}$　$\mathrm{CA}=\dfrac{13}{3}$

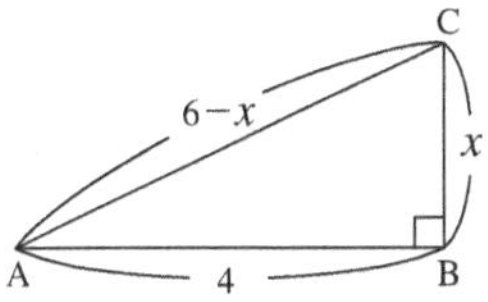

[3]

本問題は，点Aとその他の2つの頂点を使って三角形を作る問題なのでそれほど難しくはない。また，頂角が120度の鈍角二等辺三角形，正三角形，直角三角形の3種類しかできない。

[4]

△AOBは原点を使っているので面積を求めやすい。本文解説では(4)にもつながるように直線ABとx軸の交点のx座標を用いた。その他のやり方も例示しておく。

・外側の面積から不要の部分の面積を引く方法：点A，点Bからy軸にそれぞれ垂線AH，BIを引くと，AH＝6，BI＝1，HO＝9，IO＝1，HI＝10　△AOB＝(台形AHIB)－△OAH－△OBI＝$\dfrac{1}{2}\times(6+1)\times10-\dfrac{1}{2}\times6\times9-\dfrac{1}{2}\times1\times1=35-27-\dfrac{1}{2}=\dfrac{15}{2}$

・y軸に平行な直線を引いて三角形を2つに分ける方法：直線OAの式は$y=\dfrac{3}{2}x$なので，点Bを通るy軸に平行な直線を引いて直線OAとの交点をDとすると，$\mathrm{D}\left(1,\ \dfrac{3}{2}\right)$　$\mathrm{DB}=\dfrac{3}{2}-(-1)=\dfrac{5}{2}$　△OAB＝△OBD＋△ABD＝$\dfrac{1}{2}\times\dfrac{5}{2}\times1+\dfrac{1}{2}\times\dfrac{5}{2}\times(6-1)=\dfrac{1}{2}\times\dfrac{5}{2}\times6=\dfrac{15}{2}$

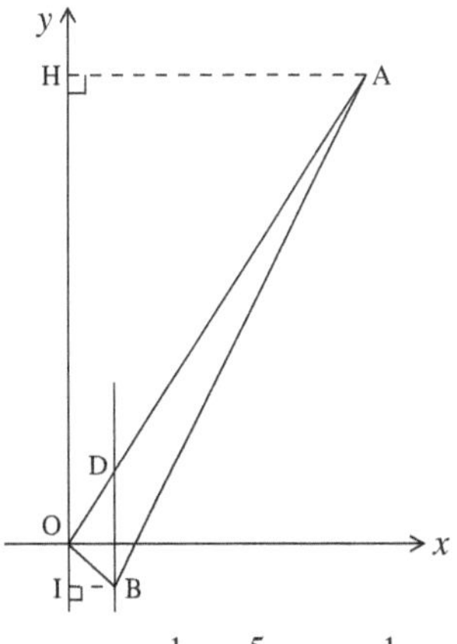

[5] (3)

立体の表面を通る線について考えるときは展開図を書いて考えるとよい。また，2点を結ぶ線の中で最短のものは，その2点を結ぶ線分である。

[5] (4)

点Dを含む立体の体積を求めようとすると複雑な方法となる。(1)で正三角柱の体積をもとめてあるので，Dを含まない方の立体の体積を求めて引けばよい。また，面ABCと面BEFCが垂直に交わっているので四角すいの高さも求めやすい。

◎過去問題集は中学数学の復習に最良の問題集である。徹底的に取り組んでみよう。

英語 Ⅲ

Ⅲは語句整序問題である。全体として大問数は3題ではあるが，ⅠⅡの長文がかなり長く，細かい内容把握問題が多いため解答に時間がかかることが予想される。残された時間で語句整序問題を解くために必要な正しい文法知識が定着しているか否かが合否を分けると推測される。

各問とも中学で学習する文法知識が複数組み合わされているため難易度は高い。日本語文と語群，すでに与えられている語句からポイントとなる重要文法事項を素早く見つけ出し語句を当てはめていこう。また与えられている日本語訳に惑わされないよう語群から英文を考え作っていく力も必要となる。

（2） What is that cat called by the children looking after it?

What is that cat called「あの猫は何と呼ばれていますか？」を最初に作れるかどうかがポイントとなる。

is called by〈be動詞＋過去分詞＋ by動作主〉という受動態の基本の形が作れることに気づきたい。

the children looking after it がひとまとまりで動作主となっていることがもう一つのポイント。looking after it が the children を後置修飾する形となっている。

日本語訳が「世話をしている子供たちは～」となっていることから the children is looking after that cat などとしないよう注意しよう。

（5） She lives so far away from the station that she feels very tired when she goes to work.

so ～ that …「とても～なので…」構文に気づけるかどうかがポイント。「とても～なので…」という日本語文と，語群の so，that から so ～ that 構文を使って英文を作ることを素早く判断しよう。

「～」の部分が1語ではなく far away from the station とすることがポイント。

She lives far away from the station so that she feels ～.「彼女は通勤でとても疲れないように駅から離れたところに住んでいる」という so that の用法と混同しないように注意しよう。

国語　第一問　問8

★ 合否を分けるポイント

――線部⑤「そもそも，どのような人間が善良なのだろうか」とあるが，この問いかけに対して，どのような説明がなされているか，最も適切なものを選ぶ問題である。本文の内容を丁寧に読み取り，正しい選択肢を見極められているかがポイントだ。

★ 長い本文は内容ごとに要旨を捉え，選択肢の細部まで確認して照合する

本文は，アリストテレスの考えを引用しながら「友情」について述べた文である。要旨をまとめると，

○　アリストテレスは友情を一つの愛として説明し，友達として愛されるに値する何かを持っている人を愛するというのが，アリストテレスの考える愛である。

○　愛されるに値するものとして「快楽」「有用さ」「善良さ」の三つがある。

・快楽に基づく友情は，理由がなくても一緒にいるだけで心地よいと感じる関係

・有用さに基づく友情は，目的達成のために有益な相手同士の間に成り立つ関係

・善良さに基づく友情は，相手のもつ優れた人間性にお互いが魅力を感じ合える関係

○　快楽さや有用さは，付帯的な価値に過ぎないので簡単に失われるが，その人自身のものである善良さは簡単に失われることがないため，善良さに基づく友情は安定した持続性を持ち，完全である。

☆　善良さに基づく友情は善良な人間の間で成立する友情だが，善良な人間について，

①善良さとは人間がもともと持っている個性であり，長所だが，何らかの活動によってはじめて発揮される。

②善良さを発揮できるためには，自分の善良さが何であるかを把握し，そのためにどんな活動が必要かを熟知していなければならない。

③自分の善良さを発揮できるよう活動することは自分自身と友達になることに等しい，とアリストテレスが語るように，善良さを発揮することができる人は，自分の善を願える人で，そうした人だけが自分の善良さを発揮することができ，善良さに基づく友情を交わすことができる。

○　他者を愛するよりも前に，自分自身を愛さなければならない→自分を愛せない人は自分の善良さを理解していないため，善良さに基づく友情を交わすことができず，友達はできても不完全な友情に留まってしまう。

といった内容になる。上記の☆部分が設問に該当する部分になるので確認すると，①・②・③を正しく説明しているのは2だけである。2のように，本文の要旨を正しく言い換えた表現になっているか，また，1の「自然と表面化」，3の「たゆまぬ努力のたまもの」，4の「活動をしなければ失われてしまう」「友人の善良さを願うことをさしおいても」といった不適切と思われる選択肢のどこが本文と違うかを明確にしていくことが重要だ。

MEMO

大切なことはメモしておこうネ！

2024年度

入　試　問　題

2024
年
度

2024年度

桐蔭学園高等学校入試問題

【数　学】（60分）〈満点：プログレスコース150点　アドバンス・スタンダードコース100点〉

【注意】（1）図は必ずしも正確ではありません。

（2）コンパスや定規，分度器などは使用できません。

（3）分数は約分して答えなさい。

（4）根号の中は，最も簡単な整数で答えなさい。

（5）比は，最も簡単な整数比で答えなさい。

1 次の$\boxed{}$に最も適する数字をマークせよ。

（1）$3\sqrt{3}\times\sqrt{6}-\dfrac{16}{\sqrt{2}}=\sqrt{\boxed{ア}}$である。

（2）連立方程式$\begin{cases}2x+3y=7\\4x-5y=3\end{cases}$を解くと，$x=\boxed{イ}$，$y=\boxed{ウ}$である。

（3）濃度15%の食塩水200gと，濃度8%の食塩水xgを混ぜたら，食塩水の濃度が10%になった。このとき，$x=\boxed{エ}\boxed{オ}\boxed{カ}$である。

（4）【図1】のように，正五角形ABCDEがある。このとき，$\angle x$の大きさは$\boxed{キ}\boxed{ク}^\circ$，$\angle y$の大きさは$\boxed{ケ}\boxed{コ}\boxed{サ}^\circ$である。

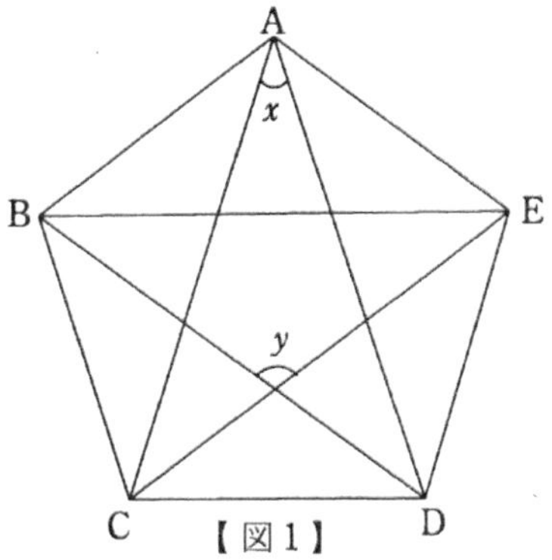

【図1】

（5）【図2】のように，AB＝1，BC＝2の長方形がある。点Bを中心とする半径2のおうぎ形BCEの点EはAD上にある。点Eから辺BCに下した垂線と辺BCとの交点をFとするとき，斜線部分の面積は$\dfrac{\pi}{\boxed{シ}}-\dfrac{\sqrt{\boxed{ス}}}{\boxed{セ}}$である。ただし，円周率は$\pi$とする。

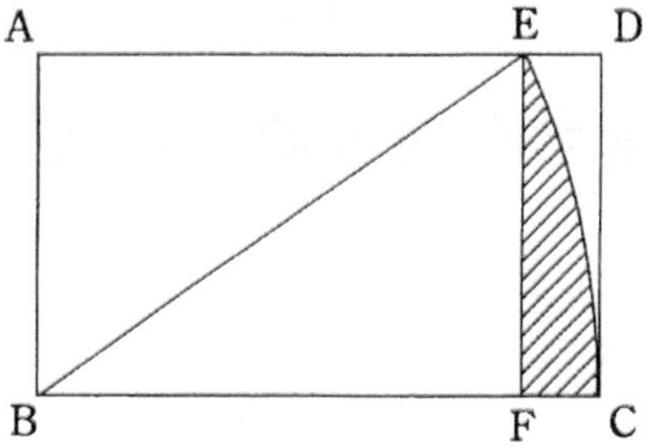

【図2】

2 下の【図1】のように，BC＝8，AC＝6，∠C＝90°の△ABCがある。【図2】は【図1】の△ABCの頂点Aを辺BC上の点Dに重なるように，線分EFを折り目として折り返したもので，AB // EDである。このとき，次の□に最も適する数字をマークせよ。

（1） AB＝$\boxed{\text{ア}}\boxed{\text{イ}}$である。

（2） CE＝$\dfrac{\boxed{\text{ウ}}}{\boxed{\text{エ}}}$である。

（3） BF＝$\dfrac{\boxed{\text{オ}}\boxed{\text{カ}}}{4}$である。

（4） △DEFの面積は$\dfrac{\boxed{\text{キ}}\boxed{\text{ク}}}{\boxed{\text{ケ}}}$である。

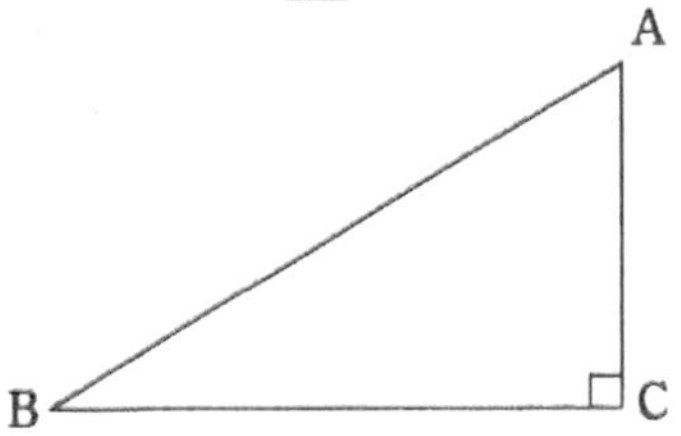

【図1】

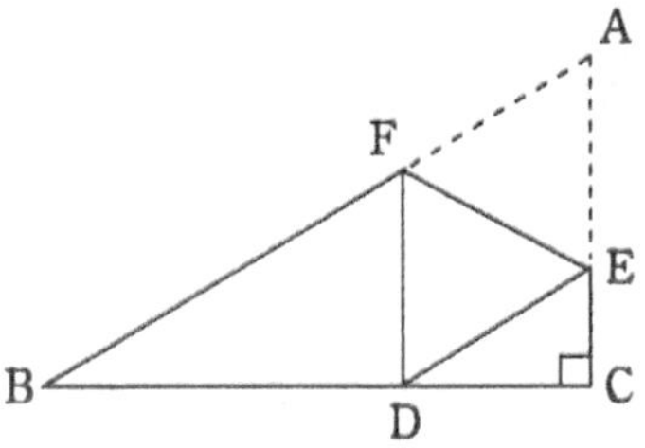

【図2】

3 右下の図のように正六角形ABCDEFがある。太郎さんと花子さんは最初に頂点Aにいて，それぞれがさいころを1回振る。太郎さんは出た目の数の分だけ反時計回りに頂点を順に進み，花子さんは出た目の数の分だけ時計回りに頂点を順に進む。2人がさいころを振った後，頂点Aと太郎さんのいる頂点と花子さんのいる頂点を結ぶことによってできあがる図形について考える。このとき，次の□に最も適する数字をマークせよ。

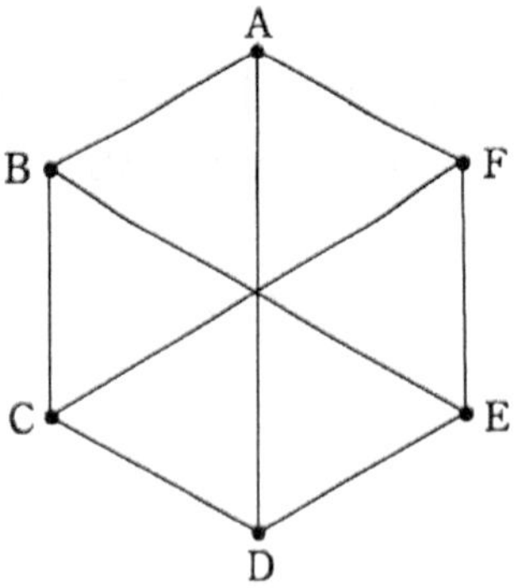

（1） できあがる図形が正三角形になるとき，太郎さんと花子さんのさいころの目の出方は$\boxed{\text{ア}}$通りである。

（2） できあがる図形が鈍角三角形になるとき，太郎さんと花子さんのさいころの目の出方は$\boxed{\text{イ}}$通りである。

（3） 太郎さんが出したさいころの目が3であるとき，できあがる図形が直角三角形となる花子さんのさいころの目の出方は$\boxed{\text{ウ}}$通りである。

また，太郎さんが出したさいころの目が1であるとき，できあがる図形が直角三角形となる花子さんのさいころの目の出方は$\boxed{\text{エ}}$通りである。

（4） できあがる図形が直角三角形となる確率は$\dfrac{1}{\boxed{\text{オ}}}$である。

4 下の図のように，放物線$y=\dfrac{1}{4}x^2$…①，$y=-x^2$…②がある。直線$y=\dfrac{3}{2}x$と放物線①との交点をA，直線$y=-x$と放物線②との交点をBとする。ただし，2点A，Bのx座標は正の数とする。このとき，次の$\boxed{}$に最も適する数字をマークせよ。

（1） 点Aの座標は($\boxed{\text{ア}}$，$\boxed{\text{イ}}$)である。

（2） 点Bの座標は($\boxed{\text{ウ}}$，$-\boxed{\text{エ}}$)である。

（3） △AOBの面積は$\dfrac{\boxed{\text{オ}}\boxed{\text{カ}}}{2}$である。

（4） △AOBをx軸の周りに1回転してできる立体の体積は$\dfrac{\boxed{\text{キ}}\boxed{\text{ク}}}{\boxed{\text{ケ}}}\pi$である。ただし，$\pi$は円周率とする。

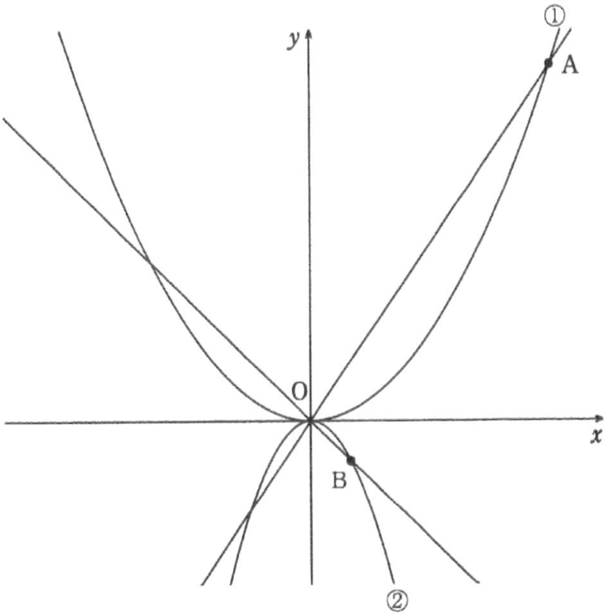

5 次のページの図のように，1辺の長さが4である正三角形を底面とする正三角柱ABC−DEFがある。この正三角柱のすべての面に接する球Oがある。このとき，次の$\boxed{}$に最も適する数字をマークせよ。

（1） 球の半径は$\dfrac{\boxed{\text{ア}}\sqrt{\boxed{\text{イ}}}}{3}$であり，正三角柱の体積は$\boxed{\text{ウ}}\boxed{\text{エ}}$である。

（2） 球の中心をOとするとき，OA$=\dfrac{\boxed{\text{オ}}\sqrt{\boxed{\text{カ}}\boxed{\text{キ}}}}{3}$である。

（3） 辺BE上に点G，辺CF上に点Hをとり，AG＋GH＋HDが最小になるときを考える。このとき，$BG=\dfrac{\boxed{ク}\sqrt{\boxed{ケ}}}{\boxed{コ}}$である。

（4） （3）でとった点G，Hと点Aを通る平面でこの立体を切る。点Dを含むほうの立体の体積は$\dfrac{\boxed{サ}\boxed{シ}}{3}$である。

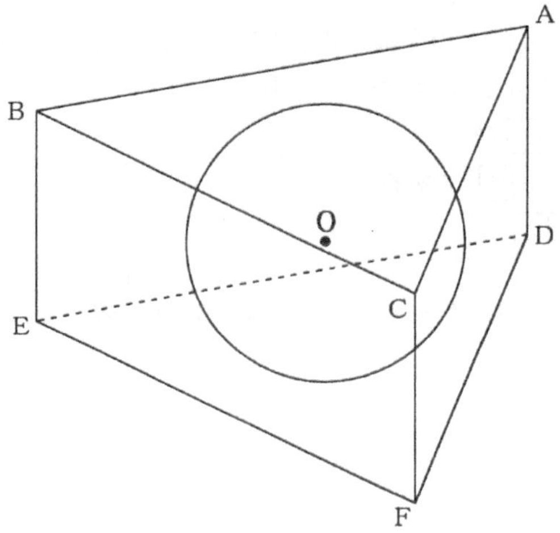

【英　語】（60分）〈満点：プログレス・アドバンスコース150点　スタンダードコース100点〉

I　次の英文を読んで，後の設問に答えなさい。なお，*の付いている語には本文の最後に注があります。

The sky above the little lake was full of birds — small birds, big birds, birds of all colors. We sat in the rain by Hikmet's garden wall and watched them.

"Winter's coming," I said to my three friends. "The birds are beginning to leave and fly away to warm countries."

Several hunters were coming out to the lake with their dogs. They wore hunting clothes and carried guns. We all wanted to go with them.

"I'd like to have a gun and be a hunter, too," said Peker.

Then Hikmet got up and ran into his house. He came back with something in a bag under his arm.

Hikmet opened the bag and we looked at the long, beautiful gun.

"Your father's going to be angry," I said.

"Yes. But I can put the gun back before he comes home."

"OK," we all said, and began to walk to the lake. First Hikmet carried the gun, then me, then Peker, and then Muammer. We were all hunters now.

"We've got five bullets*," Hikmet said. "So we can all shoot once. Then I can shoot a second time, with the fifth bullet, because I brought the gun."

At the lake we could see the hunters and hear the noise of their dogs. We, too, waited by the lake and watched. It rained, and stopped, then rained again. But there were no birds on the lake or in the sky — not one.

We waited, but then we began to think about Hikmet's angry father.

"Shall we go home now and put the gun back?" said Muammer.

Then, suddenly, we saw three ducks. They flew down to the ground not far from us. Hikmet stood up quietly and tried to shoot one of the ducks. He didn't hit it, of course, and the ducks flew away. But the gun made a very loud noise, and now the sky was full of thousands of birds!

During the day the birds hide around the lake, and the hunters wait for the evening before they begin to shoot. But we learned all (1)this later.

Now the birds were afraid because of the noise. They all flew away and so the hunters had nothing to shoot.

The hunters began to run after us. They were angry. But we could run faster, and so we escaped. Soon we stopped, and began to talk and laugh.

"Where's our duck dinner, then?" said Muammer.

I laughed. "Wait until tomorrow," I said. "Or the next day — when Hikmet can shoot!"

"(　2　)," said Hikmet. "Listen. The birdseller Ali shoots birds. And who does he sell them to?"

"To the hunters!" Peker said.

"Right!" Hikmet said. "And why? Because people laugh at hunters when they come home with nothing. So the hunters go quietly to Ali, buy his dead birds, and then they can talk about their exciting hunts!"

Suddenly I saw some birds in the sky. "Be quiet," I told my friends. I took the gun, put a bullet in it, and waited. When the birds were right above me, I shot. Two birds fell out of the sky and down to the ground. We shouted happily and ran to the place. But just then, one of the birds flew back up from the ground, high into the sky. We were very surprised.

We soon found the other bird. It was big, with a long neck. Hikmet looked at it.

"It's dead," he said.

"The second bird was only hurt, perhaps," said Muammer.

We looked carefully at the dead bird, but we all felt a little afraid. Was it really dead? High in the sky above us, the second bird was flying around and around in circles and giving long, sad cries.

We began to carry our dead bird home, and after a time the bird in the sky flew away.

We put the gun back in Hikmet's house and ran to Ali's shop to ask him about the bird. There were a lot of dead birds in the shop, but our bird was different.

"Hello, boys," Ali said. "What can I do for you?"

"We shot a bird," we said, "but what is it, and how do we cook it?"

Ali smiled. "Well, you boys are better hunters than the men!"

We put the bag with our bird on Ali's table and opened it. (3)Ali stopped smiling. He quickly put the bird back into the bag, and for a minute or two he said nothing.

Then he said, "Look, children, you don't understand. You can't eat this bird! Take it back, and bury it in the ground."

We were very surprised and looked at him.

Then Ali asked, "Was his mate* with him there?"

"There was another bird, but it flew away," said Hikmet.

"Good," said Ali, and smiled. He began to say something, but stopped.

"Did we really do something terrible?" asked Hikmet.

"Listen,"said Ali. "These birds are called cranes. Hunters never shoot them because they are the 'symbols of love'."

We did not understand this, but we understood the words '(4).' So we went back to the lake and found the right place. Then we dug a hole and buried our crane there. I think we all cried a little, because we felt so sad.

After that day we never talked about hunting. We had a long cold winter that year. In the spring, we began to play outside again, but there was still some snow on the ground.

"Let's go and look at our crane's grave*," Hikmet said one day.

We all wanted to do this, but Hikmet was the first to say the words. We walked quietly to the lake, then Peker said, "I asked Dad about 'symbols of love' one day."

"And what does it mean?" asked Muammer.

"It means that cranes know how to love. Their love is the best and the strongest in the world."

There was still snow on our crane's grave. Hikmet began to move the snow away from the top of the grave, but suddenly he stopped. There was something under the snow. Then we saw it.

It was our crane. It was frozen* on the top of its grave. We felt very sad.

"(5)" said Peker.

"Perhaps it was wild dogs," answered Hikmet. "And then they couldn't eat it because it was frozen."

"Oh, why didn't we dig a deeper hole?" cried Muammer.

"We can do that now," said Hikmet. "God stopped the wild dogs from eating our crane, so now we must bury it deeper."

Sadly, we began to dig. Soon the hole was open, but then we suddenly saw something, and stopped very quickly. There was *another* crane in the hole. We looked at it, and felt afraid. Nobody could speak.

Hikmet took our crane out. Then he put it on the ground and began to cry. We all cried too, but we did not know why.

Hikmet stood up. "I was afraid of this," he said, "and I didn't want it to happen."

We did not understand.

"Cranes, symbols of love, please forgive us," Hikmet said quietly. Then he looked at us. "Cranes are very loving birds," he said, "and the male and the female* stay together all their lives. 【 6 】"

Our hearts were very sad. We buried the two birds together in the hole and put flowers all over the grave. After that day, when we heard the word "love", we thought about the cranes.

And we never forgot to go to the grave every spring.

(Adapted from *The Little Hunters at the Lake*)

注：bullet(s)　銃弾　　mate　つがいの片方　　grave　墓穴　　frozen　凍っている
the male and the female　オスとメス

問１　下線部(１)の表す内容として最も適当なものを次の①～④の中から一つ選び，その番号をマークしなさい。

① The hunters don't have to make a loud noise when they try to shoot ducks.

② The birds will leave after dark and fly away to warm countries.

③ The hunters don't shoot at ducks because they know they are the symbols of love.

④ The birds don't appear until the evening comes, and the hunters don't shoot during the day.

問2　本文中の(　2　)に入る最も適当なものを次の①～④の中から一つ選び，その番号をマークしなさい。

① This is the biggest bird that we've ever seen
② Now we are going to sell the bird we've just got
③ Hunters don't always come home with lots of dead birds
④ Hunters always get a lot of birds when they go out to the lake

問3　下線部(3)の理由として最も適当なものを次の①～④の中から一つ選び，その番号をマークしなさい。

① Ali found the boys' bird was a crane.
② Ali didn't know what the boys' bird was.
③ The boys' bird was the biggest one in Ali's shop.
④ The boys' bird was more damaged than Ali thought.

問4　本文中の(　4　)に入る最も適当なものを次の①～④の中から一つ選び，その番号をマークしなさい。

① you boys are better hunters than the men
② take it back and bury it in the ground
③ these birds are called cranes
④ the symbols of love

問5　本文中の(　5　)に入る最も適当なものを次の①～④の中から一つ選び，その番号をマークしなさい。

① Who ate it?
② Who took it out?
③ We sold it to Ali, didn't we?
④ How many birds were there?

問6　本文中の【　6　】には次のア～エの四つの英文が入ります。その順序として最も適当なものを次の①～④の中から一つ選び，その番号をマークしなさい。

ア People do not eat birds that die in this way.
イ Then it dies in the snow, and nobody can eat it.
ウ And hunters never shoot cranes because they know all these things.
エ Cranes always live in warm places, but when a crane dies, its mate goes to a cold, snowy place.

① ウ→ア→エ→イ　　② ウ→エ→ア→イ
③ エ→ウ→ア→イ　　④ エ→イ→ア→ウ

問7　本文の内容に合う英文を次の①～⑧の中から三つ選び，その番号をマークしなさい。

① Hikmet's father got angry because Hikmet didn't return the gun after using it.
② The hunters ran after the boys because they laughed at one of the hunters.
③ When the writer shot at the birds right above him, he killed two birds at the same time.
④ The birdseller Ali sold the children birds which hunters brought in.
⑤ The boys didn't know about the symbols of love when they buried their crane after they left Ali's shop.

⑥ When the boys buried their crane, they found a wild dog in the hole.

⑦ The crane the boys found under the snow on the grave was not the crane buried by them.

⑧ Cranes are said to know how to love and couples stay together all their lives.

Ⅱ 次の英文を読んで，後の設問に答えなさい。なお，*の付いている語には 本文の最後に注があります。

People have always wondered how life on Earth began. When Charles Darwin lived, most people in Europe and America believed God created the whole world in six days, just as it says in the Bible*. But Charles Darwin was not most people. The *Beagle* voyage*(1831-1836) taught him to be a true scientist — to look closely at nature, question everything, and think in a new way about how life on Earth started. He showed how living things could change, or evolve, over a long period of time.

Was Charles Darwin a genius*? He didn't think so. Darwin thought of himself as simply a scientist. And like all good scientists, Darwin was very curious*. He was always ready to ask hard questions, and looked for answers based on the things he saw.

Charles Darwin knew his ideas would shock people. They did. But today scientists accept evolution* as a fact.

In 1858, Darwin received a letter that changed his life. The letter was from Alfred Russel Wallace, a scientist living in Asia. With his letter, Wallace sent Darwin a paper*. He hoped Darwin might help him to publish it. (1)Darwin was shocked when he read Wallace's paper. Wallace had the same ideas about natural selection*!

Darwin didn't know what to do. "I have made great efforts on this work for a long time, but have been too afraid to step forward. If I don't publish my ideas now, someone else will be praised for the ideas I discovered years ago."

Darwin was (2), and wanted to be fair to Wallace. He told his scientist friends the truth about his study until then. They came up with a plan. They decided to read papers by both Charles Darwin and Alfred Wallace at the same meeting so that both men would be praised for the discovery.

The meeting was held on July 1, 1858. Joseph Hooker, one of Darwin's scientist friends, first read notes on evolution written by Darwin. They were written in 1844 and 1857. Then he read Wallace's paper. It was written in 1858. That made the order of the discoveries clear.

Alfred Wallace was not at the meeting — he lived in Asia. But Darwin wasn't at this important meeting either. One of his children died before the meeting. Darwin was very sad about his son's death, and he couldn't think about anything else.

Although Darwin didn't mind missing the meeting, he realized (3)it was time. He simply had to put all his ideas into a book. Darwin worked in his room for months. He had to write down everything by hand — there were no computers at that time. He didn't use a desk either. He sat in a chair with a board across his knees.

When he finished writing in May 1859, Darwin was very tired. He went off to rest for a week and tried to relax by taking walks.

Even on vacation, Darwin was very curious about everything he saw. One day he saw red ants*. They were carrying cocoons*. The ants were moving the cocoons from one nest to another. Along the way, some ants seemed to lose their way. Darwin wondered why. He decided to watch ants. Just then a man wearing dirty clothes came along. Darwin offered him a coin to help. The two men sat down on the road to watch ants.

A couple came along. (4)They looked at Darwin with open mouths. They wondered about this man. He looked like a gentleman. Why was he moving on the ground and watching ants like a young boy? They did not know at all that this man would soon be known all over England ... and then the world. Darwin just wanted to be a good scientist. All good scientists are as curious as (　5　)!

On November 24, 1859, Darwin's book was published at last. He was fifty years old. Its title was *On the Origin of Species by Means of Natural Selection*. Today, most people call it *The Origin of Species**. It is still considered one of the most important books on science.

(Adapted from *Who was Charles Darwin?*)

注：the Bible　聖書　the *Beagle* voyage　ダーウィンが博物学者として参加した軍艦「ビーグル号」での世界一周の調査旅行　genius　天才　curious　好奇心が強い　evolution　進化(論)　paper　研究論文　natural selection　自然選択(生物の生存競争において，少しでも有利な形質を持つものが生存して子孫を残し，適していないものは滅びること)　ant(s)　アリ　cocoon(s)　(アリの)まゆ　*The Origin of Species*　種の起源

問1　下線部(1)の理由として最も適当なものを次の①～④の中から一つ選び，その番号をマークしなさい。

① The ideas in Wallace's paper were the same as Darwin's.
② Darwin was sure that he himself would be praised for his discovery.
③ Wallace's paper was much better than Darwin's.
④ Most people in Europe and America already knew Darwin's ideas.

問2　本文中の(　2　)に入る最も適当なものを次の①～④の中から一つ選び，その番号をマークしなさい。

① happy
② careless
③ honest
④ selfish

問3　下線部(3)の内容として最も適当なものを次の①～④の中から一つ選び，その番号をマークしなさい。

① it was time to miss the meeting

② it was time to write a book on his ideas

③ it was time to work hard for years

④ it was time to go off to relax for a week

問4　下線部(4)におけるTheyの気持ちとして最も適当なものを次の①～④の中から一つ選び，その番号をマークしなさい。

① 世界的に有名な人物が目の前にいることへの喜び

② 少ない報酬でアリの観察に協力している男性への同情

③ 純粋な気持ちを忘れず観察に没頭している男性への尊敬

④ 身なりのよい人が地面に身をかがめてアリを見ていることへの驚き

問5　本文中の(　5　)に入る最も適当なものを次の①～④の中から一つ選び，その番号をマークしなさい。

① kids

② ants

③ gentlemen

④ living things

問6　本文の内容と一致するものを次の①～⑧の中から三つ選び，その番号をマークしなさい。

① The Bible says that God made the whole world in six days.

② Darwin was too proud as a scientist to ask questions.

③ One letter from Asia inspired Darwin to make his ideas known to people.

④ In 1858, both Darwin and Wallace attended the meeting and were praised for the discovery.

⑤ Darwin was poor, so he couldn't buy a computer or even a desk.

⑥ One day when he was walking, Darwin wanted to know why some ants were moving differently.

⑦ Darwin was born on November 24, 1844.

⑧ *The Origin of Species* is one of the most important books on red ants.

Ⅲ　次の(1)～(5)の日本文の意味を表すように，それぞれ①～⑧の語(句)を並べかえて，英文を完成させなさい。解答は，空所(A)(B)(C)の位置に来るものをそれぞれ一つずつ選び，その番号をマークしなさい。ただし，文頭に来るべきものも小文字になっています。

(1)　自国の文化をよりよく理解するために異文化を学ぶことは有益である。

(　A　)(　　　)(　B　)(　　　)(　　　)(　　　)(　C　)(　　　) of your own culture.

① to study　② useful　③ it　④ cultures

⑤ to improve　⑥ different　⑦ is　⑧ your understanding

（2） 世話をしている子供たちは，あの猫を何と呼んでいますか。

(　　)(　A　)(　　)(　　)(　B　)(　　)(　C　)(　　) it?

① after　② by　③ called　④ that cat

⑤ looking　⑥ is　⑦ what　⑧ the children

（3） ケイトがいつ日本を出発するか，私に教えてくれませんか。

Can (　　)(　　)(　A　)(　　)(　B　)(　　)(　C　)(　　)?

① leave　② you　③ me　④ Kate

⑤ Japan　⑥ will　⑦ tell　⑧ when

（4） 彼から手紙をもらってから，どれくらいたちますか。

How (　　)(　　)(　A　)(　B　)(　　)(　　)(　C　)(　　)?

① long　② it　③ you　④ him

⑤ heard　⑥ is　⑦ since　⑧ from

（5） 彼女は駅からとても離れたところに住んでいるので，通勤でとても疲れを感じている。

She lives (　　)(　A　)(　　)(　B　)(　　)(　C　)(　　)(　　) very tired when she goes to work.

① away　② far　③ from　④ she

⑤ so　⑥ feels　⑦ that　⑧ the station

1　趙の隠王は、呂后からは疎《うと》まれたが、高祖からは目をかけられ、恵太子はその身の安全を守ってやろうとした。

2　陳平・張良は高祖や呂后の家臣ではあるが、ただ忠実なだけではなく、世の中の平和を第一に望んでいた。

3　恵太子は賢く、礼儀作法や立ち振る舞いに秀でてはいるが、その一方で優柔不断であった。

4　呂后は、帝の死後は息子の恵太子の後継者としての資質に失望しはじめていた。

5　高祖は、自分の正妻であった呂后を、このうえもなく愛しているようであった。

6　戚夫人が自分の息子を皇太子にしたいと望んだことで、その息子は命を落とした。

2　帝は民に深く親しまれながら国を統治している存在ではあるものの、賢者たち以外の人間と気安く付き合いすぎることをその当人たちから指摘された。そしてその賢者たちをうとましく思った帝は、礼儀正しく人間的に立派な成長をとげた恵太子がいれば国の政治をもはや賢者たちに任せる必要はないと考えるようになったから。

3　帝は国の中を立派に治めてはいるものの、自分たち賢者の存在を軽んじて政治を任せようとしてくれていないことをその当人たちから指摘された。そして帝は賢者たちがその高い人徳をしきりにほめたたえる恵太子のことを警戒するようになり、その背後にいる賢者たちを国の政治に関わらせることは危険だと考えるようになったから。

4　帝は世の中を問題なく統治しているように見えているものの、実際には家臣たちからあなどられており、性急な政権の放棄は過ちにつながると賢者たちから指摘された。そして賢者たちの忠告をうけた帝は、賢く成長した恵太子を次の帝にひとまず指名して、自分は上皇として権力を維持するのが妥当だと考えるようになったから。

問8　――線部⑧「さまざまにいさめたてまつりたまへども」とありますが、新たに即位した帝がそのようにしたのはどうしてですか。その理由として最も適切なものを次の中から一つ選び、その番号をマークしなさい。

1　新たに即位した帝が、戚《せき》夫人の長年のねたみの対象になっていたことに母の呂后は気付いていた。その母があえて戚夫人に酷《むご》たらしい処遇をすることで、他の人々にも同じような思いをもたせないように図ったことを理解したから。

2　戚夫人は、かつて先帝が隠王を次の帝にしなかったことを恨んでおり、新たに即位した帝もまた戚夫人にひどく恨まれていた。それに対して腹を立てた母の呂后が戚夫人に制裁を加えたが、その内容が行き過ぎであったから。

3　新たに即位した帝の父高祖は、後継者争いに敗れた戚夫人と隠王の今後を心配していた。父亡き後、母呂后の戚夫人に対する虐待によってその心配が的中し、父の代わりに二人を守ることができるのは自分しかいないと決意したから。

4　新たに即位した帝の母である呂后が、強い権力を手にするとすぐに戚夫人に対して残酷なふるまいをするようになった。母は長い間、戚夫人のことを不愉快に感じていたのかもしれないが、それでも目に余る行動だと感じたから。

問9　――線部⑨「ひまなき事」とありますが、「ひま」とは具体的にはどのようなことをあらわしていますか。最も適切なものを次の中から一つ選び、その番号をマークしなさい。

1　新たに即位した帝が母呂后を改心させようとする説得のこと。
2　新たに即位した帝が趙の隠王の身を守ろうとする覚悟のこと。
3　呂后が趙の隠王をひそかに暗殺しようとする機会のこと。
4　趙の隠王が新たに即位した帝の保護をあてにしようとする態度のこと。

問10　この話の中の登場人物について書かれた次の記述の中で、不適切なものを二つ選び、その番号をマークしなさい。

問5　――線部⑤「たのもしく思さるる事限りなし」とありますが、誰がどのようなことについてそのように思ったのですか。最も適切なものを次の中から一つ選び、その番号をマークしなさい。

1　陳平・張良が、賢者たちによる、恵太子の心身を頼もしく成長させようとする厳しい指導について。

2　恵太子が、賢者たちから学士としてのふさわしい教養や作法をみっちりと教育してもらったことについて。

3　陳平・張良が、賢者たちから恵太子に皇族の仲間入りをするための教育がきめ細かく施されていることについて。

4　恵太子が、賢者たちによって帝の後継者としてのあり方を細やかに指導してもらったことについて。

問6　――線部⑥「御心もおくせられて、あさましくぞ思されける」について、次の二つの設問に答えなさい。

i　この部分の解釈として最も適切なものを次の中から一つ選び、その番号をマークしなさい。

1　帝は驚かれて、賢者たちのあつかましい言動を、見苦しいことだとお思いになった。

2　帝はしり込みされて、賢者たちの気高いふるまいを、いまいましいことだとお思いになった。

3　帝は気おくれされて、賢者たちの突然の出現を、意外なことだとお思いになった。

4　帝はご立腹になって、賢者たちの気まぐれな性格を、許せないことだとお思いになった。

ii　帝がそのように思ったのはどうしてですか。その理由として最も適切なものを次の中から一つ選び、その番号をマークしなさい。

1　かつて自分が国の政治を委ねようと思って相談した時には賢者たちはそれを引き受けなかったのに、現在は未熟な恵太子に忠実に付き従っていることが理解できなかったから。

2　かつて自分が帝の座を明け渡そうとして相談した時には賢者たちはそれを拒絶したのに、現在は幼い恵太子の後ろ盾となって政権を我が物にしようとしていることにあきれ果てたから。

3　かつて自分が一緒に国の政治をとり行っていこうと相談した時には賢者たちはそれを面倒くさがったのに、現在は頼りない恵太子に取り入って国の政治に興味を示している変化に驚いたから。

4　かつて自分が帝の座を誰に譲り渡したらよいかと相談した時には賢者たちは判断を避けたのに、現在は力をつけてきた恵太子に帝の座を譲り渡せという変わり身の早さに怒りをおぼえたから。

問7　――線部⑦「この事を思ひ止まらせたまひにけり」とありますが、帝がそのようにしたのはどうしてですか。その理由として最も適切なものを次の中から一つ選び、その番号をマークしなさい。

1　帝は世の中をしっかり治めてはいるものの、他者を正当に評価しようとしないことを賢者たちから指摘された。そしてその賢者たちが、恵太子が備えている他者への寛容さや礼法への厳格さを自分よりも高く評価していることを知って、次の帝はやはり恵太子にするほうが適切であると考えるようになったから。

3　呂后《りょこう》が、恵太子の代わりに趙の隠王を次の帝にしたい、と思っている様子。

4　呂后が、趙の隠王を次の帝に立てようとする人々を許せない、と思っている様子。

問2　――線部②「陳平《ちんぺい》・張良《ちゃうりゃう》ときこゆる二人の臣下を召しよせて」とありますが、誰がどのような目的で陳平と張良を「召しよせ」たのですか。最も適切なものを次の中から一つ選び、その番号をマークしなさい。

1　呂后が、帝の後継者争いから恵太子が追い落とされることを防ぎ、趙の隠王の即位を阻止する目的。

2　呂后が、無益な次の帝の後継者争いを未然に防ぐことで、世の中の混乱を何とかおさめようとする目的。

3　高祖が、自分の後継者争いで不満を示した呂后の機嫌をとることで、自分の意のままに事を運ぼうとする目的。

4　高祖が、次期皇帝の座をひそかに狙う趙の隠王の動きをけん制するとともに、呂后の懸念を解消しようとする目的。

問3　――線部③「この山の中にたづね行きにけり」とありますが、これはどうしてですか。その理由として最も適切なものを次の中から一つ選び、その番号をマークしなさい。

1　高祖の治める世で政治的な失敗を犯し、商山に逃れて立てこもった賢者たちを捕まえて恵太子の前に引き出すことで、高祖の汚名を挽回しようとしたから。

2　高祖が従わせることができずに逃げられてしまった賢者たちを捕らえて恵太子に従わせることで、高祖をはずかしめて帝の座から追い落としてしまおうとしたから。

3　高祖にその知恵を高く評価された賢者たちを山から呼び戻して恵太子につき従わせることで、恵太子を帝の立派な後継者候補として高祖に認めさせようとしたから。

4　高祖や恵太子と政治的に対立したことが原因で世を捨てて山にこもった賢者たちを説得することで、次の帝である恵太子の代の政治を盤石なものにしようとしたから。

問4　――線部④「限りなくうれしくおぼえて」とありますが、これはどのようなことですか。最も適切なものを次の中から一つ選び、その番号をマークしなさい。

1　陳平・張良が、あなたたちを説得できなければ自分たちも世を捨てる覚悟だと真剣に訴えたことに対して、四人の賢者たちが自分たち二人の願いを受け入れてくれて、大変うれしく思ったこと。

2　陳平・張良が、世の中の動乱を防ぐことができるのはあなたたち次第だという説得を試みたことに対して、四人の賢者たちが自分たち二人についてきてくれることになって、大変うれしく思ったこと。

3　恵太子が、帝の後継者争いで世の中が乱れることを心配して身を引く事も考えていると伝えたことに対して、四大の賢者たちが自分への理解を示してくれて、大変うれしく思ったこと。

4　恵太子が、後継者争いによって起きる世の中の乱れを放っておく訳にはいかないとの決意を表明したことに対して、四人の賢者たちが自分への協力を約束してくれて、大変うれしく思ったこと。

たし」。四皓申していはく、「君は御心かしこくて世の中をたいらげ、国をおさめたまへども、人をあなづり、かしこきをもかろめたまふあやまちおはします。東宮は若くおはすれども、御心おきてなさけ深く、礼儀を正しくしたまふときこえはべるによりて、参りつかうまつれり」ときこえさせければ、「東宮は我よりも心かしこきにや」と思して、⑦この事を思ひ止まらせたまひにけり。かかれば、呂后、陳平、張良よりはじめて、世にある人々さながら心やすくなりにけり。

この趙の隠王の母に、※11戚《せき》夫人ときこゆる人は、帝を恨みそねみたてまつりたまひけるを、呂后いやましく、心うき事にぞ思しける。かかるほどに帝※12はかなくなりたまひにければ、東宮、位《くらい》につきてよろづ御心にまかせたりけれども、呂后、としごろの御いきどをりにや、いつしか戚夫人をとらへて髪をそり、かたちをやつして、あさましく心うき様になしたまひつるを、帝、「かからでもはべりなむ。この事、さだめて先帝の御心にそむくらむ」など、⑧さまざまにいさめたてまつりたまへども、いかにもかなはざりければ、心ぐるしく思しつつ過ぐしたまふに、この趙の隠王さへうしなはむとしたまひければ、帝、夜も御かたはらにはなたずおきふしたまひけり。后、⑨ひまなき事をやすからず思して、毒いれたる酒を、この人に進めたまひけり。帝心得て、「まづ我」とのたまひければ、あはてて取り返しつ。かやうに人知れずねんごろにしたまひけれど、いかなるひまかありけむ、たぐひなく力強き女房二三人ばかりをつかはして、帝の御かたはらにふしたまへる人をなさけなくつかみ殺してけり。※13上、あさましくは思しながら、いふかひなくてやみにけり。

（『唐物語』より）

（注）※1高祖《かうそ》…前漢という国の初代皇帝。姓は劉《りゅう》、名は邦《ほう》。
※2呂后《りょこう》…高祖の正妻。
※3恵太子《けいたいし》…高祖と呂后の子。
※4ほかばらの親王…本妻でない女性から生まれた子。隠王は※3の恵太子とは母親が異なる帝の子である。隠王の実母は※11の戚《せき》夫人。
※5東宮《とうぐう》…皇太子。
※6陳平《ちんぺい》・張良《ちゃうりゃう》…高祖に仕える人物。
※7商山《しゃうざん》…中国の陝西《せんせい》省商県の東南にある山。
※8学士といふ司《つかさ》になりて…学士という官に任命されて。「学士」とは官職の名前の一つ。
※9内…宮廷の中。
※10商山の四皓《しかう》…中国、秦末漢初の乱をさけて、商山に隠れた四人の隠者。
※11戚夫人…高祖の側室。
※12はかなくなりたまひにければ…お亡くなりになったので。
※13上…新たに即位した帝のこと。

問1 ――線部①「東宮《とうぐう》にたてむと思《おぼ》しける御気色《みけしき》」とありますが、これは誰がどのように思っている様子をあらわしたものですか。最も適切なものを次の中から一つ選び、その番号をマークしなさい。

1 高祖《かうそ》が、可愛いがっている趙《てう》の隠王《いんわう》を次の帝にしたい、と思っている様子。
2 高祖が、皇太子である恵太子《けいたいし》を早く即位させてしまおう、と思っている様子。

を見失ってしまうこと。

2　自分の善良さがどこにあるかを把握できなかったり、その発揮に対しての活動が不十分だったりすることで善良さを現わすことがかなわなかった結果、本来自分が持っていたはずの善良さを他者から評価されなくなってしまうこと。

3　自分の善良さが存在することを信じられなかったり、その発揮に対して努力を怠ったりすることで善良さを現わすことが不十分だった結果、他者との持続的な友情関係を保つことができなくなってしまうこと。

4　自分の善良さが何であるかを理解しなかったり、その発揮に対して有害な活動を行ったりすることで善良さを現わすことがかなわなかった結果、他者と善良さに基づく友情を交わすことができなくなってしまうこと。

第二問　次の文章を読んで後の設問に答えなさい。

昔、漢の※1高祖《かうそ》と申す帝《みかど》おはしけり。※2呂后《りょこう》ときこえたまふ后、※3恵太子《けいたいし》の母にて誰よりも御こころざし重く見えさせたまひけり。※4ほかばらの親王に趙《てう》の隠王《いんわう》と申す人を御こころざしのあまりにや、帝、①※5東宮《とうぐう》にたてむと思《おぼ》しける御気色《みけしき》を、呂后見たまひて、あさましう心うき事に思して、②※6陳平《ちんぺい》・張良《ちょうりゃう》ときこゆる二人の臣下を召しよせて、「かかるいみじき事なむある。いかにしてか、この恨みを休むべき」とのたまはするを、げにと思ひけむ、「かなはざらむまでも、はからひはべるべし」と答へて帰りぬ。また、この後、二人の人も世の中の乱れなむずる事をなげきて、おのおのはかり事をめぐらしけり。「※7商山《しゃうざん》といふ山に世をのがれつつ、帝の召すにも参らで、こもりゐたる賢人四人あり。それをこしらへいだしてこの恵太子につけたてまつりたらば、さりとも、はづる心おはしなむものを」と思ひよりて、③この山の中にたづね行きにけり。四人の人、うち見つつ、おどろきていはく、「何ごとに、いとかくあやしげなる住みかにはわたりたまへるにか」ときこえさするに、「世の中乱れむとつかうまつれば、我らが身にまでもなげき深くて、この山にかくれゐむと思ふ心はべり。しかれども、世の中のほろびおさまらざらむ事は、ただその御心なり」と言へるに、この人うち笑ひて、「君も我に所おき、はぢたまはむ事、いとありがたかるべけれど、むなしう帰したてまつらむも、むげになさけなき様なれば、後の事をかへりみず、今日ばかりは御送りに参るべし」と言へりければ、④限りなくうれしくおぼえて、四人の人を具しつつ、東宮の御もとへ参りぬ。たちまちに※8学士といふ司《つかさ》になりて、ふるまひたまふべきありさまなど、こまやかに教へたてまつるに、⑤たのもしく思さるる事限りなし。

かくて年たちかへる朝、東宮、※9内に参りたまへる御ともに、この人ども四人、いとうやうやしく、ふるまひけだかき様にて、御ともにはべりけるを、帝よりはじめ、つかうまつる人どもも、おのおのあやしげに思へり。帝、「これは誰にか」とたづね問はせたまへる。御ともにはべりける人申していはく、「日ごろ召しつる※10商山の四皓《しかう》にはべり」ときこえさせたまひけるに、⑥御心もおくせられて、あさましくぞ思されける。これによりて、帝、四皓にのたまはく、「我、昔より、なんぢに国のまつり事をまかせむと思へり。しかれどもあへて聴かざりき。しかるを、若くいとけなき東宮にしたがへる心知りが

3　A　人々のあいだに成り立つ愛《フィリア》　B　善き人

4　A　安定した持続性　B　完全

問7　――線部④「もっともアリストテレスは、だから私たちは善良さに基づく友情だけを目指すべきであり、不完全な友情などは交わすべきではない、と考えていたわけではない」とありますが、このように判断できる理由として不適切なものを次の中から一つ選び、その番号をマークしなさい。

1　アリストテレスは、快楽や有用さに基づく友情を必ずしも不完全なものであるとは限らないと考えているから。

2　アリストテレスは、どのような友情であっても、友人同士が互いの要求を満たすことで持続できると考えているから。

3　アリストテレスは、相手に対して快楽や有用さを与えられている限り、友情は長く続くと考えているから。

4　アリストテレスは、快楽や有用さに基づく友情であっても、すぐに失われるとは限らないと考えているから。

問8　――線部⑤「そもそも、どのような人間が善良なのだろうか」とありますが、この問いかけに対して、どのような説明がなされていますか。最も適切なものを次の中から一つ選び、その番号をマークしなさい。

1　善良さは元来人間に備わる優れた個性であり、何かしらの行動の結果、自然と表面化してくるものである。この善良さを表面化させるためには、自分の善良さの特長をとらえ、どんな活動が必要になるかを熟知しなければならない。そして善良な人間とは、自分自身に対して自分の善を願うことができる人間のことである。

2　善良さは人間が個々に持つ美点であるが、それは本人の意識的な行動の積み重ねによって発現する。この善良さを現わすためには、まず自分の善良さが何であるかを知り、どのような行動が必要なのかを理解しなければならない。そして善良な人間とは、他者を愛する前に自分自身を愛することができる人間のことである。

3　善良さはもともと人間が持っている長所の一つであり、たゆまぬ努力のたまものであると言ってよい。この善良さを発揮するためには、自分の善良さがどの点にあるのかをつかみ、それを妨げる活動に対しても理解を示さねばならない。そして善良な人間とは、友人を愛するよりもまずは自分への愛情を優先させられる人間のことである。

4　善良さは人間が生来持っている素質であるが、それは人間が意欲的に何らかの活動をしなければ失われてしまう。この善良さを磨くためには、自分の善良さが何によるのかを把握し、どれくらいの活動が必要になるかをよく考えなければならない。そして善良な人間とは、友人の善良さを願うことをさしおいても自分自身の善を願える人間のことである。

問9　――線部⑥「不完全な友情に留まってしまう」とありますが、これはどのようなことですか。最も適切なものを次の中から一つ選び、その番号をマークしなさい。

1　自分の善良さが何であるかに気付いていなかったり、その発揮に対して必要ではない行動をしたりすることで善良さを現わすことが不十分だった結果、本来自分が持っていたはずの善良さ

3　私たちが、自分がひかれる特定の価値を持ち合わせている他者に対して深い愛情を感じること。

4　私たちが、多くの人々を引きつけるような魅力をもつ他者に対して特別な想いを抱くこと。

問4　――線部②「すなわち、『快楽』『有用さ』『善良さ』である」とありますが、この三つの価値に基づく友情についての説明として最も適切なものを次の中から一つ選び、その番号をマークしなさい。

1　快楽に基づく友情とは、友達と何という意味もない楽しみを共有できる関係であり、有用さに基づく友情とは、自分の目的を達成するために役立つ相手を一方的に利用する関係であり、善良さに基づく友情とは、自分自身にはないものをお互いが補うように引き寄せられて結ぶ関係である。

2　快楽に基づく友情とは、学校のなかで同じ場所で昼ごはんを食べるだけの関係であり、有用さに基づく友情とは、相手を出し抜いても自分の業績をあげようと相手に近づこうとする関係であり、善良さに基づく友情とは、友達がもつ優れた魅力に人々が自然と取り込まれる関係である。

3　快楽に基づく友情とは、気を遣う必要のない雰囲気を互いに相手に求め合う関係であり、有用さに基づく友情とは、自分が相手の役に立たなくなればすぐに崩壊する関係であり、善良さに基づく友情とは、時がたって自分や他人のもつ美徳が失われてしまえば成立しなくなる関係である。

4　快楽に基づく友情とは、明確な理由はなくても一緒にいるだけで心地よいと感じる関係であり、有用さに基づく友情とは、何かをやり遂げるために有益な相手同士の間に成り立つ関係であり、善良さに基づく友情とは、相手のもつ優れた人間性に双方が魅力を感じ合える関係である。

問5　――線部③「なぜ、快楽や有用さは簡単に失われてしまうのだろうか」とありますが、どうしてですか。その理由として最も適切なものを次の中から一つ選び、その番号をマークしなさい。

1　快楽や有用さは、それを持つ当人がその価値を付帯的なものであるとわきまえなければ、その価値に基づいた友情は時間の経過とともに壊れやすいものとなってしまうから。

2　快楽や有用さは、それがその人自身の善良さと結びついているものでなければ、持続的で完全な真の友情を結ぶために必要な価値にはなり得ないから。

3　快楽や有用さは、その人自身が持っているオリジナルな魅力とは違って、もともと有している特性ではなく、その人らしさとは無関係の付随的な価値だから。

4　快楽や有用さは、それらの価値がその人自身の意志や努力によって身についたのではなく、後から友達に感化されて身についた二次的で副次的な価値だから。

問6　文中の空欄「【　A　】」、「【　B　】」に当てはまるアリストテレスの言葉の組み合わせとして最も適切なものを、次の中から一つ選び、その番号をマークしなさい。

1　A　互いの善　　B　愛《フィリア》

2　A　徳《アレテー》　　B　善

問1 ━━線部a～eのカタカナと同じ漢字を用いるものを、それぞれの選択肢の中から一つずつ選び、その番号をマークしなさい。

a「フヘン」
1 私は日本各地のほとんどをヘンレキしてきた。
2 絵文字を多用する人をヘンケンの目で見る。
3 テレビの報道番組をヘンシュウする。
4 図形のテイヘンの長さを求める。

b「タクエツ」
1 書類の作成を業者にイタクする。
2 デンタクを使用して計算を行う。
3 自分の案が議会でサイタクされる。
4 本日は早めに仕事を終えてキタクした。

c「エイキョウ」
1 この川が二つの市のキョウカイになっている。
2 飛行機は新幹線とキョウゴウする乗り物だ。
3 バザーは大セイキョウのうちに終了した。
4 花火が大オンキョウをあげながら花開く。

d「ルイジ」
1 不慮の事態に備えてジゼンの策を準備する。
2 バーチャルリアリティの技術を使ってギジ体験をする。
3 いろいろなジジョウがあって成功した。
4 希望者には成績をカイジする。

e「ドクソウ」
1 今年でソウギョウ百周年を迎える会社を訪ねる。
2 あらためて選挙で国民のソウイを問うべきだ。
3 彼はすばらしいチャクソウを得て新たな発明をした。
4 優れた芸術にふれて豊かなジョウソウを養う。

問2 ━━線部X、Yの語句の意味の説明として最も適切なものを、それぞれの選択肢の中から一つずつ選び、その番号をマークしなさい。

X「折に触れて」
1 良い機会をみはからって
2 常に機会をうかがって
3 機会が訪れるたびに
4 徐々に機会が多くなって

Y「風前の灯《ともしび》」
1 危機が迫っていて、滅びる寸前である状態
2 物事が終わる直前の一瞬に、輝いて見える状態
3 迫り来る災難に、万全の準備ができている状態
4 危険を察知して、退避しようと身構えている状態

問3 ━━線部①「では、そのとき友情とは何を意味しているのだろうか」とありますが、ここでは友情というものがどのようなことを意味していると述べていますか。最も適切なものを次の中から一つ選び、その番号をマークしなさい。
1 私たちが、頼りにすることができる特別な才能を備えた他者に対して格別な親愛の情を示すこと。
2 私たちが、個々に持っている自分の特徴を称賛してくれる他者に対して強い信頼を寄せること。

したがって、善良さを発揮できるためには、自分の善良さが何であるかを把握し、そのためにどんな活動が必要かを熟知していなければならない。そして、自分にとって本当に必要なことをし、必要ではないこと、有害なことは差し控えるべきなのだ。

ここからアリストテレスは非常に面白い発想を語っている。このように自分の善良さを発揮できるよう活動することは、自分自身と友達になることに等しい、と言うのである。

〔…〕隣人に対して或る人がもち、しかも愛《フィリア》を説明する友人らしい特徴は、自分自身に対する「友人関係」に由来しているように思われる。

なぜなら、人々はまず、相手のために善もしくは善にあらわれるものを願い、行為する人、あるいは友人のために、その人が存在し、生きることを願う人のことを、友人と考えているからである。〔…〕また、友人とともに生き、友人と同じことを選ぶ人、もしくは友人と同じ苦しみを味わい、同じく喜ぶ人を友人であるとする人々もいる。〔…〕

しかし、これらの特徴のそれぞれは、高潔な人の場合に、自分自身との関係において成り立っているのである。〔…〕

なぜなら、高潔な人は自らと意見が一致しており、自らと同じものを魂全体において欲求するからである。そしてそれゆえ、この人は自分自身に善と、善に思われるものを願い、また行為する。

（『ニコマコス倫理学』）

つまり、善良さを発揮することができる人は、まるで友達に対して接するように、自分自身に対して配慮し、自分の善を願える人なのである。そうした人だけが自分の善良さを発揮することができる。そして、善良さを発揮している者同士が、善良さに基づく友情を交わすことができる。

そうだとすると、善良さに基づく友情は、それに先行して、まず自分自身との友情を前提にしている、と考えることができる。私たちは、他者と完全な友情を交わそうとするとき、他者を愛するよりも前に、自分自身を愛さなければならない。自分を愛することができなければ、善良さを発揮することはできないからだ。ここにアリストテレスの友情論のドクeソウ的な点がある。すなわち、自己への友情が、他者への友情に先行するのである。

だからこそ、自分自身を愛せない人は、他者とも友達になれない。それはどういう人かというと、自分の善良さを理解していない人、あるいはその発揮を妨げるような活動をする人である。たとえば、自分の善良さが思慮深さなのに、毎晩アルコールを飲んで、毎朝二日酔いになっている人がそうである。こうした人は、善良さを発揮できないために、他者からその善良さを愛されることもなく、したがって善良さに基づく友情を交わすことができない。友達はできるかも知れないが、それは、常に⑥不完全な友情に留まってしまうのである。

（戸谷洋志《とやひろし》『友情を哲学する～七人の哲学者たちの友情観』より）

（注）※アリストテレス…古代ギリシャの哲学者。

に述べる。

愛《フィリア》として完全なのは、善き人々のあいだ、つまり徳《アレテー》の点でルイdジの人々のあいだに成り立つ愛《フィリア》である。なぜならこの人々は、かれらが善き人であるかぎりにおいて、互いに同じ仕方で互いの善を願いあうのだが、ここでかれらが「善い」のは、かれら自身に基づいてのことだからである。[…] それゆえ、かれらの愛《フィリア》は、かれらが善き人であるというそのかぎりにおいて持続してゆくのである。そして徳《アレテー》こそ、安定した持続性をもつものなのである。

(『ニコマコス倫理学』)

たとえば、思慮深い徳を備えた人は、どんなときでも思慮深い。たとえ恋愛をしても、そうした人は思慮深く恋愛をするのであり、善良さが急変することは考えられない。そのため、善良さを相手に求める友情は、その価値が相手から失われる危険が少なく、友情が解消される可能性ももっとも低い。この意味において、善良さに基づく友情は「【 A 】」を持っており、したがって「【 B 】」なのである。

④もっともアリストテレスは、だから私たちは善良さに基づく友情だけを目指すべきであり、不完全な友情などは交わすべきではない、と考えていたわけではない。彼は、快楽に基づく友情や有用さに基づく友情にも、友情としての価値を認めている。また、これらの友情は確かに不完全ではあるが、しかしだからといって、常にY風前の灯《ともしび》のように、次々と簡単に解消されていくわけでもない。アリストテレスによれば、もしも「私」が、相手に求めている価値と同じものを提供し続けることができるのなら、「私」はその友達と持続的な関係を築くことができる。

たとえば、快楽に基づく友情なら、「私」も食事中に友達が楽しめるように気遣える限り、また有用さに基づく友情なら、「私」も友達のために見事なノートを作って見せるのである限り、たとえ不完全であったとしても、友情を温め続けることはできるのである。

とはいえ、完全な友情と不完全な友情を比較するなら、当然、完全な友情の方が望ましい。そう考えるのが自然だろう。では、善良さに基づく友情を交わすには、どうしたらよいのだろうか。前述の通り、それは善良な人間の間で成立する友情である。そうであるとして、⑤そもそも、どのような人間が善良なのだろうか。

善良さとは個性であり、長所である。ただしそれは何の努力もなしに現れるものではない。アリストテレスによれば、善良さはもともと人間が持っているものであるが、しかし、何らかの活動をすることによって、はじめて発揮されるのだ。

たとえば「私」の善良さが思慮深さだとしよう。しかし、何もしないでいたら、そうした思慮深さは発揮されない。たとえば寝る前に一日を反省してみたり、明日の行動計画を立てたりするときに、その活動に伴って思慮深さが現れてくる。その一方で、このような善良さの発揮を妨げる活動も存在する。たとえば毎日アルコールを飲んでいたら、どんなに「私」が思慮深くても、それは発揮されなくなってしまうだろう。

たとえば、「私」にとって快楽に基づく友情を交わす友達として、一緒にごはんを食べる食事友達がいるとしよう。その友達は、「私」よりも勉強の成績は悪く、また正直に言ってかなり性格が悪いかも知れない。そうすると、この友達は「私」にとって何かの役に立つとは思えないし、また優れた人として尊敬できるわけでもない。つまり、有用さと善良さを欠いているのである。しかし、言い換えるなら、そうした要素がなくても快楽に基づく友情は成立するのである。

一方、有用さに基づく友情を交わす友達として、テスト前に一緒に勉強する友達がいるとする。「私」のテスト友達は、普段からかなりの無口であり、一緒にいても話題に詰まることが多く、正直に言って愉快な気分にはならないかも知れない。また、自分の成績が良すぎるためか、成績が悪い人を見下す傾向があり、X折に触れて人を馬鹿にする言葉を口にする。しかしノートは天才的に整理されており、先生よりも学習内容の説明がうまい。このような人と友達であるとき、「私」はその有用さを愛しているのであって、その友達に快楽や善良さはそもそも期待していないのだ。

ただし、アリストテレスの考えでは、快楽に基づく友情と、有用さに基づく友情は、ともにある限界を抱えている。それは、相手が「私」にとって快楽や有用さという価値を失ってしまったら、その友情が成立しなくなってしまうということだ。快楽に基づく友情において、「私」はその友達と一緒にいることで得られる楽しい時間を愛しているのであって、その友達自身を愛しているのではない。また、有用さに基づく友情においても、「私」はその友達がそれに対して役に立つところの目的を愛しているのであって、やはり、友達自身を愛しているのではない。したがって、そうした価値がなくなれば、その人と友達でいる理由もなくなってしまうのである。

そして、快楽や有用さは、時間の経過とともに簡単に失われてしまうものである。いつも一緒に愉快に食事をしていた友達に、ある日恋人ができれば、様子が一変して以前のように楽しく話せなくなるかも知れない。テスト勉強を教えてもらっていた友達にも、やはり恋人ができて、まったく勉強しなくなってしまうかも知れない。そうなれば友情は解消の危機にさらされる。この意味において、快楽に基づく友情と有用さに基づく友情は、ともに壊れやすい友情であり、その意味において不完全である、とアリストテレスは考える。

③なぜ、快楽や有用さは簡単に失われてしまうのだろうか。アリストテレスによれば、それは、こうした価値がその人自身に備わるのではなく、あくまでも後から付け加わるもの、二次的で副次的なものに過ぎないからだ。アリストテレスはこのような性質を「付帯的」と呼ぶ。付帯的な価値とは、その人がその人自身であることにエイcキョウを与えない価値である。たとえば食事友達は、たとえ恋人ができて付き合いが悪くなっても、人間としては何も変わっていないだろう。「私」にとって、その友達と一緒にいることが楽しかろうが楽しくなかろうが、それはその友達がその友達自身であることと関係ないのだ。

これに対して、アリストテレスによれば、善良さは決して付帯的ではない。その人の長所や個性は、まさにその人自身のものであって、簡単に失われることがないからだ。したがって、善良さに基づく友情は時間が経過しても簡単には失われない。アリストテレスは次のよう

【国　語】〈五〇分〉〈満点：一〇〇点〉

第一問　次の文章を読んで後の設問に答えなさい。

人生には友情が必要である。①では、そのとき友情とは何を意味しているのだろうか。

※アリストテレスは友情を一つの愛として説明する。友達を愛することが友情なのだ。ただし、これではまだ説明になっていない。私たちはどのように友達を愛するのだろうか。またなぜその友達を愛するのだろうか。

アリストテレスの考える愛は、決してすべての人間をaフヘン的に愛することではない。私たちには、友達として愛することができる人と、愛することができない人がいる。両者を分けるものは何だろうか。それはその人が、愛されるに値する何かを持っているか否か、ということに他ならない。私たちは、その何かを持っている人を愛するのであって、それを持っていない人は愛さないのである。

それでは、愛されるに値する何かとは、具体的には何だろうか。アリストテレスはそうした価値として三つのものを挙げている。②すなわち、「快楽」「有用さ」「善良さ」である。友情とは、相手が持つこれら三つの価値を愛する関係である。そうである以上、友情そのものも、それが相手の何を愛するのかによって三種類に分けられる。すなわち、「快楽に基づく友情」「有用さに基づく友情」、そして「善良さに基づく友情」だ。

快楽に基づく友情とは、相手といることが快楽であるような関係である。ここでいう快楽とは、一緒にいて楽しい、愉快だ、気持ちいい、といったような意味である。特に何かがあるわけではないが、その人といるといつも笑っていて、居心地がよく、他愛のない話ができる。気を遣わず、リラックスしていられる。そうした友達と交わされる友情は快楽に基づくものである。たとえば、教室のなかでふざけて大笑いするだけの友達、一緒にごはんを食べる友達、居酒屋で愚痴《ぐち》を言い合うだけの友達などは、このタイプの友情だろう。

有用さに基づく友情とは、何らかの目的を達成するための手段として、仲良くしている相手との関係である。ビジネス上の友達と言うこともできるかも知れない。たとえば、勉強を教え合うための友達同士は、テストで良い点を取る、という目的のために相手と仲良くしているのであり、その意味では友達を役に立つものと見なしている。また、会社のなかでプロジェクトのメンバー同士が互いを「戦友」のように扱う場合も、このタイプの友情に該当するだろう。ただし、その関係があくまでも相互的なものでなければ、そこに友情と呼ばれるような関係は成立しないだろう。

善良さに基づく友情とは、相手の善良さに惹《ひ》かれ合うようにして結ばれる関係である。善良さとは、その人自身がもつ優れた性質であり、bタクエツ性や「徳」と言い換えることもできる。平たく言えば、その人のその人らしさ、その人の個性、その人のオリジナルな魅力のようなものだ。たとえば思慮深い人同士が、互いの思慮深さに惹かれ合って交わす友情は、思慮深さという互いの善良さに根差した関係性である、と考えることができる。一般に、親友と呼ばれる友情関係はこのタイプに該当する。

MEMO

大切なことはメモしておこうネ！

2024年度

解　答　と　解　説

《2024年度の配点は解答欄に掲載してあります。》

＜数学解答＞ 《学校からの正答の発表はありません。》

1　(1)　ア　2　　(2)　イ　2　　ウ　1　　(3)　エ　5　　オ　0　　カ　0
　(4)　キ　3　　ク　6　　ケ　1　　コ　0　　サ　8　　(5)　シ　3　　ス　3　　セ　2

2　(1)　ア　1　　イ　0　　(2)　ウ　9　　エ　4　　(3)　オ　2　　カ　5
　(4)　キ　4　　ク　5　　ケ　8

3　(1)　ア　2　　(2)　イ　6　　(3)　ウ　4　　エ　2　　(4)　オ　3

4　(1)　ア　6　　イ　9　　(2)　ウ　1　　エ　1　　(3)　オ　1　　カ　5
　(4)　キ　8　　ク　1　　ケ　2

5　(1)　ア　2　　イ　3　　ウ　1　　エ　6　　(2)　オ　2　　カ　1　　キ　5
　(3)　ク　4　　ケ　3　　コ　9　　(4)　サ　3　　シ　2

○推定配点○

アドバンス・スタンダードコース　1　(4)　各2点×2　　(5)　6点　　他　各4点×3
2　(4)　6点　　他　各4点×3　　3　(3)　各2点×2　　(4)　6点　　他　各4点×2
4　(4)　6点　　他　各4点×3　　5　(1)　各3点×2　　他　各6点×3　　計100点

プログレスコース　1　(4)　各3点×2　　(5)　9点　　他　各6点×3　　2　(4)　9点
他　各6点×3　　3　(3)　各3点×2　　(4)　9点　　他　各6点×2　　4　(4)　9点
他　各6点×3　　5　(1)　半径　5点　　体積　4点　　他　各9点×3　　計150点

＜数学解説＞

1　(小問群－数の計算，平方根，文字式の計算，2次方程式，円の性質，角度)

基本　(1)　$3\sqrt{3}\times\sqrt{6}-\frac{16}{\sqrt{2}}=3\sqrt{3}\times\sqrt{2}\times\sqrt{3}-\frac{16\sqrt{2}}{\sqrt{2}\times\sqrt{2}}=9\sqrt{2}-8\sqrt{2}=\sqrt{2}$

基本　(2)　$2x+3y=7$…①，$4x-5y=3$…②とする。①の両辺を2倍すると$4x+6y=14$…③　③－②から，$11y=11$　$y=1$　①に代入して，$2x+3=7$　$2x=4$　$x=2$

基本　(3)　濃度15％の食塩水200gに含まれる食塩の量は，$0.15\times200=30$(g)…①　濃度8％の食塩水xgに含まれる食塩の量は，$0.08x$(g)…②　それを混ぜてできる濃度10％の食塩水$(200+x)$gに含まれる食塩の量は，$0.1(200+x)$(g)…③　①＋②＝③から，$30+0.08x=20+0.1x$　両辺を100倍して，$3000+8x=2000+10x$　$2x=1000$　$x=500$

(4)　五角形の内角の和は$180°\times(5-2)=540°$だから，正五角形の1つの内角の大きさは，$540°\div5=108°$　△BAC，△EADは頂角が108°の二等辺三角形だから，∠BAC＝∠BCA＝∠EAD＝∠EDA＝$(180°-108°)\div2=36°$　よって，$\angle x=108°-36°\times2=36°$　BDとCEの交点をFとする。∠BCA＝36°，∠ACE＝36°なので，∠BCE＝72°　また，∠CBD＝36°であり，∠BFEは△BCFの外角だから，$\angle y$＝∠CBD＋∠BCE＝108°

(5)　△ABEで三平方の定理を用いると，$AE=\sqrt{BE^2-AB^2}=\sqrt{3}$　△EBAは3辺の比が$2:1:\sqrt{3}$の直角三角形だから，内角の大きさが30°，60°，90°である。AD//BCだから，∠CBE＝∠AEB＝30°

である。よって，おうぎ形BCEの面積は，$\pi\times2^2\times\frac{30}{360}=\frac{\pi}{3}$　△EBFの面積は，$\frac{1}{2}\times\sqrt{3}\times1=\frac{\sqrt{3}}{2}$　したがって，斜線部の面積は，$\frac{\pi}{3}-\frac{\sqrt{3}}{2}$

2 （平面図形―三平方の定理，折り返し，平行線と線分の比，長さ，面積）

基本 (1)　△ABCで三平方の定理を用いると，$AB=\sqrt{BC^2+AC^2}=\sqrt{100}=10$

(2)　CE＝xとすると，AE＝$6-x$　△DEFは△AEFを折り返したものだから，DE＝AE＝$6-x$　AB//EDなので，CE：CA＝DE：BA　$x:6=(6-x):10$　$10x=36-6x$　$16x=36$　$x=\frac{36}{16}=\frac{9}{4}$　CE＝$\frac{9}{4}$

重要 (3)　折り返した角なので，∠EDF＝∠EAF　AB//EDだから，∠EAF＝∠CED　よって，∠EDF＝∠CED　1組の錯角が等しいので，DF//CE　BF＝yとすると，DF＝AF＝$10-y$　また，CD：CB＝CE：CA　CD：8＝$\frac{9}{4}$：6＝3：8　CD＝3　よって，BD＝5　BF：BA＝BD：BC　$y:10=5:8$　$y=\frac{25}{4}$　BF＝$\frac{25}{4}$

やや難 (4)　DF＝AF＝$10-\frac{25}{4}=\frac{15}{4}$　△DEF＝(△ABC－△BDF－△DCE)÷2＝$\left(\frac{1}{2}\times8\times6-\frac{1}{2}\times5\times\frac{15}{4}-\frac{1}{2}\times3\times\frac{9}{4}\right)\div2=\left(24-\frac{75}{8}-\frac{27}{8}\right)\div2=\left(24-\frac{51}{4}\right)\div2=\frac{45}{4}\div2=\frac{45}{8}$

3 （場合の数・確率―さいころの目，正六角形，正三角形，直角三角形）

基本 (1)　点Aを含む正三角形は△ACEである。太郎さんがC，花子さんがEにいるときと，太郎さんがE，花子さんがCにいるときの2通りがある。

(2)　点Aを含む鈍角三角形は△ABF，△ABC，△AFEの3通りある。△ABFの場合，太郎さんがB，花子さんがFにいるときと，太郎さんがF，花子さんがBにいるときの2通りがある。△ABC，△AFEの場合も同様なので，3×2＝6(通り)ある。

(3)　太郎さんが3の目を出して点Dにいるとき，花子さんが点B，点C，点E，点Fのいずれかにくると直角三角形ができる。よって，4通りある。太郎さんが1の目を出して点Bにいるとき，花子さんが点D，点Eのいずれかにくると直角三角形ができる。よって，2通りある。

重要 (4)　太郎さんが2の目を出して点Cにいるとき，花子さんが点D，点Fのいずれかにくる場合，太郎さんが4の目を出して点Eにいるとき，花子さんが点B，点Dのいずれかにくる場合，太郎さんが5の目を出して点Fにいるとき，花子さんが点C，点Dのいずれかにくる場合に直角三角形ができる。できあがる図形が直角三角形となる場合が4＋2×4＝12(通り)ある。二人のさいころの目の出方は6×6＝36(通り)あるから，その確率は$\frac{12}{36}=\frac{1}{3}$

4 （関数・グラフと図形―放物線，一次関数，グラフの交点，座標，面積，回転体の体積）

基本 (1)　放物線$y=\frac{1}{4}x^2$と直線$y=\frac{3}{2}x$との交点のx座標は，方程式$\frac{1}{4}x^2=\frac{3}{2}x$の解として求められる。両辺を4倍して整理すると，$x^2=6x$　$x^2-6x=0$　$x(x-6)=0$　$x>0$なので，$x=6$　y座標は，$y=\frac{3}{2}\times6=9$　A(6，9)

基本 (2)　放物線$y=-x^2$と直線$y=-x$との交点のx座標は，$-x^2=-x$　$x^2-x=0$　$x(x-1)=0$　$x>0$だから，$x=1$　$y=-1$　B(1，−1)

(3)　直線ABの傾きは，$\frac{9-(-1)}{6-1}=2$　$y=2x+b$とおいて$x=1$，$y=-1$を代入すると，$-1=2+b$　$b=-3$　直線ABの式は$y=2x-3$　直線ABとx軸の交点をCとすると，点Cのy座標は0だから，$0=2x-3$　$x=\frac{3}{2}$　△AOC，△BOCの底辺をOCとみることで，△AOB＝△AOC＋△BOC＝$\frac{1}{2}\times\frac{3}{2}\times9+\frac{1}{2}\times\frac{3}{2}\times1=\frac{1}{2}\times\frac{3}{2}\times10=\frac{15}{2}$

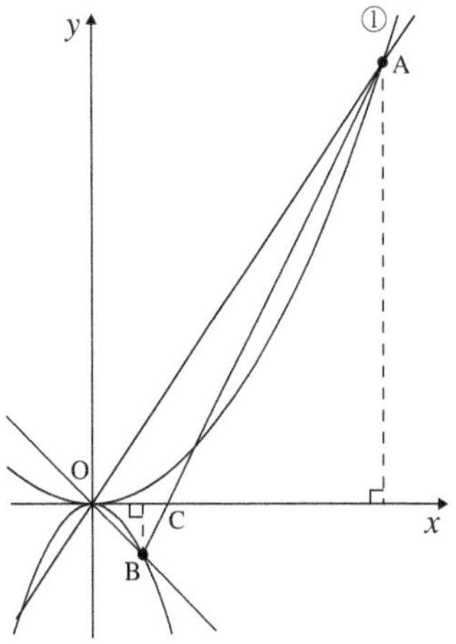

重要 (4)　△AOBをx軸の周りに1回転してできる立体は，右図で示すように，〈底面の半径が9，高さが6の円すい〉から，〈底面の半径が9，高さが$\left(6-\frac{3}{2}\right)$の円すい〉を除いたものである。よって，その体積は　$\frac{1}{3}\times\pi\times9^2\times6-\frac{1}{3}\times\pi\times9^2\times\left(6-\frac{3}{2}\right)=\frac{1}{3}\times\pi\times9^2\times\left\{6-\left(6-\frac{3}{2}\right)\right\}=\frac{1}{3}\times\pi\times9^2\times\frac{3}{2}=\frac{81}{2}\pi$

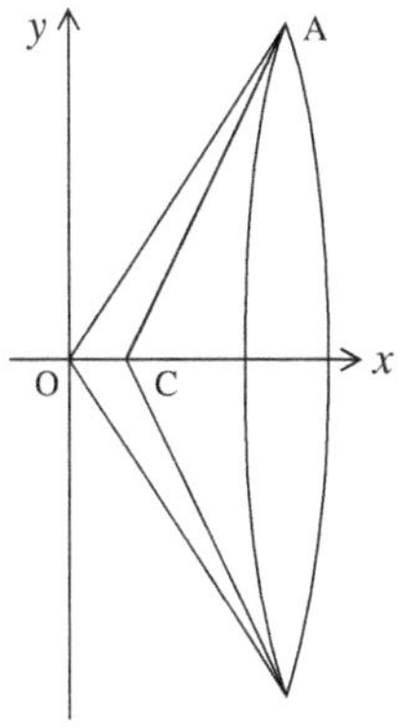

5 (空間図形―正三角柱と内接する球，切断，三平方の定理，正三角形，長さ，体積，最短距離，平行線と線分の比)

(1)　AD，BE，CFの中点をそれぞれP，Q，Rとして，3点P，Q，Rを通る平面でこの立体を切ったとすると，その平面は球の中心Oを通る。点Oは△PQRの重心であり，点PからQRに垂線PMを引くと点Oは線分PMを2：1に分ける。正三角形の高さは1辺の長さの$\frac{\sqrt{3}}{2}$倍だから，$\mathrm{PM}=4\times\frac{\sqrt{3}}{2}=2\sqrt{3}$　よって，$\mathrm{OM}=2\sqrt{3}\times\frac{1}{3}=\frac{2\sqrt{3}}{3}$　したがって，球の半径は$\frac{2\sqrt{3}}{3}$　(図1参照)

図1

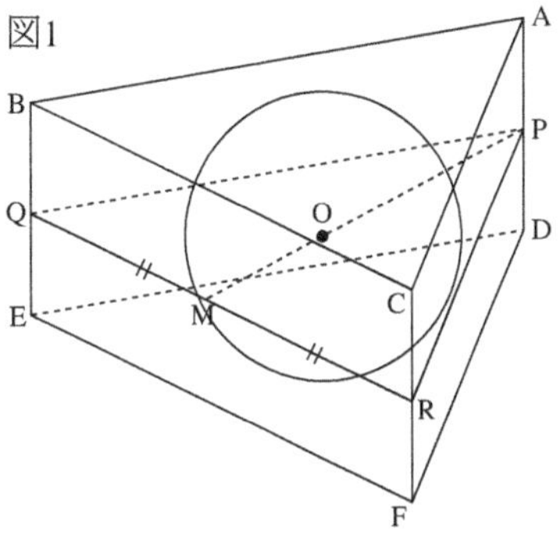

1辺が4の正三角形の面積は$\frac{1}{2}\times4\times2\sqrt{3}=4\sqrt{3}$　正三角柱の高さは球の半径の2倍の$\frac{4\sqrt{3}}{3}$だから，$4\sqrt{3}\times\frac{4\sqrt{3}}{3}=16$

重要 (2)　△ABCの重心をNとすると，点Nは球Oとの接点であり，∠ANO＝90°である。ANは正三角形の高さの$\frac{2}{3}$だから，$4\times\frac{\sqrt{3}}{2}\times\frac{2}{3}=\frac{4\sqrt{3}}{3}$　$\mathrm{ON}=\frac{2\sqrt{3}}{3}$　△OANで三平方の定理を用いると，$\mathrm{OA}^2=\left(\frac{4\sqrt{3}}{3}\right)^2+\left(\frac{2\sqrt{3}}{3}\right)^2=\frac{16}{3}+\frac{4}{3}=$

図2

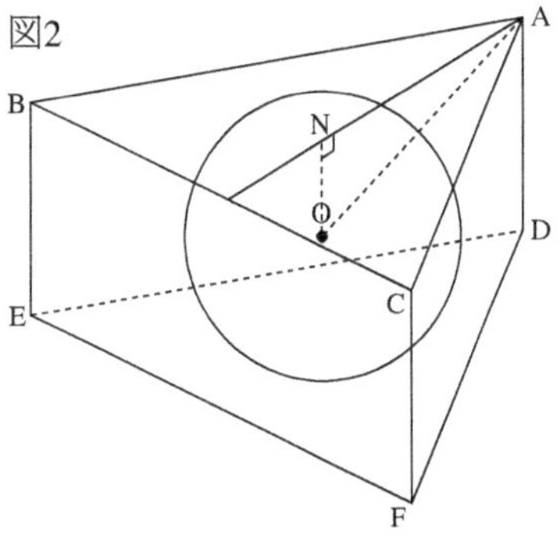

$\frac{20}{3}$　よって，$\mathrm{OA}=\frac{\sqrt{20}}{\sqrt{3}}=\frac{2\sqrt{5}}{\sqrt{3}}=\frac{2\sqrt{15}}{3}$　（図2参照）

重要 (3)　図3は正三角柱の側面の展開図である。AG＋GH＋HDが最小になるのは4点が同一直線上に並ぶときである。BG//A′D′なので，BG：A′D′＝AB：AA′＝1：3　A′D′は正三角柱の高さだから$\frac{4\sqrt{3}}{3}$　よって，BG：$\frac{4\sqrt{3}}{3}$＝1：3から，BG＝$\frac{4\sqrt{3}}{9}$　（図3参照）

図3

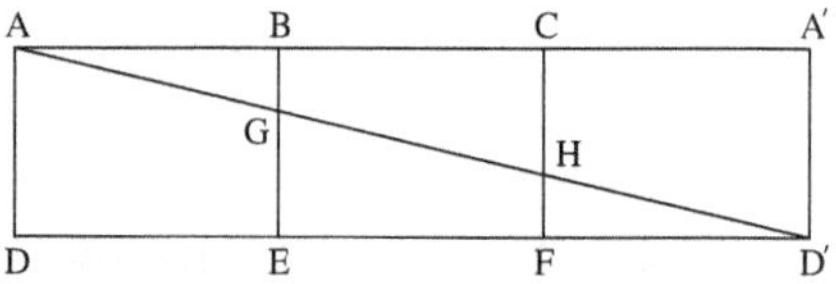

(4)　△AGHで切り取ったときの点Dを含まない立体は，台形BGHCを底面とする四角すいである。BCの中点をSとすると，AS⊥BCとなる。また，△ABCの面と長方形BEFCの面はBCで垂直に交わっている。よって，ASは台形BGHCに垂直に交わるので，四角すいA－BGHCの体積は，$\frac{1}{3}\times$（台形BGHC）×ASで求められる。ASは正三角形の高さだから$2\sqrt{3}$　また，(3)で用いた図3で，CH：A′D′＝AC：AA′＝2：3　CH＝$\frac{8\sqrt{3}}{9}$　よって，$\frac{1}{3}\times\left\{\frac{1}{2}\times\left(\frac{4\sqrt{3}}{9}+\frac{8\sqrt{3}}{9}\right)\times4\right\}\times2\sqrt{3}=\frac{1}{3}\times\frac{1}{2}\times\frac{4\sqrt{3}}{3}\times4\times2\sqrt{3}=\frac{16}{3}$　したがって，点Dを含む方の立体の体積は，$16-\frac{16}{3}=\frac{32}{3}$　（図4参照）

図4

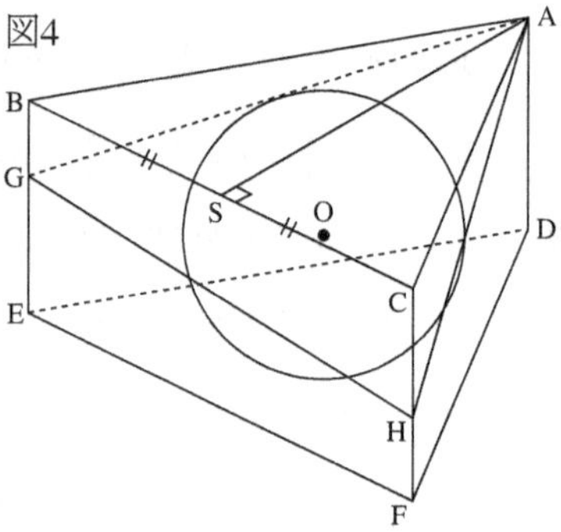

★ワンポイントアドバイス★

[1](5)は，辺の比が2：1：$\sqrt{3}$になっていることに着目する。[2]は折り返すことで合同な図形ができることを利用する。三平方の定理，平行線と線分の比をうまく使おう。[3](4)は(3)がヒントになっている。[4](3)はいろいろな方法があるが，(4)にも使えるようにABとx軸との交点の座標を求めてみよう。[5]は正三角形の重心がポイントになる。

＜英語解答＞ 《学校からの正答の発表はありません。》

Ⅰ	問1　④	問2　③	問3　①	問4　④	問5　②	問6　④	問7　⑤，⑦，⑧
Ⅱ	問1　①	問2　③	問3　②	問4　④	問5　①	問6　①，③，⑥	

Ⅲ　(1)　A　③　B　②　C　⑤　(2)　A　⑥　B　②　C　⑤
(3)　A　③　B　④　C　①　(4)　A　②　B　⑦　C　⑧
(5)　A　②　B　③　C　⑦

○推定配点○

プログレス・アドバンスコース　Ⅰ　問6　8点　他　各7点×8　Ⅱ　各7点×8
Ⅲ　各6点×5(各完答)　計150点

スタンダードコース　Ⅰ　問6・問7　各5点×4　他　各4点×5　Ⅱ　問6　各5点×3
他　各4点×5　Ⅲ　各5点×5(各完答)　計100点

＜英語解説＞

重要 I （長文読解問題・物語文：内容把握，適文選択補充，文整序，内容正誤判断）

（全訳） 小さな湖の上の空は鳥でいっぱいだったー小さな鳥，大きな鳥，色とりどりの鳥。僕たちは雨の中，ヒクメットの庭の壁のそばに座ってそれらを眺めていた。

「冬が来るね」僕は3人の友人たちに向かって言った。「鳥たちは暖かい国に向かって飛び立ち始めている。」

数人の猟師たちが犬たちと一緒に湖に向かって出かけようとしていた。彼らは狩猟用の服を着て銃を持っていた。僕たちは皆彼らと一緒に行きたかった。

「僕も銃を持ち猟師になりたい」ペケルが言った。

その後，ヒクメットは起き上がり走って家の中に入っていった。彼は何かが入っているバッグを腕の下に抱えて戻ってきた。

ヒクメットがバッグを開けると，僕たちは長くて美しい銃を見た。

「君のお父さんが怒るよ」僕が言った。

「うん。でも家に帰ってくる前に銃を戻せる。」

「わかった」僕たち皆が言い湖の方に歩き始めた。まず最初にヒクメットが銃を持ち，次は僕，それからペケル，その後がムアンメル。僕たちは今や全員が猟師だった。

「僕たちは5発銃弾を持っている」とヒクメットが言った。「だから全員が一回ずつ撃てる。その後僕が2回目を撃てる，5発目の銃弾で。僕がこの銃を持ってきたからね。」

湖では猟師が見え，彼らの犬たちの声が聞こえた。僕たちも湖のそばで待ち，見ていた。雨が降り，止んで，その後また降ってきた。しかし湖にも空にも鳥はいなかったー1羽も。

僕たちは待っていたが，その後怒っているヒクメットのお父さんのことを考え始めた

「もう家に戻って銃を返そうか？」ムアンメルが言った。

その時，突然3羽のカモを見た。それらは僕たちから遠くない地面の上に降り立ったのだ。ヒクメットは静かに立ち上がりカモのうちの1羽を撃とうとした。もちろん弾は当たらず，カモたちは飛び去った。しかし銃がとても大きな音を立てたので空は何千羽もの鳥たちでいっぱいになった。

鳥たちは日中は湖の周りに隠れているので，猟師たちは夜になるのを待って撃ち始めるのだ。しかし(1)このことを僕たちは後から知った。

今や鳥たちは音のせいで怯えていた。皆飛び去ってしまったので猟師たちは撃つものがいなくなってしまった。

猟師たちは僕たちを追いかけ始めた。彼らは怒っていた。しかし僕たちの方が速く走れたので逃げ切れた。やがて僕たちは止まり話し笑い始めた。

「それで，僕たちの今夜の鴨料理はどこいった？」ムアンメルが言った。

僕は笑った。「明日まで待って」僕が言った。「あるいはその翌日ーヒクメットが撃てる時までね！」

「(2)猟師たちはいつもたくさんの鳥を家に持ち帰るわけじゃない」とヒクメットが言った。「聞いて。鳥を売っているアリは鳥を撃つ。そしてそれらを誰に売ると思う？」

「猟師たちに！」ペケルが言った。

「その通り！」ヒクメットが言った。「なぜ？　それは何も持たずに家に帰ったら猟師たちは皆に笑われてしまうから。だから猟師たちはこっそりアリの所に行って死んだ鳥を買う，そうすればわくわくする猟の話ができるからね！」

突然，数羽の鳥が空に見えた。「静かに」僕は友人たちに言った。僕は銃を取り出し銃弾を入れ待った。鳥たちが僕の真上に来た時，撃った。2羽の鳥が空から地面に落ちた。僕たちは嬉しくて

叫びその場所まで走っていった。しかしちょうどその時，そのうちの1羽が地面から空高く舞い戻ったのだ。僕たちはとても驚いた。

僕たちはすぐに残りの1羽を見つけた。それは長い首の大きなものだった。ヒクメットはそれを見た。

「死んでいる」彼は言った。

「2羽目の鳥はたぶん怪我をしただけだったんだ」ムアンメルが言った。

僕たちは死んだ鳥を注意深く見たが，皆少し怖かった。本当に死んだ？　僕たちの遥か上の空で，2羽目の鳥が長く悲しい声を上げながらぐるぐると円をかきながら飛んでいた。

僕たちは僕たちの死んだ鳥を家に持ち帰り始めると，しばらくして空の鳥は飛んで行ってしまった。

僕たちは銃をヒクメットの家に戻し，鳥のことを聞くためにアリの店に走って行った。店にはたくさんの死んでいる鳥がいたが，僕たちの鳥とは違った。

「こんにちは少年たち」アリが言った。「何か御用かな？」

「鳥を撃ったんだ」僕たちが言った。「でもこれは何？　どうやって調理するの？」

アリは微笑んだ。「えぇと，君ら少年は猟師の男たちよりも腕がいいね！」

僕たちは鳥の入っているバッグをアリのテーブルに乗せ，バッグを開けた。(3)アリは微笑むのをやめた。彼は急いで鳥をバッグの中に戻し，1，2分黙っていた。

その後彼が言った。「いいか，子どもたち。君たちはわかっていない。この鳥は食べられない！すぐに持って帰り地面に埋めるんだ。」

僕たちは皆驚いて彼のことを見た。

それからアリが尋ねた。「この鳥のつがいの片方は一緒にいなかったかい？」

「もう1羽いたけど飛んで行った」ヒクメットが言った。

「よかった」アリが言って微笑んだ。彼は何か言い始めたがやめた。

「僕たちは何か大変なことをしてしまったの？」ヒクメットが聞いた。

「よく聞くんだ」アリが言った。「これらの鳥は鶴という。これらは「愛の象徴」だから猟師たちは絶対に撃たないんだよ。」

僕たちにはこのことがよくわからなかったが，(4)「愛の象徴」という言葉は理解した。それなので，僕たちは湖に戻りちょうど良い場所を見つけた。それから穴を掘り僕たちの鶴をそこに埋めた。僕たちは皆少しだけ泣いたと思う。とても悲しい気持ちになったから。

その日以降僕たちは猟のことについては決して話さなかった。僕たちはその年はとても長く寒い冬を過ごした。春になり，また外で遊べるようになったが，まだ地面には雪が少し残っていた。

「僕たちの鶴のお墓に行ってみようよ」ある日ヒクメットが言った。

僕たちは皆そうしたいと思っていたが，ヒクメットが最初にその言葉を言った。僕たちは静かに湖の方に歩いて行ったが，その時ペケルが言った。「僕はパパに『愛の象徴』のことをある日聞いてみたんだ。」

「それでどういう意味だった？」ムアンメルが聞いた。

「鶴は愛し方を知っているという意味だった。彼らの愛はこの世で最高で最強なんだ。」

僕たちの鶴のお墓にはまだ雪があった。ヒクメットはお墓の上に積もっていた雪を払い始めたが，突然やめた。雪の下に何かがあったのだ。それから皆でそれを見た。

それは僕たちの鶴だった。それはお墓の上で凍っていた。僕たちは悲しい気持ちになった。

「(5)誰が取り出したんだろう？」ペケルが言った。

「たぶん野犬だろう」ヒクメットが答えた。「それで凍っていたから食べられなかったんだよ」

「あぁ，何でもっと深く掘らなかったんだろう」ムアンメルが叫んだ。

「今そうできるよ」ヒクメットが言った。「僕たちの鶴を食べないよう神様が野犬を止めてくれたんだ。だから僕たちはこれをもっと深く埋めなければならない。」

悲しい気持ちで僕たちは穴を掘り始めた。まもなく穴があいたが，突然何かが僕たちの目に入り，急いでやめた。穴の中には別の鶴がいたのだ。僕たちはそれを見て怖くなった。誰も話せなかった。

ヒクメットは僕たちの鶴を取り出した。それからそれを地面に置き泣き始めた。僕たち皆泣いたが，それがなぜだったのか理由はわからなかった。

ヒクメットは立ち上がった。「僕はこれを恐れていたんだ」彼は言った。「そしてこれが起こって欲しくなかった。」

僕たちにはわからなかった。

「鶴，愛の象徴，僕たちを許してください」ヒクメットが静かに言った。その後彼は僕たちを見た。「鶴はとても愛し合う鳥なんだ」彼は言った「それでオスとメスは一生一緒にいるんだ。【6】エ鶴はいつも暖かい場所で暮らしているが，1羽の鶴が死ぬと，そのつがいの片方は寒く雪のある場所に行く。イその後雪で死んでしまうので誰もそれを食べられない。アこのようにして死んだ鳥を人々は食べない。ウそして猟師たちは皆このことを知っているので決して鶴を撃たない。」

僕たちの心は大きな悲しみでいっぱいだった。僕たちは2羽の鳥を一緒に穴に埋め，お墓中に花を置いた。その日以降，僕たちは「愛」という言葉を聞くたびに鶴たちのことを思った。

そして毎年春になるとお墓に行くことも決して忘れなかった。

(The Little Hunters at the Lake より引用)

問1　④「鳥たちは夜になるまで姿を現さないので，猟師たちは日中は撃たない」(1)の this は前文の内容を指し④の内容に一致。　①「猟師たちはカモを撃とうとする時に大きな音を立てる必要はない」 don’t have to ～「～する必要はない」 ②「その鳥たちは暗くなった後に去り暖かい国へと飛び立つ」 ③「猟師たちは愛の象徴だと知っているのでカモを撃たない」

問2　③「猟師たちはいつもたくさんの鳥を家に持ち帰るわけじゃない」猟師たちはいつも猟に成功するわけではないので，アリの所で死んだ鳥を買い持って帰るという流れにする。not always ～「いつも～というわけではない」という部分否定表現。　①「これは僕たちがこれまでに見たなかで一番大きな鳥だ」 ②「さぁ，たった今手に入れた鳥を売りに行こう」 ④「猟師たちは湖に出かける時はいつでもたくさんの鳥を手に入れる」

問3　鳥の入った袋を開けた途端に(3)微笑むのをやめ，慌てて鳥を戻しそれを地面に埋めるよう指示している場面。その後，少年たちにそれが鶴であること，猟師たちが鶴を撃たないことを説明しているので，①「アリは少年たちの鳥が鶴だったことがわかった」が適当。　②「アリは少年たちの鳥が何だったのかわからなかった」 ③「少年たちの鳥はアリの店で一番大きかった」 ④「少年たちの鳥はアリが思ってよりも損傷していた」

問4　「愛の象徴だから鶴を撃たない」というアリの言葉の意味はよくわからないが，「愛の象徴」という言葉だけはわかった，という流れにするため④「愛の象徴」が適当。　①「君たち少年は大人の男性たちよりずっと良い猟師だ」 ②「持って帰って地面に埋めなさい」 ③「これらの鳥は鶴と呼ばれている」

問5　自分たちが鶴を埋めた墓の上に凍った鶴がいたのを見つけて放った言葉なので，②「誰が取り出したの？」が適当。　①「誰が食べたの？」 ③「僕たちはアリにそれを売ったよね？」 ④「何羽の鳥がそこにいた？」

問6　全訳参照。　鶴は暖かい場所で暮らす鳥だが，つがいの片方が死ぬと雪のある場所に行き死んでしまう。そのように死んだ鳥は食べられないので，そのことを知る猟師たちは鶴を撃たないという流れにする。④が正解。

問7 ①（×）「ヒクメットの父親はヒクメットが猟銃を使った後に返さなかったので怒った」本文中ほどに We put the gun back. とあるので銃は戻した。また父親が怒ったという記述はない。 ②（×）「少年たちが猟師の1人を笑ったので猟師たちは少年たちを追いかけた」 本文前半 During ではじまる段落から The hunters began to run ～. で始まる段落参照。猟師たちが少年たちを追いかけたのは笑われたからではなく，ヒクメットが銃を撃った音で鳥たちが逃げてしまったからなので不一致。 ③（×）「筆者が自分の真上に来た鳥を撃った時，彼は同時に2羽を殺した」本文前半 Suddenly で始まる段落参照。最後から2文目参照。1羽は空に飛び立っているので不一致。 ④（×）「鳥売りのアリは猟師たちが持ち込んだ鳥を子どもたちに売った」そのような記述はない。 ⑤（○）「少年たちはアリの店を去った後，彼らの鶴を埋めた時には愛の象徴についてわからなかった」(4)のある段落参照。愛の象徴という意味がわからなかったが，店を出てから鶴の墓を掘り埋めたので一致。 ⑥（×）「少年たちが彼らの鶴を埋めた時，彼らは穴の中に野犬を見つけた」そのような記述はない。 ⑦（○）「墓の上の雪の下で少年たちが見つけた鶴は彼らによって埋められた鶴ではなかった」(5)前，There was still snow で始まる段落とその次の文参照。墓の上に鶴を見つけているが，本文後半 Sadly で始まる段落第3文目で自分たちが埋めた鶴を見つけているので一致。 ⑧（○）「鶴は愛し方を知っていて，つがいは一生涯一緒にいると言われている」(5)の3段落前，It means that cranes know how to love. という文と本文【6】の直前の文に一致。

重要 Ⅱ **（長文読解問題・伝記：内容把握，適語選択補充，内容正誤判断）**

（全訳） 人々は，地球上の生命がどのように始まったのかいつも不思議に思ってきた。チャールズ・ダーウィンが生きていた時，ヨーロッパやアメリカの人々は神が6日間で全世界を創り出したと信じていた，聖書が言っている通りのことだ。しかしチャールズ・ダーウィンは，ほとんどの人ではなかった。ビーグル号での世界一周調査旅行が真の科学者になることを教えてくれた－自然をよく観察し，全てのことに疑問を持ち，地球上で生命がどのように始まったかについて新しい発想で考える，ということだ。彼は長い年月をかけて生き物がどのように変化し，進化するのかを示した。

チャールズ・ダーウィンは天才だったのだろか？ 彼はそうは思わなかった。ダーウィンは自分は単なる科学者だと思っていた。優れた科学者が皆そうであるように，ダーウィンはとても好奇心旺盛だった。彼はいつもすぐに難題に疑問を持ち，彼が見たものに基づいた答えを探すという心構えができていた。

チャールズ・ダーウィンは彼の発想が人々に衝撃を与えることはわかっていた。そうなった。しかし今日の科学者たちは進化論を事実として認めている。

1858年にダーウィンは彼の人生を変えた手紙を受け取った。その手紙はアジアに住む科学者アルフレッド・ラッセル・ウォレスからだった。手紙と一緒にウォレスはダーウィンに研究論文を送った。彼はそれを出版するのをダーウィンが手助けしてくれないだろうかと期待していたのだ。(1)ダーウィンはウォレスの論文を読んでショックを受けた。ウォレスは自然選択に関して同じ考えを持っていたのだ。

ダーウィンはどうしたらよいかわからなかった。「私はこの題材に年月をかけて多大な努力をしてきたが，とても怖かったので一歩を踏み出すことができなかった。もし今自分の考えを出版しなかったら，自分が何年も前に発見した発想で誰かほかの人が賞賛を浴びてしまう。」

ダーウィンは(2)正直者だったので，ウォレスに対しても公平でありたかった。彼はその時になって科学者仲間に彼の研究についての真相を話した。彼らは計画を思いついた。彼らはチャールズ・

ダーウィンとアルフレッド・ウォレスの両方がその発見で称賛されるよう，双方の研究論文を同じ会議で読むことにした。

会議は1858年7月1日に会議は開かれた。ダーウィンの科学仲間の一人であるジョゼフ・フーカーがダーウィンが書いた進化論の文書を最初に読んだ。それらは1844年と1857年に書かれたものだった。それからウォレスの研究論文を読んだ。それは1858年に書かれていた。そのことが発見の順序を明確にした。

アルフレッド・ウォレスは会議にはいなかった－彼はアジアに住んでいたのだ。しかしダーウィンもこの重要な会議にはいなかった。会議の前に彼の子どもの1人が亡くなったのだ。彼は自分の息子の死がとても悲しく，それ以外のことを考えることができなかったのだ。

ダーウィンは会議に欠席したことを気にしてはいなかったが，彼は(3)ついにその時が来たことはわかっていた。彼は自分の考えを全て本にまとめればよいだけだった。ダーウィンは自室で何か月も取り組んだ。彼は全て手書きで書かなければならなかったのだ－当時はパソコンなど何もなかったのだ。彼は机も使わなかった。彼は膝の上に板を乗せ椅子に座っていた。

1859年5月に書き終えた時，ダーウィンは疲労困憊していた。彼は1週間休むために出かけ，散歩をすることでリラックスしようとした。

休暇中でさえ，ダーウィンは見たもの全てに好奇心がわいた。ある日彼は赤アリを見た。それらはまゆを運んでいた。アリたちは1つの巣から別の巣にまゆを運んでいたのだ。その途中，迷子になったように見えるアリたちがいた。ダーウィンはなぜだろうと不思議に思った。彼はアリを観察することにした。丁度その時，汚い服を着た男性がやってきた。ダーウィンは小銭を寄付した。二人の男性がアリを見るために道端に座り込んだ。

カップルがやってきた。(4)彼らはあっけにとられながらダーウィンを見た。彼らはこの男性のことを不思議に思ったのだ。彼は紳士のように見えた。彼はなぜ若い少年のようにアリを見ながら地面を動き回っているのだろう？　この男性がまもなくイギリス中に…そして世界中に知られることになるなど彼らが知る由はなかった。ダーウィンはただ優れた科学者でありたいだけだった。すべての優れた科学者は(5)子供のように好奇心旺盛なのだ！

1859年11月24日，ダーウィンの本がついに出版された。彼は50歳になっていた。題名は「自然選択による種の起源」だった。今日では人々は「種の起源」と呼んでいる。これは今でも科学における最も重要な本の一つだと考えられている。

(Who was Charles Darwin?　より引用)

問1　①「ウォレスの研究論文での発想はダーウィンのものと同じだった」直後の文に理由が書かれており，same idea とある。　②「ダーウィンは自分の発見で彼自身が賞賛されることを確信していた」　③「ウォレスの研究論文はダーウィンのものよりもはるかに優れていた」　④「ヨーロッパとアメリカのほとんどの人々がダーウィンの考えを既に知っていた」②，③，④に関する記述はないので，下線部の理由には相当しない。

問2　wanted to be fair「公平でありたかった」と続くので③ honest「正直な」が適当。　①「幸せな」　②「不注意な」　④「わがままな」

問3　直後の2文参照。ダーウィンは自分の考えを本にまとめるために数か月を費やしたことがわかるので，②「彼の考えを本に書く時になった」が適当。　①「会議を欠席する時間になった」　③「何年も一生懸命働く時になった」　④「一週間リラックスするために出かける時になった」

問4　直後の文で，彼らがこの男性のことを不思議に思ったとある。その理由がその後の2文に書かれており，④に一致。　look like ～「～のように見える」

問5　1つ前の段落第1，2文でダーウィンが好奇心旺盛でアリを観察したことが書かれている。(5)

の段落第5文でその様子が young boy のようだとあるので① kids「子ども」が適当。　②「アリ」　③「紳士」　④「生き物」

問6　①（○）「聖書には神が6日間で全世界を創ったと書かれている」第1段落第2文に一致。
②（×）「ダーウィンは科学者としてとてもプライドが高かったので，質問しなかった」そのような記述はない。　③（○）「アジアからのある手紙がダーウィンを自分の考えを人々に知らせる気にさせた」第5段落最終文参照。手紙を受け取りウォレスの研究論文を読んだダーウィンが自分の考えを出版する気になったことがわかるので一致。　④（×）「1858年にダーウィンとウォレスは二人とも会議に出席しその発見について賞賛を受けた」第8段落第1，2文参照。どちらも欠席だったので不一致。　⑤（×）「ダーウィンは貧しかったので，パソコンも机すらも買えなかった」そのような記述はない。　⑥（○）「ある日彼が歩いているとダーウィンはなぜ異なる動きをしているアリがいるのか知りたくなった」最後から3段落目第5，6文に一致。　⑦（×）「ダーウィンは1844年11月24日に生まれた」ダーウィンの生まれた日に関する記述はない。1844年は彼が論文を書いた年(第7段落第3文)11月24日はダーウィンの本が出版された日(最終段落第1文)なので不一致。　⑧（×）「『種の起源』は赤アリに関する最も重要な本の1つである」最終文参照。科学に関する重要な本の1つなので不一致。

Ⅲ　（語句整序問題：不定詞，受動態，分詞，間接疑問文，慣用句）

重要　(1)　It is useful to study different cultures to improve your understanding (of your own culture.)　〈It is ～ to …〉「…するのは～だ」の形式主語構文を使う。It は to 以下を指す。to improve your understanding ～ の to improve は「…するために」という目的を表す副詞用法の不定詞。improve は「改善する」という意味の他「よりよくする」という意味がある。understanding of your own culture「自国の文化の理解」

重要　(2)　What is that cat called by the children looking after (it?)　What is that cat called by the children で「子供たちにあの猫は何と呼ばれていますか」 looking after it が the children を後置修飾する形にして「それ(＝ that cat)を世話をしている子供たち」という意味にする。

基本　(3)　(Can) you tell me when Kate will leave Japan?　Can you tell me で「私に教えてくれませんか？」 when 以下は tell の目的語となる間接疑問文。したがって when Kate will leave Japan と〈疑問詞＋主語＋動詞…〉の語順になることに注意。

基本　(4)　(How) long is it since you heard from him?　時間の長さをたずねる表現 How long is it を使う。since you heard from him「彼に手紙をもらってから」 since は「～から」 hear from ～ で「～から手紙をもらう[連絡をもらう]」という意味。

重要　(5)　(She lives) so far away from the station that she feels (very tired when she goes to work.)　〈so ～ that …〉「とても～なので…」の構文にあてはめる。　far away from ～ で「～から遠い」 feel tired「疲れを感じる」

★ワンポイントアドバイス★

長文読解問題は，量が多いので時間配分に気をつけよう。物語文は場面の状況を考えながら登場人物の誰のセリフなのか，代名詞が誰を指すのかを考えながら，話しの流れを正確に読み取っていこう。

＜国語解答＞ 《学校からの正答の発表はありません。》

第一問 問1 a 1 b 2 c 4 d 2 e 1 問2 X 3 Y 1 問3 3
問4 4 問5 3 問6 4 問7 1 問8 2 問9 4

第二問 問1 1 問2 1 問3 3 問4 2 問5 3 問6 ⅰ 3 ⅱ 1
問7 1 問8 4 問9 3 問10 4・6

○推定配点○
第一問 問1・問2 各2点×7 他 各5点×7 第二問 問1～問3・問5 各4点×4
他 各5点×7(問10完答) 計100点

＜国語解説＞

第一問 （論説文―大意・要旨，内容吟味，文脈把握，脱語補充，漢字の読み書き，語句の意味）

基本 問1 ═══線部a「普遍」 1「遍歴」 2「偏見」 3「編集」 4「底辺」。 b「卓越」 1「委託」 2「電卓」 3「採択」 4「帰宅」。 c「影響」 1「境界」 2「競合」 3「大盛況」 4「大音響」。 d「類似」 1「事前」 2「疑似」 3「事情」 4「開示」。 e「独創」 1「創業」 2「総意」 3「着想」 4「情操」。

問2 ──線部Xは機会があるごとに，という意味なので3が適切。Yは風に吹かれる灯が今にも消えそうなことから，危険が迫っていて滅ぶ寸前であることのたとえなので1が適切。

問3 ──線部①の説明として直後の2段落で，友情を一つの愛として説明するアリストテレスが考える愛は，愛されるに値する何かを持っている人を友達として愛する，ということを述べているので3が適切。これらの内容を踏まえていない他の選択肢は不適切。

問4 ──線部②について直後から続く3段落で，快楽に基づく友情とは，特に何かがあるわけではないが，相手といることが居心地がよく，快楽であるような関係，有用さに基づく友情とは，何らかの目的を達成するための手段として相互的に仲良くしている関係，善良さに基づく友情とは，その人自身がもつ優れた性質である善良さに惹かれ合うようにして結ばれる関係，ということを述べているので4が適切。1は「有用さ」「善良さ」，2は三つの価値すべて，3は「善良さ」の説明がいずれも不適切。

問5 ──線部③の理由として直後で，「快楽さや有用さ」の価値が「その人自身に備わるのではなく，あくまでも後から付け加わるもの……に過ぎないからだ」と述べているので3が適切。③直後の内容を踏まえていない他の選択肢は不適切。

問6 空欄A・B直前の，「善良さに基づく友情」について「愛として完全なのは，善き人々のあいだ……に成り立つ愛である。なぜなら……かれらが『善い』のは，かれら自身に基づいてのことだからである。[…]それゆえ，かれらの愛は，かれらが善き人であるというその限りにおいて……安定した持続性をもつものなのである」と述べている，『ニコマコス倫理学』から引用しているアリストテレスの言葉から，Aには「安定した持続性」，Bには「完全」が当てはまる。

問7 ──線部④直後で，「快楽に基づく友情や有用さに基づく……友情は確かに不完全ではある」と述べているので1は不適切。2・4は④のある段落，3は「たとえば，快楽に……」で始まる段落でそれぞれ述べている。

やや難 問8 ──線部⑤について，直後の3段落で「善良さとは個性であり，長所で……もともと人間が持っているものであるが，……何らかの活動をすることによって，はじめて発揮される。……したがって，善良さを発揮できるためには，自分の善良さが何であるかを把握し，そのためにどんな活動が必要かを熟知し……自分にとって……必要ではないこと，有害なことは差し控えるべき」，

「つまり，……」で始まる段落で「善良さを発揮することができる人は……自分の善を願える人なの」だ，と述べているので，これらの内容を踏まえた2が適切。1の「自然と表面化」，3の「たゆまぬ努力のたまもの」，4の「活動をしなければ失われてしまう」「友人の善良さを願うことをさしおいても」はいずれも不適切。

重要 問9　——線部⑥の説明として最後の2段落で，「自己への友情が，他者への友情に先行する」からこそ，「自分自身を愛せない人は，他者とも友達になれ」ず，それは「自分の善良さを理解していない人，あるいはその発揮を妨げるような活動をする人」で，「こうした人は，善良さを発揮できないために，他者からその善良さを愛されることもなく，したがって善良さに基づく友情を交わすことができない」と述べているので4が適切。これらの内容を踏まえていない他の選択肢は不適切。

第二問 （古文─情景・心情，内容吟味，文脈把握，口語訳）

〈口語訳〉 昔，漢の高祖と申す帝がいらっしゃった。呂后と申し上げる后は，恵太子の母なので(帝は)誰よりもご愛情を重んじてらっしゃるように見えた。(しかし)本妻でない女性から生まれた子に趙の隠王と申す人をご愛情のあまりだろうか，帝が，皇太子にたてようと思ってらっしゃる様子を，呂后はご覧になって，驚いて情けなくお思いになって，陳平・張良と申す二人の臣下をお呼びになって，「このようなとんでもない事がある。どのようにして，この恨みが休まるだろうか」とおっしゃるのを，いかにもと思い，「(帝の)希望通りにいかなくなるまで，計画いたしましょう」と答えて帰った。また，この後，(この)二人も(後継者争いで)世の中が乱れてしまうことを嘆いて，それぞれ計略をめぐらした。「商山という山に世を逃れながら，帝がお呼びになるのにも参らないで，こもっている四人の賢人がいる。その人たちをとりなしてこの恵太子におつけ申し上げれば，そうはいっても，(帝もご自身のお考えを)恥ずかしくお思いになるだろう」と考えついて，この山の中に尋ねて行った。四人の人は，ちらっと見ながら，驚いて言うには，「何ごとでしょうか，このようなみすぼらしい家にいらっしゃるとは」と申し上げると，「世の中が乱れておりますので，私たちのような身分の者さえ嘆きは深く，この山に隠れ住みたい気持ちでございます。しかしながら，世の中の動乱を防ぐことができるのは，ただその(あなたの)御心(次第)です」と言うと，この人は笑って，「帝も私たちを気づかって，気兼ねなさるのは，とてもありがたいことだが，(お二人に)手ぶらでお帰りいただくのも，情けがないことなので，後の事は考えず，今日ばかりはお送りいたしましょう」と言ったので，この上なくうれしく思って，四人の人と一緒に，東宮のもとへ参上した。(四人は)すぐに学士という官に任命されて，振る舞いなさる様子など，(恵太子に)細かにお教えするのは，頼もしく思わされることこの上ない。

こうして新年の朝，東宮が，宮廷の中に参上なさるおそばに，この四人が，たいそううやうやしく，気高く振る舞う様子で，おそばに仕えているのを，帝を始め，お仕え申し上げている人々も，それぞれ不審に思っていた。帝が，「これは誰だ」とお尋ねさせる。おそばに仕えている人が申して言うには，「最近お仕えしている商山の四皓でございます」と申し上げると，(帝は)気おくれなさって，意外なことだとお思いになった。そのため，帝が，四皓におっしゃるには，「私は，昔から，あなたたちに国の政事をまかせようと思っていた。しかし(あなたたちは)あえて聴かなかった。だから，若く幼い東宮に仕えている理由がわからない」。四皓が申して言うには，「帝は賢くて世を平定し，国を治めてらっしゃいますが，人をあなどり，賢い人も軽んじなさるあやまちをなさってらっしゃいます。東宮は若くていらっしゃいますが，気配りができて情け深く，礼儀を正しくしてらっしゃるとお聞きしたので，参り仕えております」と申し上げると，「東宮は私より賢いのか」とお思いになって，この事を思い止まりなさった。そういうわけで，呂后，陳平，張良を始めとして，世の人々も安心したのであった。

この趙の隠王の母で，戚夫人という人は，帝を恨み憎みなさったのを，呂后はますます，悩ましい事だとお思いになった。そうしているうちに帝がお亡くなりになったので，東宮が，(帝の)位についてさまざまに思い通りになさったが，呂后は，長い間のお怒りだろうか，早速戚夫人を捕らえて髪をそり，姿を変えて，あさましく不愉快な様子になさったのを，帝が，「これほどまでなさらなくてもよいでしょう。この事，きっと先帝の心にそむくでしょう」など，さまざまにいさめ申し上げたけれども，どうにもならなかったので，心苦しく思いながら過ごしてらっしゃると，(后が)この趙の隠王まで殺そうとなさるので，帝は，夜もおそばに離さず置いて横になられた。后は，隙がない事を不安に思って，毒を入れた酒を，この人に勧めなさった。帝はさとって，「まず私から」とおっしゃったので，あわてて取り返した。このように人知れず入念になさったけれども，どんな隙があったのだろうか，非常に力の強い女房を二，三人ばかりを遣わして，帝のおそばで寝ている人を容赦なくつかみ殺した。帝は，思いがけないことと思いながら，どうしようもなく病気になってしまった。

基本 問1　――線部①は，帝の「高祖」が，愛情のあまり，本妻でない女性から生まれた子の趙の隠王を皇太子にたてようと思ってらっしゃる様子，ということなので1が適切。①のある文脈を踏まえていない他の選択肢は不適切。

問2　帝が正妻の呂后との子である恵太子ではなく，隠王を皇太子にたてようとしている様子を見た呂后が，「『かかるいみじき……』」と恨み言を陳平と張良を呼んで話しているので1が適切。――線部⑥直後の呂后の言葉を踏まえていない2は不適切。「高祖」の説明をしている3・4も不適切。

問3　「『商山といふ……』」で始まる言葉で，帝のお呼びにも参らず，商山という山にこもっている四人の賢者たちを恵太子におつけ申し上げれば，帝も自身のお考えを恥ずかしくお思いになるだろう，と陳平と張良が話しているので3が適切。――線部③直前の言葉を踏まえていない他の選択肢は不適切。

問4　――線部④直前の「『君も……』」で始まる言葉で話しているように，四人の賢者が陳平と張良について来てくれることで陳平と張良は④のようになっているので2が適切。④前の陳平と張良，四人の賢者たちの話を踏まえていない1は不適切。「恵太子」の説明になっている3・4も不適切。

問5　――線部⑤は，「東宮」すなわち，恵太子の御もとへ参上し，学士という官に任命された四人の賢者たちが，恵太子に皇族としての振る舞いなどを細かにお教えくださることに，陳平・張良が頼もしく思わされることこの上ない，と思ったということなので3が適切。1の「心身を頼もしく成長させようとする厳しい指導」，恵太子が思ったことを説明している2・4はいずれも不適切。

重要 問6　i　――線部⑥の「おくせ(おくす)」は，気おくれする，「あさましく」は，意外だ，驚きあきれる，という意味で，⑥は四人の賢者たちが東宮のそばにいることに対するものなので3が適切。語句の意味を正しく解釈していない他の選択肢は不適切。

ii　⑥後の「『我，昔より……』」で始まる言葉で，国の政事をまかせようと思っていたが，あえて聴かなかった四人の賢者たちが若く幼い東宮に仕えている理由がわからない，ということを帝が話しているので1が適切。⑥後の帝の言葉を踏まえていない他の選択肢は不適切。

重要 問7　――線部⑦は，「『君は御心……』」で始まる四人の賢者たちの帝に対する指摘と恵太子の評価から，東宮は自分より賢いと思い，趙の隠王を東宮にたてようとしていた事を止まった，ということなので1が適切。⑦前の賢者たちの言葉を踏まえていない他の選択肢は不適切。

問8　――線部⑧は，呂后の「としごろの……なしたまひつる」ことに対して，新たに即位した帝がいさめ申し上げた，ということなので4が適切。⑧前の呂后の思いや行動，新たに即位した帝の言葉といった描写を踏まえていない他の選択肢は不適切。

問9　――線部⑨は，后が「趙の隠王さへうしなはむ」とすることなので3が適切。呂后の説明をしていない他の選択肢は不適切。

やや難　問10　4の「資質に失望しはじめていた」は書かれていないので不適切。戚夫人は先帝を恨んでおり，息子の趙の隠王は呂后の策略で殺されたので6も不適切。1は最後の段落や「ほかばらの……御気色」の描写，2は「また，この後……なげきて」の描写，3は「『君は御心……』」で始まる賢者たちの言葉や「心ぐるしく思しつつ過ぐしたまふに」の描写，5は冒頭の一文で，それぞれで書かれている。

★ワンポイントアドバイス★

古文では，時代背景や人物についての知識があると，内容をより深く理解できる。

2023年度

★★★★★★★★★★★★★★★★★★★★★★★

入　試　問　題

2023年度

桐蔭学園高等学校入試問題

【数　学】（60分）〈満点：プログレスコース150点　アドバンス・スタンダードコース100点〉

【注意】（1） 図は必ずしも正確ではありません。

（2） コンパスや定規，分度器などは使用できません。

（3） 分数は約分して答えなさい。

（4） 根号の中は，最も簡単な整数で答えなさい。

（5） 比は，最も簡単な整数比で答えなさい。

1 次の$\boxed{}$に最も適する数字をマークせよ。

（1） $53^2-47^2=\boxed{\text{ア}}\boxed{\text{イ}}\boxed{\text{ウ}}$である。

（2） $(a^4b^3)^2\div a^3b^2\times a=a^{\boxed{\text{エ}}}b^{\boxed{\text{オ}}}$である。

（3） $\dfrac{3a-5b}{2}-\dfrac{2a-b}{3}=\dfrac{\boxed{\text{カ}}a-\boxed{\text{キ}}\boxed{\text{ク}}b}{\boxed{\text{ケ}}}$である。

（4） 2次方程式$x^2-8x+4=0$を解くと$x=\boxed{\text{コ}}\pm\boxed{\text{サ}}\sqrt{\boxed{\text{シ}}}$である。

（5） 下の図のように，点Pから円に2本の接線を引き，その接点をA，Bとする。また，点Cを円周上に，$\overset{\frown}{AC}:\overset{\frown}{BC}=3:4$となるようにとる。ただし，$\overset{\frown}{AC}$は点Bを含まず，$\overset{\frown}{BC}$は点Aを含まない。

$\angle APB=58^\circ$のとき，$\angle ACB=\boxed{\text{ス}}\boxed{\text{セ}}^\circ$，$\angle ABC=\boxed{\text{ソ}}\boxed{\text{タ}}^\circ$である。

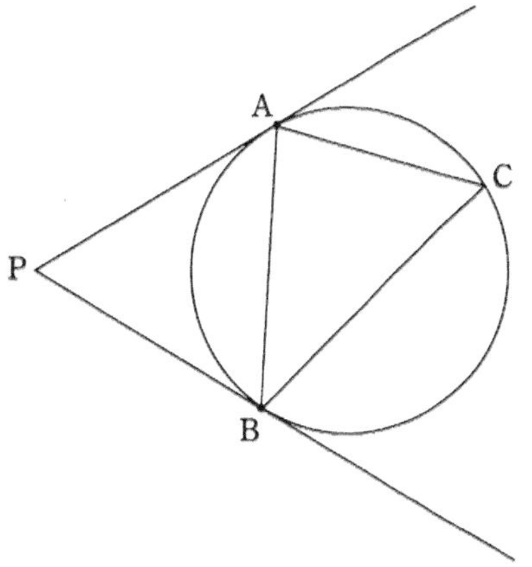

2 6個の数字1，2，3，4，5，6から異なる3個を取って並べて，3桁の整数を作ることを考える。このとき，次の$\boxed{}$に最も適する数字をマークせよ。

（1） できる3桁の整数は全部で$\boxed{\text{ア}}\boxed{\text{イ}}\boxed{\text{ウ}}$個ある。

（2） できる3桁の整数のうち，偶数は$\boxed{\text{エ}}\boxed{\text{オ}}$個，4の倍数は$\boxed{\text{カ}}\boxed{\text{キ}}$個ある。

（3） できる3桁の整数のうち，5の倍数は $\boxed{クケ}$ 個ある。

（4） できる3桁の整数のうち，6の倍数は $\boxed{コサ}$ 個ある。

$\boxed{3}$ 下の図のように，曲線Cは $y=2x^2$ のグラフで，直線 ℓ は $y=ax+7$ のグラフである。曲線Cと直線 ℓ が点Aで交わっている。また，四角形PQRSは1辺の長さが2の正方形であり，点P，Qは x 軸上の点，点Rは直線 ℓ 上の点，点Sは曲線C上の点である。このとき，次の $\boxed{}$ に最も適する数字をマークせよ。

（1） 点Sの座標は($\boxed{ア}$， $\boxed{イ}$)，点Rの座標は($\boxed{ウ}$， $\boxed{エ}$)である。

（2） a の値は $-\dfrac{\boxed{オ}}{\boxed{カ}}$ である。

（3） 点Aの座標は $\left(\dfrac{\boxed{キ}}{\boxed{ク}},\ \dfrac{\boxed{ケ}}{\boxed{コ}}\right)$ である。

（4） 点Aを通り，四角形PQRSの面積を2等分する直線と x 軸の交点の x 座標は $\dfrac{\boxed{サシ}}{\boxed{ス}}$ である。

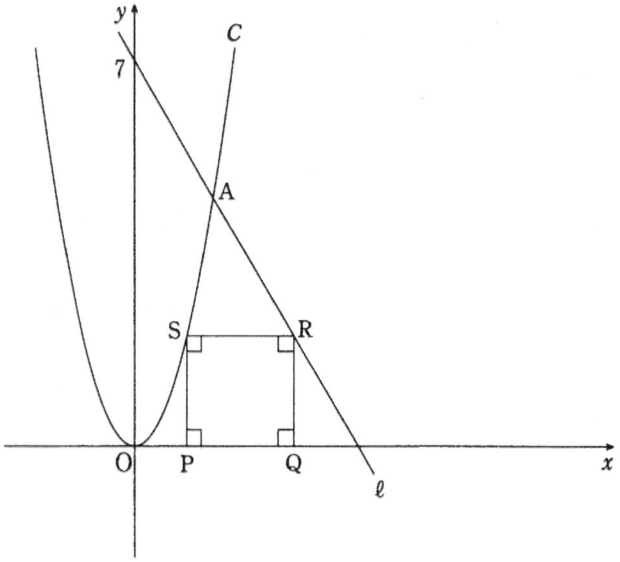

4 【図1】のように，1辺の長さが1の正六角形を，対角線ABで切った台形ABCDがある。この台形を，【図2】のように，辺ABが直線ℓに重なるようにおいた状態から，直線ℓ上をすべることなく時計回りに転がす。このとき，次の$\boxed{}$に最も適する数字をマークせよ。ただし，円周率はπとする。

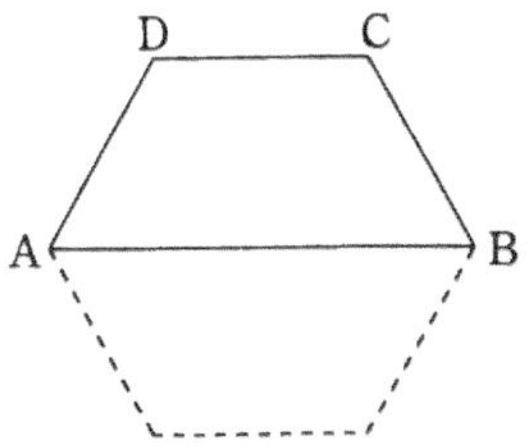

【図1】

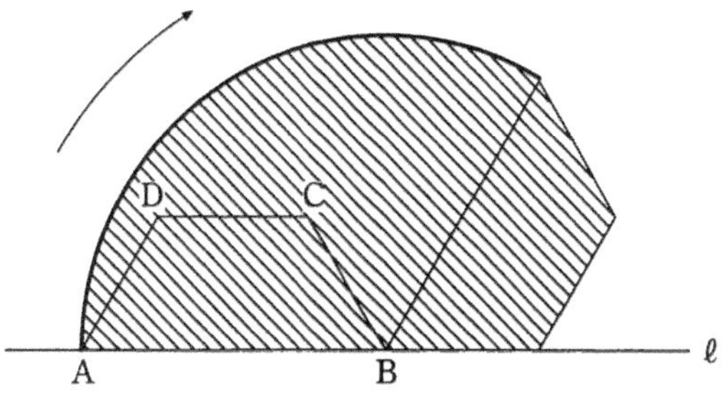

【図2】

（1） 台形ABCDの周の長さは$\boxed{ア}$，面積は$\dfrac{\boxed{イ}\sqrt{\boxed{ウ}}}{\boxed{エ}}$である。

（2） 台形ABCDを，【図2】のように，辺BCが直線ℓに重なるまで転がしたとき，点Aが通った線の長さは$\dfrac{\boxed{オ}}{\boxed{カ}}\pi$であり，台形ABCDが通過した斜線部分の面積は$\dfrac{\boxed{キ}}{\boxed{ク}}\pi+\dfrac{\boxed{ケ}\sqrt{\boxed{コ}}}{\boxed{サ}}$である。

（3） 台形ABCDを，辺ABが直線ℓに重なるようにおいた状態から，辺CDが直線ℓに重なるまで転がしたとき，点Aが通った線の長さは$\dfrac{\boxed{シ}+\sqrt{\boxed{ス}}}{\boxed{セ}}\pi$である。

5 下の図のように，1辺の長さが$\sqrt{2}$の正方形BCDEを底面とし，AB＝AC＝AD＝AE＝2の正四角すいA－BCDEがある。正方形BCDEの対角線の交点をOとし，辺AC，AEの中点をそれぞれP，Qとする。また，3点B，P，Qを通る平面と辺ADとの交点をRとする。このとき，次の$\boxed{}$に最も適する数字をマークせよ。

（1） AO＝$\sqrt{\boxed{\text{ア}}}$であり，正四角すいA－BCDEの体積は$\dfrac{\boxed{\text{イ}}\sqrt{\boxed{\text{ウ}}}}{\boxed{\text{エ}}}$である。

（2） PQ＝$\boxed{\text{オ}}$，AR＝$\dfrac{\boxed{\text{カ}}}{\boxed{\text{キ}}}$，BR＝$\dfrac{\boxed{\text{ク}}\sqrt{\boxed{\text{ケ}}}}{\boxed{\text{コ}}}$なので，四角形BPRQの面積は$\dfrac{\sqrt{\boxed{\text{サ}}}}{\boxed{\text{シ}}}$である。

（3） 点Aから3点B，P，Qを通る平面に垂直な線を引き，その交点をHとする。AH＝$\dfrac{\sqrt{\boxed{\text{ス}}\boxed{\text{セ}}}}{\boxed{\text{ソ}}}$であるから，四角すいA－BPRQの体積は$\dfrac{\sqrt{\boxed{\text{タ}}}}{\boxed{\text{チ}}}$である。

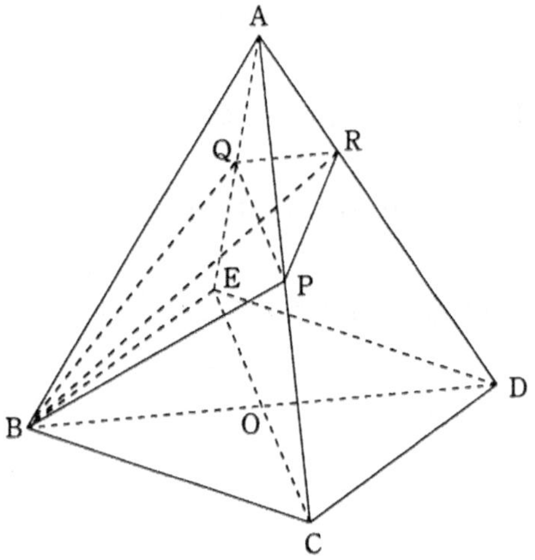

【英　語】（60分）〈満点：プログレス・アドバンスコース150点　スタンダードコース100点〉

I　次の英文を読んで，後の設問に答えなさい。なお，＊の付いている語には本文の最後に注があります。

One day, on his way home to school, Jim saw his father. He was sitting alone on the quay*. Jim couldn't see the *Sally May* there. "Where's the *Sally May*?" he asked.

"She's up on the beach," said his father, "with all the other boats. I haven't caught any fish for a week, Jim. She needs new sails* and I haven't got the money to pay for them. No fish, no money. We can't live without money. I'm sorry, Jim."

That night Jim cried until he slept.

After that, Jim always took the beach road to school because he liked to look at the *Sally May* before school began.

He was walking along the beach one morning when he saw something there. It was lying in the sand. It looked like wood at first, but it wasn't. It was moving. It had a tail and a head. It was a dolphin!

Jim went to him. The boy and the dolphin looked at each other's eyes. Jim thought, "I have to do something to help him."

"Don't worry," he said. "I'll get some help. I'll be back soon, I promise."

He ran all the way up the hill to school as fast as possible. Everyone was in the playground.

"You have to come!" he cried. "There's a dolphin on the beach! We have to get him back in the water. (　1　)"

The children and teachers ran down the hill to the beach. Soon everyone in the village was there. Jim's father and his mother were there too.

"Bring the *Sally May's* sail!" shouted Jim's mother. "We'll put him on it."

They brought the sail, and Jim said to him, "Don't worry. You'll soon be back in the sea."

They (　2　) out the sail and put him on it. Then, everyone took the sail, and Jim's father said, "Lift!"

A lot of people lifted it together, and they soon (　3　) the dolphin down to the sea. Then, the waves took him to the water.

The dolphin (　4　) a big voice, and hit the sea with his smiley mouth.

He was swimming now, but he didn't want to leave. He swam round and round.

"Off you go," Jim shouted, and tried to push him out to sea. "Off you go." And off he went at last.

That day at school, Jim thought about the dolphin all day. He named him "Smiler." That was a perfect name for him.

【　①　】

School was over, and Jim ran back to the beach. He wanted Smiler to come back. But Smiler wasn't there. Jim couldn't find him anywhere.

He suddenly felt very sad, and ran down to the pier*. "Come back, Smiler!" he cried. "Please come back. Please!"

At that moment, Smiler rose up out of the sea right in front of him! He turned over and over in the air before he went down into the water. This made Jim wet from head to toe.

(5) Jim didn't think twice. He dropped his bag, pulled off his shoes and jumped into the water.

At once Smiler was there beside him, and swam under him. Suddenly, Smiler lifted Jim up from below. Jim was sitting on Smiler! He was riding him!

【 ② 】

Smiler took him round the bay, and then back at last to the quay. At that time, everyone in the village knew them, and the children went into the water from the quay and swam out to meet them.

Every day after that, Smiler swam near the quay. He waited for Jim to give him his ride. And every day the children swam with him and played with him too. They loved his kind eyes and smiling face.

【 ③ 】

Then one day, Smiler wasn't there. The children waited for him. They looked for him. But he never came. The next day he wasn't there either.

【 ④ 】

Jim was broken-hearted, and all the children felt so too. Everyone in the village missed Smiler, and wanted him to come back. Each day they looked and each day he wasn't there.

When Jim's birthday came, his father had a bright idea. "Jim," he said, "why don't we all go out in the *Sally May*? Would you like that?"

"Yes!" Jim cried. "Then we can look for Smiler too."

So they took the *Sally May* out and went to the sea. They looked for Smiler for hours, but they couldn't see him anywhere.

"It's time to get back," Jim's father told him.

"Not yet," Jim cried. "He's out there somewhere. I know he is."

When the *Sally May* turned for home, Jim called out, "Come back, Smiler! Please come back. Please!"

(6) Suddenly the sea began to boil and bubble around the boat. Dolphins!

Then, one of them jumped over the *Sally May*, right above Jim's head. It was Smiler.

Smiler came back, and he brought his family with him.

The *Sally May* sailed into the bay and everyone saw it. The dolphins were dancing around the *Sally May* in the golden sea. Within days the village was full of visitors, and all of them wanted to see the famous dolphins.

And every morning, the *Sally May* and all the little fishing boats went out to sea. The visitors were happy to pay for their trip. They loved every minute of it, and laughed when the dolphins played around them.

That was Jim's happiest moment in all his life. Smiler came back, and now his father had all the money he needed to buy new sails for the *Sally May*. And all the other fishermen too repaired their sails and painted their boats. Once again, the village was a happy place.

(Adapted from *Dolphin Boy*)

注： quay 船着き場　　sail 帆　　pier さん橋

問1　本文中の（ 1 ）に入る最も適当な文を次の①～④の中から一つ選び，その番号をマークしなさい。

① If we didn't do it now, he wouldn't die!

② If he doesn't do it now, we can save him!

③ If we don't do it now, he will die!

④ If we do it now, he can save us!

問2　本文中の（ 2 ），（ 3 ），（ 4 ）に入れるのに最も適当な語をそれぞれ次の①～⑥の中から一つずつ選び，その番号をマークしなさい。ただし，いずれも一度しか用いることはできません。

① swam　② made　③ left　④ carried

⑤ spread　⑥ kept

問3　次の文を入れるのに最も適当な箇所を本文中の【 ① 】～【 ④ 】の中から一つ選び，その番号をマークしなさい。

Smiler was everyone's best friend.

問4　下線部（5）の表すJimの気持ちとして最も適当な英文を次の①～④の中から一つ選び，その番号をマークしなさい。

① After that, Jim tried to forget about Smiler.

② At that moment, Jim decided to think about Smiler.

③ After that, Jim tried to get away from Smiler.

④ At that moment, Jim decided to get closer to Smiler.

問5　下線部（6）の表す内容として最も適当なものを次の①～④の中から一つ選び，その番号をマークしなさい。

① Smilerたちが一か所に集まることで，海面の温度が上昇した

② 海底火山が突然活動を始め，Smilerたちはあわてて逃げた

③ Smilerたちが舟に衝撃を与えたため穴が開き，海面が泡立った

④ Smilerたちが上がってくるにしたがい，海面に変化が起きた

問6　本文の内容に合う英文を次の①～⑧の中から三つ選び，その番号をマークしなさい。

① Jim was very sad to know that his father didn't have money to buy new sails for the *Sally May*.

② Jim's mother told everyone to put Smiler on the sail and lift it.

③ Smiler went off right after people in the village helped him to go back to water.

④ After Smiler was saved, only Jim could play with him every day.

⑤ Jim went out to sea on his birthday and he was able to find Smiler easily there.

⑥ When Smiler came back on Jim's birthday, he was with his family.

⑦ Some of the visitors were not really happy with their trip on the little fishing boats.

⑧ Jim's father finally got enough money to buy new sails for the *Sally May*.

Ⅱ 次の英文を読んで，後の設問に答えなさい。なお，＊の付いている語には本文の最後に注があります。

For most teenage girls in Afghanistan, it's been a year since they last came into a classroom. The Taliban* don't seem to allow them back to school, so some people are trying to find ways to continue education for these girls.

At a house in the capital of Kabul, a lot of girls gathered on a recent day for classes in an informal* school. Sodaba Nazhand started this school. She and her sister teach English, science and math to girls who can't go to junior high schools or high schools.

"When the Taliban wanted to take away the rights of education and the rights of work from women, I wanted to stand against (1) <u>their decision</u> by teaching these girls," Nazhand said.

Nazhand's school is one of the underground schools that have been made since the Taliban began to rule* the country a year ago and stopped girls' education in junior high schools and high schools. Though the Taliban have allowed women to continue going to university, this exception will not become important when there are no more girls who will graduate from high schools.

"There is no way to (　2　)," Nazhand said.

When the Taliban ruled Afghanistan in the 1990s for the first time, they stopped all girls from going to school and women from work.

In the 20 years after the Taliban lost their power in 2001, a whole generation of women returned to school and work. When the Taliban started ruling the country again last year, they said they would not (　3　).

Hopes were raised in March. Just before the new school year began, the Taliban announced everyone would be allowed back to school. But on March 23, the day of the reopening, the decision was suddenly changed.

Shekiba Qaderi, a 16-year-old, remembered how the girls were in the classroom that day. She and all her classmates were laughing and excited, until a teacher came in and told them to (　4　). "The girls were all crying," she said. "That was the worst moment in our lives."

Since then, she's been studying by reading her textbooks, novels and history books. She's studying English through movies and YouTube videos.

In Qaderi's family, Shekiba and a younger sister can't go to school, but her two brothers can. Her older sister is studying law at a university.

"Even if the young woman graduates from university, that will not be useful," said their father, Mohammed Shah Qaderi.

"She won't have a job. The Taliban won't allow her to work," he said, "I have always wanted all of my children to (　5　)." Now that may be impossible, so he's thinking of leaving Afghanistan for the first time in his life.

Now underground schools offer teenage girls opportunities to get an education instead of junior high schools and high schools.

A month after the Taliban began to rule Afghanistan again, Nazhand started teaching street children to read with informal classes in a park near her house. "Women who couldn't read or write joined them," she said. Some time later, one of her supporters who saw her in the park rented a house for her to hold classes in and bought tables and chairs. After starting classes inside the house, a lot of teenage girls who were not allowed to go to public school joined them too.

【　あ　】

"I am not only teaching them school subjects, but also trying to (　6　)," Nazhand said. "The Taliban haven't changed from their first time in power in the late 1990s," she said. "These are the same Taliban, but we are not the same women of those years. We must fight : by writing, by raising our voice, by every possible way."

Nazhand's school, and (7) <u>others</u> like it, are illegal*, but until now, the Taliban haven't shut hers down.

Nazhand worries about her school's future, however. Her supporter paid for six months' rent on the house, but he died recently, and she doesn't have any way to keep paying for rent.

For students, the underground schools are a lifeline.

(Adapted from *Asahi Weekly* September 4, 2022)

注：　the Taliban　アフガニスタンの政権　　informal　非公式の
　　　rule　統治する　　illegal　非合法の

問1　下線部(1)の具体的な内容として<u>本文に含まれていないもの</u>を次の①～④の中から一つ選び，その番号をマークしなさい。

① Women are not allowed to have a job.

② Girls can't go to junior high or high schools.

③ Girls who are going to university can continue studying there.

④ Women can teach English, science and math outside the public schools.

問2　本文中の(　2　)～(　6　)に入る最も適当なものをそれぞれ次の①～⑤の中から一つずつ選び，その番号をマークしなさい。ただし，いずれも一度しか用いることはできません。

① get a higher education

② improve this sad situation

③ teach them how to fight and stand for their rights

④ return to the past

⑤ go home

問3　本文中の【　あ　】に入る最も適当なものを次の①～④の中から一つ選び，その番号をマークしなさい。

① Now the Taliban allow her to open school.

② Now the Taliban have opened schools for teenage girls.

③ Now only a few students are going to her school.

④ Now about 250 students are going to her school.

問4　下線部(7)の表す内容として正しいものを次の①～④の中から一つ選び，その番号をマークしなさい。

① other women who started schools

② other teachers

③ other underground schools

④ other Nazhand's schools

問5　本文の内容に合う英文を次の①～⑥の中から二つ選び，その番号をマークしなさい。

① There are some people in Afghanistan who are looking for ways for teenage girls to receive an education.

② The Taliban have ruled Afghanistan for more than thirty years.

③ One of Shekiba's brothers helps her to study English, science and math because he is studying them at school.

④ Mohammed Shah Qaderi's daughters will be able to work after graduating from university.

⑤ Nazhand started teaching teenage girls at the school that the Taliban made.

⑥ Nazhand doesn't have enough money to continue her school because she lost her supporter.

Ⅲ　次の(1)～(5)の日本文の意味を表す英文を完成させる場合，空所(A)(B)(C)の位置に来るべき語(句)を，それぞれ①～⑨の中から一つずつ選び，その番号をマークしなさい。ただし，不要な選択肢が一つずつ含まれています。

(1)　ベンチに座っているあちらの女性は，あなたの先生ですか。

Is (　　)(A)(B)(　　)(C)(　　)(　　)(　　) your teacher?

① on　② bench　③ there　④ woman　⑤ is

⑥ that　⑦ the　⑧ who　⑨ sitting

(2)　彼が私と話をしに教室に来てくれたらいいのに。

I (A)(　　)(B)(　　)(　　)(　　)(C)(　　) me.

① came to　② classroom　③ the　④ he　⑤ talk

⑥ with　⑦ wish　⑧ want　⑨ to

(3)　トムとケンは15年以上前に知り合った。

Tom and Ken (　　)(A)(　　)(B)(　　)(　　)(C)(　　).

① each　② have　③ 15 years　④ than

⑤ known　⑥ other　⑦ for　⑧ more　⑨ since

(4)　彼がスピーチをすれば，そのパーティーはきっといっそうすばらしいものになると思う。

I'm (A)(　　)(　　)(B)(　　)(C)(　　)(　　).

① wonderful　② sure　③ will　④ the party

⑤ speech　⑥ make　⑦ become　⑧ his　⑨ more

（5） その生徒たちは，止まるように言われるまで歩き続けました。

The students (　　)(　A　)(　　)(　B　)(　　)(　C　)(　　)(　　).

① until　② them　③ told　④ were　⑤ stop

⑥ they　⑦ walking　⑧ to　⑨ kept

ルで結び、この二つの世界を隔てるものなど何もないのだと位置づけたうえで、それらをはるかに超越した別の絶対的な世界として「仏生常住の境地」を対置させる。

「夢」は「現」であり「現」は「夢」であるなどというと、わたしたちは、自分たちが現実に生きている世界と夢は同じなのだから、われわれの人生なんて夢や幻のようにはかないものだ、という考え方を導き出しがちである。しかし、それは今日の夢意識にとらえられた見方である。世の人びとの意識のなかでは、夢は神仏のメッセージを人びとに伝えてくれるとても重要なものだった。彼らにとって、夢は決してはかないものではなく、それは現実に自分たちが生きている世界に匹敵する重みと価値をもったもの、現実世界とイコールで結ばれるほどに存在感のあるものとして意識されていた。「夢」と「現」がむなしくはかないものとされるのは、あくまでも「仏生常住」の世界との対比においてである。その点を、わたしたちは見落としてはならない。

1. 「現」と「夢」とは同じであるという認識があり、それ故に「かの一人の子」は自身が亡くなった後も「夢の世界」で亡き父に再会し、ものを返さなかったことで責められるのを避けるために必死に立ち回っていたともいえるだろう。
2. 「かの一人の子」が夢を見たことが発端となって対決したが、奉行人は絶対的な世界として「仏生常住の境地」の尊さを心得ていたために両人の亡き父の菩提を弔うように命じ、周囲からも称賛されたのだろう。
3. 本文では親を思う気持ちの強さに関心が向けられているが、当時、夢は神仏のメッセージを伝えるものだと考えられており、「かの一人の子」は自分の意思とは一切関係なく夢の教えに従う切迫感につき動かされていただけなのだろう。
4. 借りたものを返しに行ってほしいと告げる父の姿は「夢の世界」でのことだと「かの一人の子」は認識しているが、それは現実に匹敵する重みがあると考えられたため、ものの返却にこだわったのだろう。

3. 家が近いことから親しくしていた裕福な方からものを借りたものの、経済的余裕がなくて返せないので、代わりにその方の子息におわびに行ってほしい。

4. 親しくしていた裕福な方から常にものを借りるような生活だったため、いざものを返そうと思っても何から返せば良いかわからないので、後見人に相談に行ってほしい。

問6 傍線部⑤「かかる珍しくあはれなる沙汰」とありますが、その内容の説明として最も適切なものを次の中から一つ選び、その番号をマークしなさい。

1. 「かの一人の子」は親が貸したものを親の死後その子から返してもらうのは変だと言い、「かの子息」は親が借りたものを親の死後貸し手の子に返そうとしていること。

2. 「かの一人の子」は親が借りたものを親の死後借り手の子が返すのは道理に合わないと言い、「かの子息」は親が借りたものは親が死んでも子が返すのは当然だと言っていること。

3. 「かの一人の子」は親が借りたものを親の死後貸し手の子に返そうとし、「かの子息」は親が貸したものを親の死後その子から返してもらうわけにはいかないと言っていること。

4. 「かの一人の子」は親が貸したものを親の死後その子が返すべきものだと言い、「かの子息」は親の借りたものを親の死後子に返せと言うのはへりくつだと言っていること。

問7 傍線部⑥「心ある人は、涙を流してぞ感じける」とありますが、「心ある人」は何に心を動かされたのか。その説明として最も適切なものを次の中から一つ選び、その番号をマークしなさい。

1. 親が借りたものでも子が誠実に返そうとしたことが、世間でも高く評価されていること。

2. 奉行人が互いの考えをよく聞いたうえで、それぞれの立場を尊重した判断を下したこと。

3. 家の貧富の差を問わず親が子を思う気持ちは強く、子もまた親の思いを理解していること。

4. どちらの子も自分の親の思いを大切にしており、倫理的な規範も心得ていること。

問8 次の文章は中世（鎌倉時代）における夢の役割について論じた酒井紀美《さかいきみ》『夢語り・夢解きの中世』の一部です。そのあとの1～4はこれを読んだ上で『沙石集《しゃせきしゅう》』の本文について述べた意見です。その中で最も適切なものを一つ選び、その番号をマークしなさい。

夢と覚醒の世界との関係は、むかしから人びとにとって大問題であった。『沙石集』は、この難問について次のように語る。

自分たちが「現《うつつ》」と思って生きている現実は、実は「夢」である。「現」と「夢」とは同じものなのだから、これを明瞭に分けることなどできない。だから古人も「昨日の現、今日の夢」と言っているではないか。三界の輪廻《りんね》・四生《ししょう》の転変《てんぺん》、皆これは煩悩《ぼんのう》の中で生きている者の見る妄想の夢である。それに対して、本覚不生《ほんがくふしょう》の心地、つまり仏生常住《ぶつしょうじょうじゅう》の境地に至れば、眠りもないし夢もない。

ここでは、「夢の世界」と「現実世界」とを等価のものとしてイコー

問1　二重傍線部（a）～（e）の動作の主語として適切なものを次の中からそれぞれ一つずつ選び、その番号をマークしなさい。ただし、同じ番号は二度以上選べません。

1．かの一人の子　2．亡父　3．某殿《それがしどの》
4．かの子息　5．後見《うしろみ》

問2　傍線部①「夢さめて」とありますが、「かの一人の子」は夢からさめて、まずどのように行動したのですか。その説明として最も適切なものを次の中から一つ選び、その番号をマークしなさい。

1．夢の内容の真偽を確かめようと後見人を訪ねた。
2．亡き父が辛そうに嘆いていたのでお墓参りに行った。
3．亡き父の心痛を解こうと父の借金の返済のために出かけた。
4．夢の内容について親しくしている人に相談の手紙を送った。

問3　傍線部②「かかる子細侍れば、かの借物、沙汰しまゐらする」とありますが、この部分の意味内容として最も適切なものを次の中から一つ選び、その番号をマークしなさい。

1．夢で告げられた内容が過去にあった出来事と一致していることがわかり気味が悪いので、借りたものを返しにいく。
2．まるで現実で起きているかのような夢を見たが、あくまで夢だったので、借りていたものは返さないでおく。
3．夢に亡き父が現れて生前借りたものを返すようにと告げたので、借りていたものを取りそろえて届ける。
4．借りていたものを返さずにいたら、夢のなかで亡き父に責めたてられたので、急いで届ける準備を始める。

問4　傍線部③「この物、いかでか我が身に給《たま》ふべき」とありますが、「かの子息」はなぜこのように考えたのですか。その理由の説明として最も適切なものを次の中から一つ選び、その番号をマークしなさい。

1．亡き父の偉大さを知っているからこそ、いくら父に直接返すことができないとはいえ、自分がそのような立派なものを受け取ることに抵抗を感じるから。
2．亡き父があの世で借り手の親に返却を迫っていることを知って申し訳なく思い、その上父が貸したものを自分が受け取る理由がないから。
3．亡き父はそもそも初めから返してもらわないつもりで貸していたので、今さら受け取ってしまうとあの世に行った時に父に責められてしまうから。
4．亡き父の代わりに貸したものを受け取るのはよいが、実際に何を貸したか明確にわかっていない状態でうかつに受け取るわけにはいかないから。

問5　傍線部④「夢の告げ」とありますが、その内容の説明として最も適切なものを次の中から一つ選び、その番号をマークしなさい。

1．生前に譲ってもらったものを返してほしいと求められたが、ここではどうにもならないので、代わりにその方の子息に説明しに行ってほしい。
2．生きていたころ近い場所に住み親しくしていた裕福な方からものを借りたまま返せていないが、そのことをあの世で責められて辛いので、その方の子息にものを返しに行ってほしい。

り、より親しくなれました。オンラインでは伝わりづらい背の高さなどの身体的特徴や、細かな表情の変化を見とれることでコミュニケーションがスムーズになったからだと思います。

4. 引っ越しのために部屋を片付けていると、小学校の時に使っていたリコーダーが見つかりました。指を穴に合わせて持ってみると、窮屈で自分の手が大きくなったことを実感しました。ぶつけてへこんだあとや吹き口の歯跡をなぞると、当時うまく音が出せず悔しがっていたことを思い出しました。相手が人間ではないものだとしても、「ふれる」ことでものとの対話、過去の自分との対話が生まれるのだと感じました。

第三問 次の文章は、鎌倉時代後期に成立した『沙石集《しゃせきしゅう》』の一節です。

これを読んで、後の設問に答えなさい。

中比《なかごろ》、※1武州《ぶしう》に、※2境《さかひ》間近きほどに、互ひに睦《むつ》ぶ俗《ぞく》ありけり。一人は家貧しく、一人は豊かなりけり。さるままには、常に借物《しやくもつ》なんどしけり。

さて、ともに死にて、かの一人の子の夢に見えけるは、亡父来《き》たりてよにもの嘆かしき気色《けしき》にていひけるは、「某殿《それがしどの》の物をいくいくら借りて、返さざりしほどに、あの世にて責めらるるが堪へがたきに、かの子息のもとへ返すべし」とⓐ告ぐ。

①夢さめて、親の時よりの※3後見《うしろみ》に、事の子細を尋ねければ、「さる事侍《はんべ》りき。御夢に違《たが》はず」とⓑいふ。さて、「不思議の事なり」とて、急ぎ※4員数《いんじゆ》のごとく沙汰《さた》して、かの子息のもとへ、「②かかる子細侍れば、かの借物、沙汰しまゐらする」よし、くはしくⓒ申し送りけり。

かの子息、返事に申しけるは、「③この物、いかでか我が身に給《たま》ふべき。あの世にて、※5某《それがし》が父、ⓓ責め参らせん上に、また重ねて給ふべからず」とて返しけり。押し返し送りていはく、「この世にて沙汰し参らせざらんにつきてこそ、あの世にて責められ参らせ候《さうら》へ。親の嘆きを休め、④夢の告げを違《たが》へじと思ひ侍り。まげて取らせ給へ」とて遣《や》りけり。またいひけるは、「親の事を重く思ひ、いたはしく存ずる事は、誰《たれ》も劣り参らすべからず。されば、あの世にて、親にこそ取らせたく思ひ候へ。ここにて我が身に給《たま》はるべきやう候はず」とてⓔ返しけり。

たびたび問答往復して、事ゆかざりければ、鎌倉に上りて対決しけり。※6奉行人《ぶぎやうにん》より始めて、上《かみ》にも下《しも》にも、聞き及ぶ類《たぐひ》、「⑤かかる珍しくあはれなる沙汰、未《いま》だ聞かず。至孝《しいかう》の志、世間の理《ことわり》も、深くわきまへ存ずるにこそ」と、ほめののしりけり。⑥心ある人は、涙を流してぞ感じける。

さて、「件《くだん》の物を以《も》て、両人の亡父の菩提《ぼだい》を弔《とぶら》ふべし」と下知《げち》せられければ、国に下りて、二人、亡父のために仏事を営みけり。まことにありがたかりける賢人なり。

※1武州《ぶしう》……武蔵《むさし》の国。現在の東京都、埼玉県、神奈川県の一部に当たる。
※2境《さかひ》間近き……地域が近い。
※3後見《うしろみ》……後見人。財産管理を補佐する人。
※4員数《いんじゆ》のごとく……借りた数のものを。
※5某《それがし》……わたくし。男性の自称。
※6奉行人《ぶぎやうにん》……裁判官の役割を担当する者。

り、自分自身の身体について考える余裕を持てず過剰な負担を抱えていることが少なくないから。

問7　傍線部⑤「ブラインドランの体験」とありますが、この体験によって筆者はどのようなことに気づいたのでしょうか。その説明として最も適切なものを次の中から一つ選び、その番号をマークしなさい。

1．外界から情報を得る際や人間関係を構築する場面でも視覚に頼りがちだが、視覚だけが他者と関係する手段ではないということ。

2．目で見えていることは世界の一部でしかなく、他の五感を研ぎ澄ませることで当たり前に過ごしていた日常がより鮮明に捉えられるということ。

3．自分がそれまでしてこなかった、人を信じて「人に身をあずけ」たことによって、自立の根源的な意味を理解することができるということ。

4．ブラインドランのような直接的な接触によって触覚が目覚め、座学では得られない、それまで経験したことのないような快感を得ることができるということ。

問8　本文中の空欄D・Eに当てはまる語句として最も適切なものを次の中からそれぞれ一つずつ選び、その番号をマークしなさい。

D　1．腹をくくった　2．腹を割った
3．腹に収めた　4．腹にすえかねた

E　1．目が泳ぐ　2．目がくらむ
3．目を細める　4．目を逸《そ》らす

問9　筆者の伊《い》藤《とう》亜《あ》紗《さ》さんは自身のホームページでさまざまな人から触覚にまつわるエピソードを集める「『私の手の倫理』プロジェクト」を行っています。そこで本文を読んだ四人の生徒がそれぞれ自分のエピソードを書いて投稿してみようということになりました。その文章のうち、本文の内容を明らかに誤読しているものを次の中から一つ選び、その番号をマークしなさい。

1．親戚が赤ちゃんを出産し、私もお手伝いとして一緒に過ごす時間があります。言語を習得する前なので泣いていてもどのように気持ちを汲《く》めば良いかわからず途方に暮れていました。しかし、実際に抱っこをしたり、くすぐり遊びをしていると握り返したり、笑ったりと少しずつやりとりができるようになりました。親戚は赤ちゃんと触れ合っていることで自分が親になったという自覚が芽生えたと話していました。

2．私はラグビー部に所属しており、選手同士が体を密着させ、敵と味方で押し合いながらボールを奪い合うスクラムを組む場面があります。その際、仲間と声をかけ合いコミュニケーションを絶やさないことを大切にしていますが、その余裕がない時もあります。そのため体を密着させている仲間がどちらに力を傾けているかその接触面から読み取り、縦方向に力を伝えるためにどのように動けばよいか考えています。

3．感染症対策で人と外で会うことが減った一方で、オンラインで知り合い、親しくなった方もいます。先日、その方と初めてお会いする機会があったのですが、直接お会いして物理的な距離感に実感が伴ったことで「触覚の目覚め」が自分のなかで起こ近づいてくることで、両者の出会いが生まれるから。

問2　本文中の空欄Ａに当てはまる語として最も適切なものを次の中から一つ選び、その番号をマークしなさい。

1．核心　2．腫物《はれもの》　3．琴線　4．神経

問3　傍線部②「坂部は、その違いをこんなふうに論じています」とありますが、引用部の本文中での役割を説明したものとして適切でないものを次の中から一つ選び、その番号をマークしなさい。

1．筆者が論じようとしている内容を端的に示す説明を紹介することで、論点を整理する役割。

2．哲学者の言葉を引くことで、ここまでの話題が単なる思いつきでないことを証明する役割。

3．これまで支配的だった考え方を筆者の考え方と対置させることで、筆者の独自の立場を際立たせる役割。

4．過去の文献を引くことで、触覚にまつわる日本語について以前から指摘されてきたことを確認する役割。

問4　本文中の空欄Ｂ・Ｃに当てはまる語の組み合わせとして最も適切なものを次の中から一つ選び、その番号をマークしなさい。

1．Ｂ－相互　Ｃ－一方

2．Ｂ－意識　Ｃ－無意識

3．Ｂ－能動　Ｃ－受動

4．Ｂ－非人道　Ｃ－人道

問5　傍線部③「人間の体を『さわる』こと、つまり物のように扱うことが、必ずしも『悪』とも限りません」とありますが、なぜですか。その理由の説明として最も適切なものを次の中から一つ選び、その番号をマークしなさい。

1．医療現場においては、医師が患者に対して配慮しながら「さわる」ことで、患者は安心して医師との関係性を築けるから。

2．医療現場で医師が触診をするような場合には、感情を抜きにして患者の体を科学の対象として「さわる」必要があるから。

3．医療に関わる専門的な知識を持っている人たちには、患者に対して感情を抑制しながら「さわる」ことが求められるから。

4．「ふれる」は相互の合意が必要だが、触診は医師が医療行為として患者の合意なしに「さわる」ことが認められているから。

問6　傍線部④「冒頭に出した傷に『ふれる』はよいが『さわる』は痛い、という例は、より一般的な言い方をすれば『ケアとは何か』という問題に直結します」とありますが、なぜですか。その理由の説明として最も適切なものを次の中から一つ選び、その番号をマークしなさい。

1．私たちは相手との関係性の中でいかに接触するか無意識にその都度判断しており、それによっては人間関係が崩れる危険性を常にはらんでいるから。

2．私たちは接触面の力加減などから相手の「態度」を読み取って関係性を築いており、接触が自身の幸福感に直接影響を与えるものであるから。

3．私たちは「ふれて」ほしいときに「さわら」れたら勝手に自分の領域に入られたような暴力性を感じ、相手に対して心を閉ざしてしまうものだから。

4．私たちは相手と関係を築く際に相手の痛みに思いを寄せるあまもかかわらず、木の枝や段差など行く手を阻むものがそこに「見えた」ほどでした。

　けれども、ある瞬間に覚悟を決めました。伴走をしてくれているのは、サークルのリーダーも務める、ベテラン中のベテランです。この方の素晴らしい導きと、これまでにたくさんの視覚障害者たちが視覚を使わずに走ってきたという歴史がある。それを信じて、身をあずけてしまおう。そう D のです。

　それ以降の時間の、何と心地よかったことか。最初は歩くことしかできませんでしたが、すぐに走れるようになり、二〇分ほど走ったあとには、全身が経験したことのないような深い快感に包まれていました。

　同時に私は愕然《がくぜん》としました。自分がそれまでいかに「人に身をあずける」ということをしてこなかったか、ということに気づかされたのです。まるで拾われてきた猫みたいです。人を信じようとせず、誰《だれ》からも距離をとろうとして、そのことを自立と勘違いしてきたのかもしれない。それは脳天に衝撃が走るようなショックでした。

　目が見えると、外界から得る情報は視覚に頼りがちになります。同じように、人間関係もまた、視覚に依存しがちになります。目があったら挨拶するし、逆に関心がないことを示すために E こともあります。「目上の人」「お目にかかる」といった言い回しも視覚の重要性を表しているし、口先の言葉よりも目にこそ本心が宿ると考えられたりもします。本書では文化ごとの接触の度合いの違いに触れることはしませんが、特に日本のようなハグや握手の習慣がない社会では、視覚の割合はいっそう高くなりがちです。

　ブラインドランが教えてくれたのは、視覚だけが他者と関係する手段ではない、という当たり前の事実でした。

　視覚は相手との距離を前提にした感覚なので、人間関係にも、距離をもたらします。ところが、触覚は違います。信頼して相手に身をあずけると、あずけた分だけ相手のことを知ることができる。そんな人間関係もあるのです。

　「まなざしの人間関係」から「手の人間関係」へ。目の見えない人との関わりが教えてくれたのは、そんな認識論と倫理学が交わる領域でした。

（伊《い》藤《とう》亜《あ》紗《さ》『手の倫理』より）

※1嵌入《かんにゅう》……はめ込むこと。また、はまり込むこと。

※2吃音《きつおん》……話し言葉が滑らかに出ない発話障害のひとつ。

問1　傍線部①「冷たい外の空気に『ふれる』ことはできるのです」とありますが、それはなぜだと筆者は考えていますか。その理由の説明として最も適切なものを次の中から一つ選び、その番号をマークしなさい。

1. 気体の場合には、流れている空気に、ふれようとする人間が自分自身の意志で近づいていくから。
2. 気体の場合には、流れている空気に無意識に人間が近づいていくことで、両者の出会いが生まれるから。
3. 気体の場合には、ふれようとする人間にそのつもりがなくても、流れ込んでくる空気の方から近づいてくるから。
4. 気体の場合には、ふれようとする人間に流れ込んでくる空気が

「よき生き方」ならぬ「よきさわり方／ふれ方」とは何なのか。触覚の最大のポイントは、それが親密さにも、暴力にも通じているということです。人が人の体にさわる／ふれるとき、そこにはどのような緊張や信頼、あるいは交渉や譲歩が交わされているのか。つまり触覚の倫理とは何なのか。

　触覚を担うのは手だけではありませんが、人間関係という意味で主要な役割を果たすのはやはり手です。さまざまな場面における手の働きに注目しながら、そこにある触覚ならではの関わりのかたちを明らかにすること。これが本書のテーマです。

　私がこの問題に関心をもつようになったきっかけは、単純に、人の体にさわる／ふれる経験が増えたからです。

　私は、目が見えない人や耳の聞こえない人、※2吃音《きつおん》のある人、四肢を切断した人など、さまざまな障害とともに生きる人が、その体をどのように使いこなし、それとどのように付き合っているのか、ご本人にインタビューをしながら研究をすすめています。インタビューというのは実はインタビュー以外の時間が重要で、その人が待ち合わせ場所で待っているときの姿勢や、コンビニで買いものをするときの様子、信号の渡り方など、何気なく行われるそうした動作にたくさんのヒントが含まれています。

　特に目の見えない人とかかわる場合、インタビュー以外の時間は、その人を介助する時間でもあります。具体的には、自分の肘《ひじ》や肩に手を添えてもらい、インタビューを行う場所まで一緒に移動するのです。その介助が、私はとても下手くそなのです。単に勉強不足で、アドリブの我流でやっているからなのですが、毎回新鮮な気持ちでドキドキしてしまいます。慌てて階段を斜めに上っては（階段は段差に対して垂直に進むのがセオリー）、「だめだよ～」と当事者に注意される始末。「介助できない研究者」と笑われています。

　それでも、触覚を通じて人と関係をつくるそうした機会は、私にとってはとても楽しい時間です。介助のスキルも大事なのですが、そこにはスキル以上の、何か重要な学びがあるように思えるのです。それは、このような研究を始めるまえの、文学部出身者らしく書庫の奥で文献を漁《あさ》っていた時にはなかった、「触覚の目覚め」を私にもたらしました。

「目覚め」をさらに押し進めたのは、視覚障害者向けのランニング伴走体験でした。目の見えない人を伴走する体験も面白かったのですが、特に衝撃を受けたのは、その逆、つまり自分がアイマスクをして目の見える人に伴走してもらう、⑤ブラインドランの体験でした。

　最初にアイマスクをして走ることになったとき、私はパニックに近い恐怖に襲われていました。伴走者といっしょに走るには、小さなロープを輪っかにして、その両端をブラインドランナーと伴走者がそれぞれ握り、腕の振りをシンクロさせながら横に並んで走ります。ロープを介しているので間接的な接触になりますが、それでも相手の動きや意図を、ロープを通してしっかりと感じることができるはずでした。

　ところが、いざ走ろうとすると、周囲が確認できないことによる恐怖で、どうしても足がすくんでしまうのです。視覚を遮断しているに扱って、ただ自分の欲望を満足させるために一方的に行為におよぶのは、「さわる」であると言わなければなりません。傷口に「さわる」のが痛そうなのは、それが一方的で、さわられる側の心情を無視しているように感じられるからです。そこには「ふれる」のような相互性、つまり相手の痛みをおもんぱかるような配慮はありません。

もっとも、③人間の体を「さわる」こと、つまり物のように扱うことが、必ずしも「悪」とも限りません。たとえば医師が患者の体を触診する場合。お腹の張り具合を調べたり、しこりの状態を確認したりする場合には、「さわる」と言うほうが自然です。触診は、医師の専門的な知識を前提とした触覚です。ある意味で、医師は患者の体を科学の対象として見ている。この態度表明が「さわる」であると考えられます。

同じように、相手が人間でないからといって、必ずしもかかわりが非人間的であるとは限りません。物であったとしても、それが一点物のうつわで、作り手に思いを馳《は》せながら、あるいは壊れないように気をつけながら、いつくしむようにかかわるのは「ふれる」です。では「外の空気にふれる」はどうでしょう。対象が気体である場合には、ふれようとするこちらの意志だけでなく、実際に流れ込んでくるという気体側のアプローチが必要です。この出会いの相互性が「ふれる」という言葉の使用を引き寄せていると考えられます。

人間を物のように「さわる」こともできるし、物に人間のように「ふれる」こともできる。このことが示しているのは、「ふれる」は容易に「さわる」に転じうるし、逆に「さわる」のつもりだったものが「ふれる」になることもある、ということです。

相手が人間である場合には、この違いは非常に大きな意味を持ちます。たとえば、障害や病気とともに生きる人、あるいはお年寄りの体にかかわるとき。④冒頭に出した傷に「ふれる」はよいが「さわる」は痛い、という例は、より一般的な言い方をすれば「ケアとは何か」という問題に直結します。

ケアの場面で、「ふれて」ほしいときに「さわら」れたら、勝手に自分の領域に入られたような暴力性を感じるでしょう。逆に触診のように「さわる」が想定される場面で過剰に「ふれる」が入ってきたら、その感情的な湿度のようなものに不快感を覚えるかもしれません。ケアの場面において、「ふれる」と「さわる」を混同することは、相手に大きな苦痛を与えることになりかねないのです。

あらためて気づかされるのは、私たちがいかに、接触面のほんのわずかな力加減、波打ち、リズム等のうちに、相手の自分に対する「態度」を読み取っているか、ということです。相手は自分のことをどう思っているのか。あるいは、どうしようとしているのか。「さわる」「ふれる」はあくまで入り口であって、そこから「つかむ」「なでる」「ひっぱる」「もちあげる」など、さまざまな接触的動作に移行することもあるでしょう。こうしたことすべてをひっくるめて、接触面には「人間関係」があります。

この接触面の人間関係は、ケアの場面はもちろんのこと、子育て、教育、性愛、スポーツ、看取《みと》りなど、人生の重要な局面で、私たちが出会うことになる人間関係です。そこで経験する人間関係、つまりさわり方／ふれ方は、その人の幸福感にダイレクトに影響を与えるでしょう。

では、「ふれる」だとどうでしょうか。傷口に「ふれる」というと、状態をみたり、薬をつけたり、さすったり、そっと手当をしてもらえそうなイメージを持ちます。痛いかもしれないけど、ちょっと我慢してみようかなという気になる。

虫や動物を前にした場合はどうでしょうか。「怖くてさわれない」とは言いますが、「怖くてふれられない」とは言いません。物に対する触覚も同じです。スライムや布地の質感を確かめてほしいとき、私たちは「さわってごらん」と言うのであって、「ふれてごらん」とは言いません。

不可解なのは、気体の場合です。部屋の中の目に見えない空気を、「さわる」ことは基本的にできません。ところが窓をあけて空気を入れ替えると、①冷たい外の空気に「ふれる」ことはできるのです。

抽象的な触覚もあります。会議などで特定の話題に言及することは「ふれる」ですが、じっくり話すわけではない場合には、「ほんのさわりだけ」になります。あるいは怒りの感情はどうでしょう。「逆鱗《げきりん》にふれる」というと怒りを爆発させるイメージがありますが、「 A にさわる」というと必ずしも怒りを外に出さず、イライラと腹立たしく思っている状態を指します。つまり私たちは、「さわる」と「ふれる」という二つの触覚に関する動詞を、状況に応じて、無意識に使い分けているのです。もちろん曖昧な部分もたくさんあります。「さわる」と「ふれる」の両方が使える場合もあるでしょう。けれども、そこに私たちは微妙な意味の違いを感じとっている。同じ触覚なのに、いくつかの種類があるのです。

哲学の立場からこの違いに注目したのが、坂部恵《さかべめぐみ》です。②坂部は、その違いをこんなふうに論じています。

愛する人の体にふれることと、単にたとえば電車のなかで痴漢が見ず知らずの異性の体にさわることとは、いうまでもなく同じ位相における体験ないし行動ではない。

一言でいえば、ふれるという体験にある相互※1嵌入《かんにゅう》の契機、ふれることは直ちにふれ合うことに通じるという相互性の契機、あるいはまたふれるということが、いわば自己を超えてあふれ出て、他者のいのちにふれ合い、参入するという契機が、さわるということの場合には抜け落ちて、ここでは内‐外、自‐他、受動‐能動、一言でいってさわるものとさわられるものの区別がはっきりしてくるのである。

「ふれる」が B 的であるのに対し、「さわる」は C 的である。ひとことで言えば、これが坂部の主張です。

言い換えれば、「ふれる」は人間的なかかわり、「さわる」は物的なかかわり、ということになるでしょう。そこにいのちをいつくしむような人間的なかかわりがある場合には、それは「ふれる」であり、おのずと「ふれ合い」に通じていきます。逆に、物としての特徴や性質を確認したり、味わったりするときには、そこには相互性は生まれず、ただの「さわる」にとどまります。

重要なのは、相手が人間だからといって、必ずしもかかわりが人間的であるとは限らない、ということです。坂部があげている痴漢の例のように、相手の同意がないにもかかわらず、つまり相手を物として

【国 語】（五〇分）〈満点：一〇〇点〉

第一問 次の(1)・(2)の問いに答えなさい。

(1) A～Dの各文について、傍線部のカタカナと同じ漢字を用いるものを、それぞれの選択肢の中から一つずつ選び、その番号をマークしなさい。

A 気の置けない仲間とカイショクを楽しむ。
1. 専門家のカイシャクを参考に議論を進めた。
2. カイケイをすませて急いでお店を後にした。
3. 新しい技術をショウカイする任務についた。
4. 農作物にカイメツ的な被害が出る予測がある。

B 飛行機のソウジュウを疑似体験した。
1. 工場現場のジュウキに不用意に近づいてはいけない。
2. 転勤に伴い、キョジュウ地を変えた。
3. ジュウライの方法では対応できない。
4. トンビはジュウオウ無尽に空を飛び回った。

C 日本の人口は減少ケイコウに転じている。
1. カウンセリングにおいてケイチョウすることが重要だ。
2. 科学のさまざまなオンケイを受けている。
3. 農業でセイケイを立てていく覚悟をもつ。
4. 伝統芸能をケイショウする若者を求めている。

D キョウヨウとして新聞に目を通すようにしている。
1. 植物は根からヨウブンを吸収している。
2. 江戸時代のヨウカイはユニークなものが多い。
3. 主催者からのヨウセイを受けて対策を強化した。
4. 会員になるとセンヨウの個室が与えられる。

(2) E・Fの各文の傍線部について、これとは異なる意味を持つ漢字を、それぞれの選択肢の中から一つずつ選び、その番号をマークしなさい。

E 自然災害が起こる可能性は常にあることを実感した。
1. 鉄道開業の起テンとなった新橋を訪れる。
2. 言語の起ゲンをたどるとその国の文化が見えてくる。
3. 山頂に続く道は起フクが激しく交通渋滞が多い。
4. 不注意に起インする事故を防ぐアイディアを募集する。

F 学園祭の運営スタッフについて学年を問わず募る。
1. ネットを使うと簡易に問シンを受けられる。
2. 高齢者施設をホウ問して食事の支援を行う。
3. 過去の言動について厳しく問セキされた。
4. 素朴なギ問のなかに研究につながる種がある。

第二問 次の文章を読んで、後の設問に答えなさい。

日本語には、触覚に関する二つの動詞があります。

①さわる
②ふれる

英語にするとどちらも「touch」ですが、それぞれ微妙にニュアンスが異なっています。

たとえば、怪我《けが》をした場面を考えてみましょう。傷口に「さわる」というと、何だか痛そうな感じがします。さわってほしくなくて、思わず患部を引っ込めたくなる。

2023年度

解　答　と　解　説

《2023年度の配点は解答欄に掲載してあります。》

＜数学解答＞ 《学校からの正答の発表はありません。》

1　(1)　ア 6　イ 0　ウ 0　(2)　エ 6　オ 4
(3)　カ 5　キ 1　ク 3　ケ 6　(4)　コ 4　サ 2　シ 3
(5)　ス 6　セ 1　ソ 5　タ 1

2　(1)　ア 1　イ 2　ウ 0　(2)　エ 6　オ 0　カ 3　キ 2
(3)　ク 2　ケ 0　(4)　コ 2　サ 4

3　(1)　ア 1　イ 2　ウ 3　エ 2　(2)　オ 5　カ 3
(3)　キ 3　ク 2　ケ 9　コ 2　(4)　サ 1　シ 5　ス 7

4　(1)　ア 5　イ 3　ウ 3　エ 4　(2)　オ 4　カ 3　キ 4　ク 3
ケ 3　コ 3　サ 4　(3)　シ 4　ス 3　セ 3

5　(1)　ア 3　イ 2　ウ 3　エ 3
(2)　オ 1　カ 2　キ 3　ク 2　ケ 7　コ 3　サ 7　シ 3
(3)　ス 2　セ 1　ソ 7　タ 3　チ 9

○推定配点○

アドバンス・スタンダードコース　1　(5)　各3点×2　他　各5点×4　2　(2)　各2点×2　(4)　6点　他　各4点×2　3　(1)　各2点×2　(4)　6点　他　各4点×2　4　(3)　6点　他　各3点×4　5　(2)　各2点×4　他　各3点×4　計100点

プログレスコース　1　(5)　各5点×2　他　各7点×4　2　(2)　各3点×2　(4)　8点　他　各6点×2　3　(1)　各3点×2　(4)　8点　他　各6点×2　4　(3)　8点　他　各5点×4　5　(2)　各3点×4　他　各5点×4　計150点

＜数学解説＞

1　(小問群一数の計算，文字式の計算，2次方程式，円の性質，角度)

基本　(1)　$53^2-47^2=(53+47)(53-47)=100\times6=600$

基本　(2)　$(a^4b^3)^2\div a^3b^2\times a=a^8b^6\div a^3b^2\times a=a^5b^4\times a=a^6b^4$

(3)　$\dfrac{3a-5b}{2}-\dfrac{2a-b}{3}=\dfrac{3(3a-5b)-2(2a-b)}{6}=\dfrac{9a-15b-4a+2b}{6}=\dfrac{5a-13b}{6}$

(4)　$x^2-8x+4=0$　$x^2-8x=-4$　両辺に-8の半分の2乗の16を加えると，$x^2-8x+4^2=12$　$(x-4)^2=12$　$x-4=\pm\sqrt{12}$　$x=4\pm2\sqrt{3}$

重要　(5)　円外の1点から円に引いた接線の長さは等しいから，PA＝PB　△PABは二等辺三角形であり，底角は等しい。よって，∠PAB＝∠PBA＝(180°－58°)÷2＝61°　接線(PA)と接点を通る弦(AB)との作る角(∠PAB)は，その角内にある弧($\overset{\frown}{AB}$)に対する円周角(∠ACB)に等しいから，∠ACB＝61°　弧の長さの比とそれに対応する円周角の比は等しいので，∠ABC＝$3x$とすると，∠BAC＝$4x$　よって，$3x+4x+61°=180°$　$7x=119°$　$x=17°$　よって，∠ABC＝3×17°＝51°

2 （場合の数―異なる数の6枚のカードから3枚を取り出すこと，3桁の整数，数字の和）

基本 (1)　百の位に1から6までの6通りの数があり，そのそれぞれに対して十の位に5通りずつの数がある。さらにそれらに対して一の位の数として4通りずつの数があるから，できる3桁の整数の総数は$6\times5\times4=120$(個)

(2)　偶数は一の位の数字が2，4，6である。そのそれぞれに対して十の位の数として5通りずつの数がある。さらにそれらに対して百の位の数として4通りずつの数があるから，できる3桁の整数のうち偶数の個数は，$3\times5\times4=60$(個)　　また，4の倍数は下2桁が4の倍数である。下2桁の数として12，16，24，32，36，52，56，64の8通りがあり，そのそれぞれについて百の位の数として4通りずつの数があるから，$8\times4=32$(個)

(3)　5の倍数は一の位の数が5であり，そのそれぞれに対して十の位の数が5通りずつある。それらに対して百の位の数が4通りずつあるので，$1\times5\times4=20$(個)

やや難 (4)　6の倍数は2の倍数でもあり3の倍数でもある。3の倍数は各位の数の和が3の倍数になっている。3の倍数のうちで一の位の数が偶数になっているものが6の倍数である。(1，2，3)⇒132，312　(1，2，6)⇒126，162，216，612　(1，3，5)はない。　(1，5，6)⇒156，516　(2，3，4)⇒234，324，342，432　(2，4，6)⇒246，264，426，462，624，642　(3，4，5)⇒354，534　(4，5，6)⇒456，546，564，654　よって，24個

3 （関数・グラフと図形―yがxの2乗に比例する関数，グラフの交点の座標，面積比）

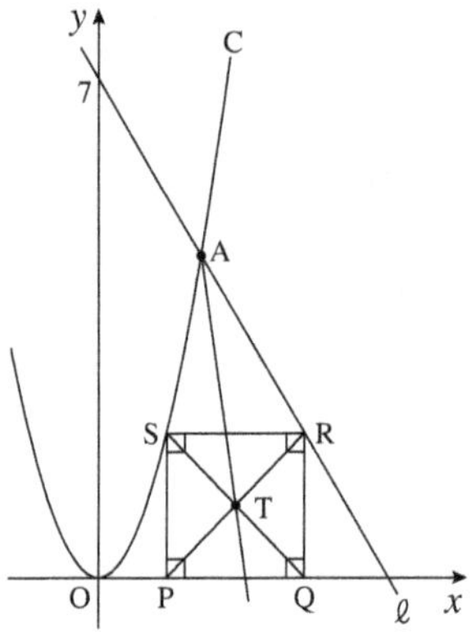

基本 (1)　点Sは関数$y=2x^2$のグラフ上にあり，SP＝2なのでそのy座標は2である。よって，$2=2x^2$　$x^2=1$　$x=\pm1$　図から$x>0$なので，$x=1$　S(1，2)　SR＝2なので，点Rのx座標は$1+2=3$　R(3，2)

基本 (2)　点Rは直線$y=ax+7$上にあってR(3，2)だから，$2=3a+7$　$3a=-5$　$a=-\frac{5}{3}$

(3)　点Aは$y=2x^2$のグラフと直線$y=-\frac{5}{3}x+7$との交点なので，そのx座標は方程式$2x^2=-\frac{5}{3}x+7$の解として求められる。両辺を3倍して整理すると，$6x^2+5x-21=0$　2次方程式の解の公式を用いると，$x=\frac{-5\pm\sqrt{5^2-4\times6\times(-21)}}{2\times6}=\frac{-5\pm\sqrt{25+504}}{12}=\frac{-5\pm\sqrt{529}}{12}=\frac{-5+23}{12}$，$\frac{-5-23}{12}$　$x>0$なので，$x=\frac{-5+23}{12}=\frac{3}{2}$　点Aのy座標は，$y=2\times\left(\frac{3}{2}\right)^2=\frac{9}{2}$　よって，$A\left(\frac{3}{2},\ \frac{9}{2}\right)$

重要 (4)　正方形PQRSの対角線の交点をTとすると，正方形PQRSの面積は点Tを通る直線によって2等分される。T(2，1)，$A\left(\frac{3}{2},\ \frac{9}{2}\right)$なので，直線ATの傾きは，$\left(\frac{9}{2}-1\right)\div\left(\frac{3}{2}-2\right)=\frac{7}{2}\div\left(-\frac{1}{2}\right)=-7$　$y=-7x+b$とおいて(2，1)を代入すると，$1=-14+b$　$b=15$　よって，正方形PQRSの面積を2等分する直線の式は$y=-7x+15$であり，x軸との交点のx座標は$0=-7x+15$から$x=\frac{15}{7}$

4 （平面図形―周の長さ，面積，図形の回転，図形が移動したときの長さと面積）

(1)　正六角形は対角線を3本引くことで6個の正三角形に分けることができる。ABの中点をOとして，OC，ODを引くと，正三角形OAD，OBC，OCDができる。よって，台形ABCDの周の長さは5である。また，1辺の長さがaである正三角形の高さは$\frac{\sqrt{3}}{2}a$，面積は$\frac{\sqrt{3}}{4}a^2$だから，台形ABCD

の面積は，$\frac{\sqrt{3}}{4}a^2\times3=\frac{\sqrt{3}}{4}\times1^2\times3=\frac{3\sqrt{3}}{4}$

重要 (2)　台形ABCDを辺BCが直線lに重なるまで回転させたときの点A，点C，点DをそれぞれA′，C′，D′とすると，∠ABC＝60°なので，∠CBC′＝120°　よって，点Aが通った線は弧AA′であり，その長さは$2\times\pi\times2\times\frac{120}{360}=\frac{4}{3}\pi$　台形ABCDが通過した部分の面積は，

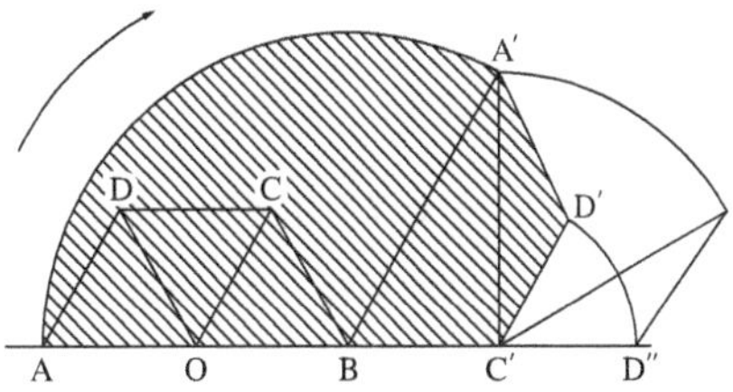

(おうぎ形BAA′)＋(台形A′BC′D′)＝$\pi\times2^2\times\frac{120}{360}+\frac{3\sqrt{3}}{4}=\frac{4}{3}\pi+\frac{3\sqrt{3}}{4}$

(3)　辺CDが直線ℓに重なったときのDをD″とすると，∠D′C′D″＝60°なので，点A′は点C′を中心に60°回転する。△DA′C′は∠DA′C′＝120°の二等辺三角形なので，A′C′＝$\sqrt{3}$A′D＝$\sqrt{3}$　よって，点A′が通った線の長さは$2\times\pi\times\sqrt{3}\times\frac{60}{360}=\frac{\sqrt{3}}{3}\pi$　したがって，点Aが通った線の長さは，$\frac{4}{3}\pi+\frac{\sqrt{3}}{3}\pi=\frac{4+\sqrt{3}}{3}\pi$

5 (空間図形―正四角すい，高さ，体積，切断，長さ，面積，体積，三平方の定理)

(1)　点Aから底面に引いた垂線は底面の正方形の対角線の交点Oを通る。BDは正方形の対角線なので1辺の長さの$\sqrt{2}$倍である。よって，BD＝$\sqrt{2}\times\sqrt{2}=2$　AB＝BD＝DA＝2だから△ABDは正三角形であり，AOは1辺の長さが2の正三角形の高さだから，AO＝$\frac{\sqrt{3}}{2}\times2=\sqrt{3}$　よって，正四角すいA－BCDEの体積は，$\frac{1}{3}\times(\sqrt{2}\times\sqrt{2})\times\sqrt{3}=\frac{2\sqrt{3}}{3}$

やや難 (2)　△APQと△ACEにおいて，AP：AC＝AQ：AE＝1：2　∠PAQ＝∠CAE　2組の辺の比が等しくその間の角が等しいから，△APQ∽△ACE　よって，PQ：CE＝1：2　CE＝BD＝2なので，PQ＝1　AOとBRとの交点をSとすると，SはAOの中点である。点OからBRに平行な直線を引いてADとの交点をTとすると，AR：RT＝AS：SO＝1：1　DT：TR＝DO：OB＝1：1　よって，AR＝RT＝TD　AR＝$\frac{1}{3}$AD＝$\frac{2}{3}$　△BSOで三平方の定理を用いると，$BS^2=BO^2+SO^2=1^2+\left(\frac{\sqrt{3}}{2}\right)^2=\frac{7}{4}$　BS＝$\frac{\sqrt{7}}{2}$　SR：

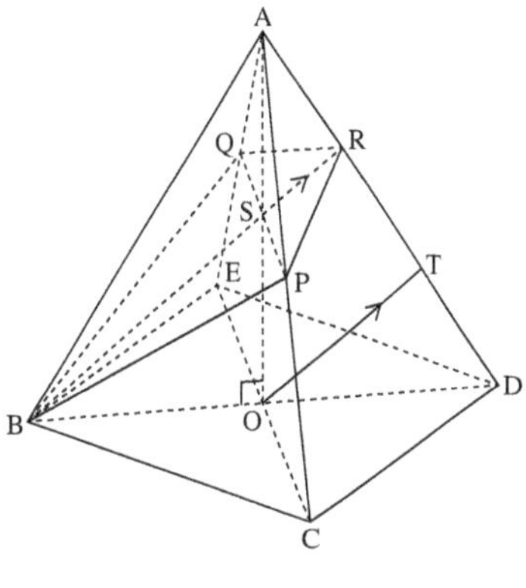

OT＝1：2，OT：BR＝1：2なので，SR＝xとすると，OT＝$2x$，BR＝$4x$　BS：BR＝$3x$：$4x$＝3：4　BR＝$\frac{4}{3}$BS＝$\frac{2\sqrt{7}}{3}$　点Pと点QはBRについて対称の位置にあるからPQとBRは垂直に交わる。対角線が垂直に交わる四角形の面積は$\frac{1}{2}$×(対角線)×(対角線)で求められるから，四角形BPRQの面積は，$\frac{1}{2}\times1\times\frac{2\sqrt{7}}{3}=\frac{\sqrt{7}}{3}$

やや難 (3)　四角すいA－BPRQは面ABRについて対称なので，点Aから底面に引いた垂線は直線BRを通り，点Hは直線BR上にある。BH＝xとすると，RH＝$x-\frac{2\sqrt{7}}{3}$　△ABHと△ARHで三平方の定理を用いてAH²を表すと，$AB^2-BH^2=AR^2-RH^2$　$4-x^2=\left(\frac{2}{3}\right)^2-\left(x-\frac{2\sqrt{7}}{3}\right)^2$　$4-x^2=\frac{4}{9}-x^2+$

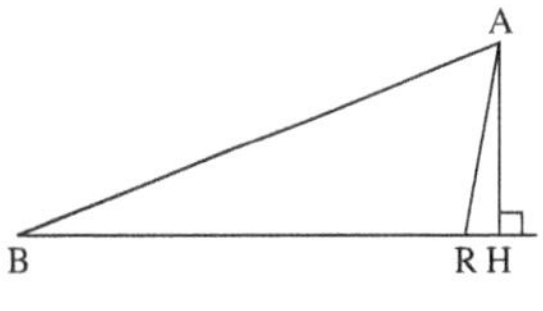

$\frac{4\sqrt{7}}{3}x-\frac{28}{9}$　$\frac{4\sqrt{7}}{3}x=\frac{20}{3}$　$x=\frac{20}{4\sqrt{7}}=\frac{5}{\sqrt{7}}$　$AH^2=4-\left(\frac{5}{\sqrt{7}}\right)^2=\frac{3}{7}$　よって，$AH=\frac{\sqrt{3}}{\sqrt{7}}=\frac{\sqrt{21}}{7}$　したがって，四角すいA－BPRQの体積は，$\frac{1}{3}\times\frac{\sqrt{7}}{3}\times\frac{\sqrt{3}}{\sqrt{7}}=\frac{\sqrt{3}}{9}$

★ワンポイントアドバイス★

[1](5)は，PA＝PB，∠ACB＝∠PABなどを使う。[2](4)は6が2と3の公倍数であることに着目する。[4]は，正六角形が6つの正三角形からできていることから辺の長さや角の大きさを考えて使う。[5]は△ABDで考える。

＜英語解答＞

《学校からの正答の発表はありません。》

[Ⅰ] 問1 ③　問2 (2) ⑤　(3) ④　(4) ②　問3 ③　問4 ④　問5 ④
問6 ①，⑥，⑧

[Ⅱ] 問1 ④　問2 (2) ②　(3) ④　(4) ⑤　(5) ①　(6) ③　問3 ④
問4 ③　問5 ①，⑥

[Ⅲ] (1) A ④　B ⑧　C ⑨　(2) A ⑦　B ①　C ⑤
(3) A ⑤　B ⑥　C ④　(4) A ②　B ③　C ④
(5) A ⑦　B ⑥　C ③

○推定配点○

プログレス・アドバンスコース　[Ⅰ] 問2・問5　各5点×4　他　各6点×6
[Ⅱ] 問4　5点　他　各6点×9　[Ⅲ] 各7点×5(各完答)　計150点

スタンダードコース　[Ⅰ] 問2・問5　各3点×4　他　各4点×6　[Ⅱ] 問4　3点
他　各4点×9　[Ⅲ] 各5点×5(各完答)　計100点

＜英語解説＞

[Ⅰ] (長文読解問題・物語文：適文補充，語句選択補充，内容把握，内容正誤判断)

(全訳)　学校に行く途中のある日，ジムは父親を見かけた。彼は船着き場に一人で座っていた。ジムにはそこにサリー・メイが見えなかった。「サリー・メイはどこ？」彼はたずねた。

「浜に上げたよ」と彼の父親は答えた。「他のすべてのボートも一緒にね。ジム，もう1週間魚が何も釣れていないんだ。ボートに新しい帆が必要だが，それを買うお金がない。魚がなければお金もない。お金がないと生きていかれないんだよ。ごめんよ，ジム。」

その晩ジムは眠りにつくまで泣いていた。

その後ジムは，学校が始まる前にサリー・メイを見るのが好きだったのでいつも学校まで浜辺沿いの道を通って行った。

ある朝彼が浜辺沿いを歩いているとそこに何かがあるのを見た。それは砂に横たわっていた。最初それは木のように見えたが違った。それは動いていた。それには尾と頭があった。それはイルカだった！

ジムはイルカの方に行った。少年とイルカの目が合った。ジムは「彼を助けるために何かをしなければ」と思った。

「心配いらないよ」彼は言った。「助けを呼んでくる。すぐ戻る。約束する。」

彼は学校までの丘をできる限り速く走った。皆は校庭にいた。

「来て！」彼は叫んだ。「浜辺にイルカがいるんだ！　すぐに海に戻さないとならない。(1)③もし僕たちが今やらないと彼は死んでしまう！」

子どもたちと先生たちは浜辺まで丘を走り下りた。まもなく町中の人達もやってきた。ジムの父親の母親もそこにいた。「サリー・メイの帆を持ってきて！」　ジムの母親が叫んだ。「その上の彼を置きましょう。」

彼らは帆を持ってきて，ジムは彼に言った。「心配しないで。すぐに海に戻れるよ。」

彼らは帆を(2)⑤広げ，彼をその上に置いた。それから皆で帆を持ちジムの父親が言った「上げて！」

たくさんの人たちが皆一緒に持ち上げ，すぐにイルカを海まで(3)運び下した。そして波が彼を海まで戻してくれた。

イルカは(4)②大きな声を上げ，にっこりさせた口で海面をたたいた。彼はもう泳いでいたが去りたくないようだった。グルグルと回りながら泳いでいた。

「行け！」ジムは叫び，彼を海の奥へ押しやろうとした。「行け。」そしてついに彼は行ってしまった。

その日ジムは一日中イルカのことを考えていた。彼はイルカを「スマイラー」と名付けた。それは彼にぴったりの名前だった。

学校が終わるとジムは浜辺に走り戻った。彼はスマイラーに戻って来てほしかった。しかしスマイラーはそこにはいなかった。ジムは彼をどこにも見つけられなかった。

彼は急に悲しくなり桟橋を走っていった。「スマイラー戻って来て！」彼は叫んだ。「お願い戻って来て。お願い！」

その瞬間スマイラーがちょうど彼の目の前の海から出てきたのだ！　彼は海に戻るまで何度も何度も空中で回った。これでジムは全身濡れてしまった。

(5)ジムはもう迷わなかった。彼はかばんを置いて靴を脱ぎ海に飛び込んだ。

スマイラーはすぐに彼の近くに来て彼の下を泳いだ。突然，スマイラーはジムを下から上へと持ち上げた。ジムはスマイラーの上に座っていた！　彼は彼に乗っていたのだ！

スマイラーは彼に入り江を案内しまた船着き場まで連れて帰ってきた。その時には，村の皆が彼らのことを知り，子どもたちは船着き場から海に入り彼に会うために泳いでいった。

その後毎日スマイラーは船着き場の近くを泳いでいた。彼はジムを乗せようと待っていたのだ。そして子供たちも毎日彼と泳ぎ遊んだ。子供たちは彼の優しい目と笑っている顔が大好きだった。

【③】問3スマイラーはみんなの親友になったのだ。

そしてある日，スマイラーがいなくなったのだ。子供たちは彼を待っていた。彼らはスマイラーを探した。しかし彼は決して現れなかった。その翌日も彼はそこにいなかった。

ジムは傷つき，子供たち皆もまた同じように感じていた。村の誰もがスマイラーがいないことを寂しく思い，彼に戻って来てほしいと思っていた。彼らは毎日見ていたが，彼はそこにはいなかった。

ジムの誕生日が来て，彼の父親は良い考えを思いついた。「ジム」彼は言った。「サリー・メイに乗って皆で沖に出かけないか？　どうかな？」

「うん！」ジムが叫んだ。「そしたらスマイラーも探せる。」

そこで彼らはサリー・メイを引き出し海に出た。彼らは何時間もスマイラーを探したが彼はどこにもいなかった。

「もう戻る時間だ」ジムの父親が彼に言った。

「まだ」ジムは叫んだ。「彼はどこかにいる。僕にはわかる。」

サリー・メイが帰路に着こうとしたときにジムは叫んだ。「戻って来て，スマイラー！　お願いだから戻って来て。お願い。」

(6)突然ボートの周りが泡立ち始めた，イルカたちだ！

そしてその中の1頭がサリー・メイを飛び越えた，それはちょうどジムの頭の上だった。スマイラーだった。

スマイラーが戻ってきた，そして彼は家族も一緒に連れてきたのだ。

サリー・メイが浜に戻って来て，それを皆が見ていた。金色の海のサリー・メイの周りをイルカたちが踊っていた。数日のうちに村は観光客であふれた。皆，有名なイルカたちを見たかったのだ。

そして毎朝サリー・メイや他の小さな釣船はみな海に出た。観光客たちはその観光に喜んでお金を払った。彼らは全ての瞬間が大好きでイルカたちが彼らの周りで遊ぶと笑い声を上げた。

それはジムの人生で最も幸せな瞬間だった。スマイラーが戻って来て，彼の父親はサリー・メイの新しい帆を買うのに必要なお金を手にした。そして他の漁師たちもまた自分たちの帆を修理しボートを塗り替えた。再び村は幸せな場所となった。

問1　イルカが浜に打ち上げられている場面。直前ですぐに海に戻さないといけないと言っていることから，③「もし僕たちが今やらないと彼は死んでしまう」を入れる。do it は「すぐに海に戻す」こと。　①「もし今僕たちがそれをやらないと彼は死なないだろう」　②「もし今それを彼がやらないと僕たちは彼を救えないだろう」　④「もし僕たちがそれをやれば彼が僕たちを救えるだろう」

基本　問2　(2) spread out で「広げる」。「帆を広げて彼をその上に置く」ということ。it は sail を指す。(3) carry down で「運び下ろす」。間に目的語 the dolphin が入っている形。　(4) make a big voice で「大声を出す」。

問3　本文参照。子供たちがみなスマイラーのことが大好きだといっている後に入れるのが適当。

問4　(5)は「ジムに迷いはなかった」という意味。その後に彼は海に飛び込みスマイラーと遊ぶ場面が続くので，④「その瞬間，ジムはスマイラーのそばに行こうと決めた」が適当。　①「その後，ジムはスマイラーのことは忘れようとした」　②「その瞬間，ジムはスマイラーのことを考えることに決めた」　③「その後，ジムはスマイラーから離れようとした」

問5　boil and bubble は「泡立つ」という意味。泡立った後にボートの周りにイルカたちが姿を現したことがわかるので④が正解。

重要　問6　①「ジムは彼の父親がサリー・メイの新しい帆を買うためのお金がないと知りとても悲しかった」(○)　第2段落第3文，次の段落の文に一致。船は女性扱いで代名詞は she を使う。
②「ジムの母親がスマイラーを帆の上に置き持ち上げるよう皆に言った」第11段落参照。母親が帆を持ってくるように言っているが，第13段落で持ち上げるよう言ったのは父親なので不一致。
③「スマイラーは村の人々が，彼が海に戻るのを助けた直後に去っていった」(4)のある段落参照。なかなかその場から去らなかったので不一致。　④「スマイラーが助けられた後，ジムだけが彼と毎日遊べた」【③】の直前の段落第3文参照。他の子供たちとも遊んでいたので不一致。
⑤「ジムは彼の誕生日に海に出て行き，彼はそこで簡単にスマイラーを見つけることができた」(6)の前 So で始まる段落参照。何時間も探したが見つけられなかったので不一致。　⑥「スマイラーがジムの誕生日に戻った時，彼は自分の家族と一緒だった」(○)　(6)の文の3文後に一致。
⑦「小さな釣り船での観光はあまり楽しくないと思う観光客もいた」最後から2段落目参照。誰もが楽しんでいたので不一致。　⑧「ジムの父親は最後にサリー・メイの新しい帆を買うのに十分なお金を手に入れた」(○)　最終段落第2文に一致。

Ⅱ （長文読解問題・論説文：内容把握，適文補充，内容正誤判断）

（全訳） アフガニスタンの10代の少女たちのほとんどにとっては，最後に教室に入ってから1年が経っていた。タリバンが，彼女たちが学校に戻ることを許可しそうにないので，この少女たちが教育を受け続けられる道を探そうとする人たちがいる。

最近首都カブールの家で非公式の学校の授業に多くの少女たちが集まった。ソダバ・ナザンがこの学校を始めた。彼女と彼女の姉妹は中学校や高等学校に通えない少女たちに英語，理科，数学を教える。

「タリバンが女性から教育の権利や労働の権利を奪いたがった時に，私はこの少女たちに教えることで(1)彼らの決定に立ち向かいたかった」ナザンは言った。

ナザンの学校はタリバンが一年前に国を統治し中学校や高等学校での女子教育を停止してから秘密裏に作られた学校のひとつである。タリバンは女性が大学に行き続けることは許可したが，高等学校を卒業する少女がもういないので，この例外的措置は重要ではなかった。

「(2)②この悲しい状況を改善する方法はない」とナザンは言った。

1990年代にタリバンが初めてアフガニスタンを統治した時，彼らは全ての少女たちが学校に通うことを禁止し，女性が働くことも禁止した。

20年後の2001年にタリバンが力を失った後、すべての年齢層の女性が学校と仕事に戻った。昨年再びタリバンが国を統治し始めた時，(3)④絶対に過去には戻らないと彼女らは言った。

3月に希望が見えた。学校の新年度が始まる直前に，全員が学校に戻ることを許可することをタリバンが発表したのだ。しかし再開の日である3月28日，突如決定が変更された。

16歳のシェキバ・カデリはその日の教室での少女たちの様子を覚えていた。彼女と他のクラスメイトたちは，先生が入って来て(4)⑤家に帰るよう言うまでは皆笑っていて興奮もしていた。「少女たちは皆泣いていた」と彼女は言った。「あれは私たちの人生の中で最悪な瞬間だった。」

それ以降彼女は教科書，小説や歴史本を読んで勉強している。彼女は映画やYouTube動画を通して英語を勉強している。

カデリ家ではシェキバと妹は学校に行かれなかったが，2人の兄弟は行くことができた。彼女の姉は大学で法律を勉強している。

「たとえ若い女性が大学を卒業しても役に立たない」と彼らの父親であるモハメド・シャー・カデリは言った。

「彼女は仕事には就けないだろう。タリバンは彼女が働くことを許さないだろう」と彼は言った。「私は私の子供たち全員に(5)①より高度な教育を受けさせたいと，いつもずっと思っていた。」今ではそれは不可能なので 彼は彼の人生で初めてアフガニスタンを去ることを考えている。

今では秘密裏の学校は中学校や高等学校の代わりに，10代の少女たちが教育を得る機会を提供している。

タリバンがアフガニスタンを再び統治し始めてから1か月後，ナザンは自分の家の近くの公園の秘密裏の教室でストリートチルドレンに読み方を教え始めた。「読み書きができない女性も一緒に参加した」と彼女は言った。しばらくして，彼女の支援者が彼女が公園にいるのを見て，そこで授業ができるよう彼女に家を貸し出し，机といすも購入した。家の中で授業を始めた後には，公立学校に行かせてもらえないたくさんの10代の少女たちも参加した。

【あ】④今ではおよそ250名もの生徒が彼女の学校に通っている。

「私は彼女たちに学校の教科を教えるだけでなく，(6)③自分たちの権利のために戦う戦い方も教えている」とナザンは言った。「1990年代後半のタリバンが権力を持っていた最初の時からタリバンは何も変わっていない」彼女は言った。「同じタリバンだが，私たちは当時の女性たちとは違う。

私たちは戦わなければならない：書くことで，声を上げることで，可能な限りあらゆる方法で。」

ナザンの学校や(7)他のそのような所も非合法だが，今になってもタリバンは彼女たちの学校を閉鎖してはいない。

しかしながらナザンは彼女の学校の未来を憂いている。彼女の支援者が家賃半年分を払っていたが，最近彼が亡くなり家賃を払い続ける方法が何もなくなってしまったのだ。

生徒たちにとっては秘密裏の学校は彼らの生命線なのだ。

（2022年9月4日朝日ウィークリーより引用）

重要 問1 ①「女性は職を持つことを禁止されている」第6段落の文に一致。 ②「少女たちは中学校や高等学校に行かれない」第6段落の文に一致。 ③「大学に通う少女たちはそこで勉強を続けることができる」第4段落最終文に一致。 ④「公立学校の外で女性は英語，理科，数学を教えることができる」そのような記述はない。

重要 問2 (2) ② 女性が教育を受けたり，職を持つことが許されないという sad situation「悲しい状況」を改善する方法はない，という意味にする。no way to improve ～「～を改善する方法はない」 (3) ④ タリバンが力を失った時に女性は学校や職場に戻ることができたが，再び統治が始まった時に彼女たちが思ったことを考える。「絶対に過去には戻らない」が適当。would not ～ で「絶対に～しない」という強い意思を表す。 (4) ⑤ 学校が再開される日に突然決定が覆された場面。学校に集まっていた少女たちは「家に帰るように言われた」という流れにする。〈tell ＋人＋ to …〉「人に…するように言う」 (5) ① カデリ家の父親が子供たちの状況を考える場面。男子は教育を受けられたが女子は受けられず，職にも就けない。自分の子供たち全員に「より高い教育を受けさせたかった」ので国を離れることを考えると言う流れ。get education「教育を受ける」 (6) ③ 〈not only A but also B〉「AだけでなくBも」の構文に注目。アフガニスタンの状況下で秘密裏な学校で教えるのは教科だけではなく「自分たちの権利のために戦う戦い方」も教えるという流れ。how to fight for ～「～の戦い方」 stand for ～「～のために戦う」

問3 直前の段落でいろいろな人たちが通ってきていること，また段落最終文で公立学校に通えない少女たちがたくさん通ってきていることわかる。 ④「今ではおよそ250名もの生徒たちが彼女の学校に通っている」が適当。 ①「今ではタリバンは彼女が学校を開くことを許可している」 ②「今ではタリバンは10代の少女たちの学校を開いた」 ③「今では彼女の学校にほんの少しの生徒しか通っていない」

基本 問4 others like it の others は other schools，it は Nazhand's school を指す。like ～ は「～のような」の意味。したがって③「他の秘密裏の学校」が正解。 ①「学校を始めた他の女性たち」 ②「他の先生たち」 ④「他のナザンの学校」

重要 問5 ①「10代の少女たちが教育を受けるための方法を探すアフガニスタンの人たちがいる」(○) 第1段落最後の文に一致。 ②「タリバンは30年以上アフガニスタンを統治している」第7段落第1文参照。タリバンが最初に統治したのは1990年代で力を失ったのは2001年なので不一致。
③「シェキバの兄弟の1人は英語，理科と数学を学校で勉強しているのでそれらを教えている」第2段落最終文参照。教えているのはナザンの姉妹なので不一致。 ④「モハメド・シャー・カデリの娘たちは大学卒業後に働くことができる」第12段落，13段落カデリの父親のセリフに不一致。 ⑤「ナザンはタリバンが作った学校で10代の少女たちに教え始めた」第2段落最初の文参照。informal school とあり，第2文でナザンが始めたとあるので不一致。 ⑥「ナザンは支援者を亡くしたので，彼女の学校を継続するためのお金がない」(○) 最後から2段落目第2文に一致。

重要 Ⅲ （語句整序問題：関係代名詞，仮定法，不定詞，現在完了，動名詞，受動態）

(1) Is that woman who is sitting on the bench your teacher? 先行詞は that woman「あちらの女性」で who is sitting on the bench はひとまとまりで that woman を修飾する関係代名詞節。不要語は there。

(2) I wish he came to the classroom to talk with me. 〈I wish ＋仮定法〉で「…だったらいいのにな」という願望を表す。仮定法の部分は過去形 came になることに注意。to talk with me「私と話をするために」目的を表す副詞用法の不定詞。不要語は want。

(3) Tom and Ken have known each other for more than 15years. 直訳すると「トムとケンは15年以上ずっとお互いのことを知っている」という意味になる現在完了形の文を作る。have known each other「お互いのことを知っている」 for more than 15years「15年以上の間」この for は期間を表す前置詞。more than ～「～以上」 不要語は since。

(4) I'm sure his speech will make the party more wonderful. I'm sure that ～ で「～だと思う[確信する]」という意味だが，ここではこの that は省略する。〈make A ＋B(形容詞)〉で「AをBの状態にする」 Aに the party，Bに more wonderful を入れる。直訳すると「彼のスピーチがそのパーティーをいっそう素晴らしいものにするだろうと私は思う」不要語は become。

やや難 (5) The students kept walking until they were told to stop. 〈keep ＋ …ing〉で「…し続ける」〈tell ＋人＋ to …〉「人に…するように言う」を「人」を主語にして they were told to … という受動態の文にする。不要語は them。

★ワンポイントアドバイス★

語句整序問題では必ず英文を余白に書き出そう。最終問題で限られた短い時間で正答にたどり着くには英文を視覚化させることが大切。そうすることでミスに気付きやすくなり正しい英文を作ることができる。

＜国語解答＞ 《学校からの正答の発表はありません。》

第一問 (1) A 2　B 4　C 1　D 1　(2) E 3　F 2

第二問 問1 4　問2 4　問3 3　問4 1　問5 2　問6 2　問7 1
問8 D 1　E 4　問9 3

第三問 問1 a 2　b 5　c 1　d 3　e 4　問2 1　問3 3　問4 2
問5 2　問6 3　問7 4　問8 4

○推定配点○

第一問 各2点×6　第二問 問2・問8 各3点×3　他 各5点×7
第三問 問1 各3点×5　問8 5点　他 各4点×6　計100点

＜国語解説＞

第一問 （漢字の書き取り）

基本 (1) A「会食」 1「解釈」 2「会計」 3「紹介」 4「壊滅」。 B「操縦」 1「重機」 2「居住」 3「従来」 4「縦横」。 C「傾向」 1「傾聴」 2「恩恵」 3「生計」 4「継承」。 D「教養」 1「養分」 2「妖怪」 3「要請」 4「専用」。

(2) Eと3以外は「物事の始まり」という意味。3のみ「高くせりあがる」という意味。Fと2以外は「といただす，たずねる」という意味。2は「おとずれる，みまう」という意味。

第二問 （論説文─大意・要旨，内容吟味，文脈把握，接続語，脱語補充，慣用句）

重要 問1 「同じように……」で始まる段落で「対象が気体である場合には，ふれようとするこちらの意志だけでなく，実際に流れ込んでくるという気体側のアプローチが必要で」あることを述べているので4が適切。「相互性」を説明している，この段落内容をふまえていない他の選択肢は不適切。

基本 問2 空欄Aは「腹立たしく思う」という意味で4が当てはまる。

問3 傍線部②は筆者の考えを整理し，補足する役割として引用しているので，「対置させ……筆者の独自の立場を際立たせる」とある3は適切でない。

問4 空欄B・C直後の2段落内容から，Bには「相互的」，Cには「一方的」が当てはまる。

問5 傍線部③の段落で③の説明として，「医師が患者の体を触診する場合……専門的な知識を前提とし……患者の体を科学の対象として見ている」ため「『さわる』と言うほうが自然で」あることを述べているので2が適切。③後の内容をふまえていない他の選択肢は不適切。

重要 問6 「あらためて……」から続く2段落で，「あらためて気づかされるのは，私たちがいかに，接触面のほんのわずかな力加減……等のうちに，相手の自分に対する『態度』を読み取っているか，ということ」，「さわり方／ふれ方は，その人の幸福感にダイレクトに影響を与える」と述べているので2が適切。この2段落の内容をふまえていない他の選択肢は不適切。

問7 「ブラインドランが……」で始まる段落内容から1が適切。この段落内容をふまえていない他の選択肢は不適切。

問8 空欄Dは「覚悟を決める」という意味で1，Eは「視線を他の方へ向ける」という意味で4が適切。

やや難 問9 視覚である「見とれること」を説明している3は誤読している。他はいずれも，人や物と触れることを通して感じたことを述べており，触覚による人間関係について述べている本文をふまえている。

第三問 （古文・論説文─大意・要旨，情景・心情，内容吟味，文脈把握，口語訳）

〈口語訳〉 それほど遠くない昔，武州に，地域が近いため，互いに親しい俗人がいた。一人は貧しく，一人は裕福だった。そのようなことから，(貧しい人は)いつも借り物などをしていた。

さて，二人とも死んで，そのうちの一人の(貧しい人の)子が夢に見たことには，亡き父が来てたいそう嘆かわしい様子で言うには，「あの方の物をあれこれ借りて，返さなかったので，あの世で責められるのが堪えられないから，彼の子息のもとへ返してくれ」と伝える。

夢からさめて，親の代からの後見人に，事の詳細を尋ねると，「そのような事がございました。夢に間違いございません」と言う。すぐに，「不思議な事だ」と言って，急いで借りた数のものを用意して，その(裕福な)子息のもとへ，「このような事情がございますので，その借り物を，届ける準備を始めます」という旨を，詳しく申し送った。

その(裕福な)子息が，返事に申したことには，「これらの物を，どうして私が頂けましょうか。あの世で，わたくしの父が，責め申し上げている上に，重ねて頂くことはできません」と返事した。これを押し返して送って言うには，「この世でお返しできなかったからこそ，あの世で(父上に)責められ申し上げているのです。父親の嘆きを休め，夢のお告げを守ろうと思います。ぜひともお受け取りください」と遣わした。また返事に，「親の事を重んじ，大切に思う事は，誰も劣るはずはありません。だから，あの世で，親に受け取らせたいと思います。ここで私が頂く理由はありません」と返した。

何度もやり取りして，事が進まないので，鎌倉に上って対決した。奉行人を始めとして，身分にかかわらず，聞いていた者たちは，「このような珍しく感動的なやり取りは，聞いたことがない。親孝行の志，世間の道理も，深くわきまえている(二人な)のだろう」と，声高に褒め立てた。心ある人は，涙を流して心を動かされた。

そして，「その物で，両人の亡父の冥福を祈りなさい」と命じられたので，国に帰って，二人は，亡父のために仏事を営んだ。本当にめったにいない賢人たちである。

重要　問1　二重傍線部aは貧しい家の「亡父」がかの一人の子の夢で伝えた，ということ。bは詳細を尋ねられた「後見」がかの一人の子に結果を言う，ということ。cは「かの一人の子」がかの子息に申し送った，ということ。dはかの子息の父の「某殿」がかの一人の子の父を責める，ということ。eは「かの子息」がかの一人の子に返した，ということ。

基本　問2　傍線部①直後に「親の時よりの後見に，事の子細を尋ねければ」とあるので1が適切。①直後の内容をふまえていない他の選択肢は不適切。

やや難　問3　傍線部②の「かかる子細」は，「かの一人の子」の夢で「『某殿の……』」で始まる言葉で亡き父が伝えてきたことなので3が適切。1の「気味が悪い」，「『某殿の……』」で始まる言葉をふまえていない2，「亡き父に責めたてられた」とある4はいずれも不適切。

問4　傍線部③後で「『……あの世にて……』」と，あの世で自分の父が「かの一人の子」の父が貸した物を返さないことを責めている上，それを自分がもらうことはできない，と話しているので2が適切。③後の「かの子息」の話をふまえていない他の選択肢は不適切。

問5　「『某殿の……』」で始まる「かの一人の子」の亡父の話から2が適切。「『某殿の……』」の内容をふまえていない他の選択肢は不適切。

問6　傍線部⑤は，「かの一人の子」は親の死後に自分の親が借りたものを，貸していた人の子息に返そうとし，「かの子息」は親が貸したものを親の死後にこの世で自分に返してもらう理由はない，ということなので3が適切。「かの一人の子」の親が貸していたとある1・4は不適切。「かの一人の子」と「かの子息」の主張が間違っている2も不適切。

問7　傍線部⑥は「『……至孝の志，世間の理も，深くわきまへ存ずるにこそ』」に心を動かされたので4が適切。⑥前の内容をふまえていない他の選択肢は不適切。

重要　問8　「かの一人の子」が夢で亡き父に借りたものを返すようにと告げられたことで，実際に返そうとしたのは，問8の文章で述べているように「……夢は……現実に自分たちが生きている世界に匹敵する重みと価値をもったもの……として意識されていた」からなので，このことをふまえた4が適切。1の「亡き父に」以降，2の「奉行人」以降，3の「自分の意思」以降はそれぞれ不適切。

★ワンポイントアドバイス★

古文では，主語や会話主を省略する場合が多いので，文脈をしっかり確認していこう。

MEMO

大切なことはメモしておこうネ！

2022年度

★★★★★★★★★★★★★★★★★★★★★★★

入　試　問　題

2022年度

桐蔭学園高等学校入試問題

【数　学】（60分）〈満点：プログレスコース150点　アドバンス・スタンダードコース100点〉

【注意】（1）　図は必ずしも正確ではありません。

（2）　コンパスや定規，分度器などは使用できません。

（3）　分数は約分して答えなさい。

（4）　根号の中は，最も簡単な整数で答えなさい。

（5）　比は，最も簡単な整数比で答えなさい。

$\boxed{1}$　次の$\boxed{}$に最も適する数字をマークせよ。

(1)　$-3^2+\dfrac{5}{6}\div\left(-\dfrac{1}{2}\right)\times(-9)=\boxed{\text{ア}}$ である。

(2)　2次方程式 $2x^2-3x+1=0$ を解くと，$x=\boxed{\text{イ}}$，$\dfrac{\boxed{\text{ウ}}}{\boxed{\text{エ}}}$ である。

(3)　$\{(\sqrt{3}+\sqrt{2})^2-(\sqrt{3}-\sqrt{2})^2\}^2=\boxed{\text{オ}}\boxed{\text{カ}}$ である。

(4)　濃度10％の食塩水300 gに，濃度$\boxed{\text{キ}}$％の食塩水450 gを混ぜたら，濃度7％の食塩水になった。

(5)　下の図は，半径1の円に内接する五角形ABCDEである。BE，BDは∠ABCを3等分し，BDは円の中心Oを通る。また，$\overset{\frown}{\mathrm{AB}}=\overset{\frown}{\mathrm{AE}}$ である。

このとき，∠ABE＝$\boxed{\text{ク}}\boxed{\text{ケ}}^\circ$ であり，五角形ABCDEの面積は $\dfrac{\boxed{\text{コ}}\sqrt{\boxed{\text{サ}}}}{\boxed{\text{シ}}}$ である。

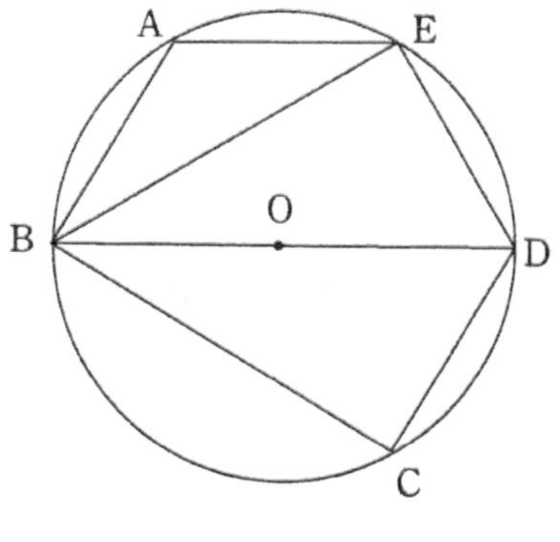

[2] 赤と白の2つの箱があり，それぞれの箱には，0と書かれたカードが1枚，1と書かれたカードが1枚，2と書かれたカードが2枚，3と書かれたカードが3枚の計7枚のカードが入っている。いま，赤，白それぞれの箱から1枚のカードを取り出して，同じ数字のカードが出たら1点，異なる数字のカードが出たら，書かれた数字の和を点数とする。

このとき，次の□に最も適する数字をマークせよ。

(1) 得られる最大の点数は[ア]点であり，最小の点数は[イ]点である。

(2) 点数が4点となる確率は，$\dfrac{[ウ]}{[エ][オ]}$である。

(3) 点数が1点となる確率は，$\dfrac{[カ][キ]}{[ク][ケ]}$である。

[3] 右の図のように，関数$y=x^2$と$y=2x$のグラフの交点をO，Aとする。また，関数$y=x^2$と$y=2x+3$のグラフの交点をB，Cとする。このとき，次の□に最も適する数字をマークせよ。ただし，比は最も簡単な整数比で答えよ。

(1) 点Aの座標は([ア]，[イ])である。

(2) 点Bの座標は(－[ウ]，[エ])，
点Cの座標は([オ]，[カ])である。

(3) △OACと△OBCの面積比は，
[キ]：[ク]である。

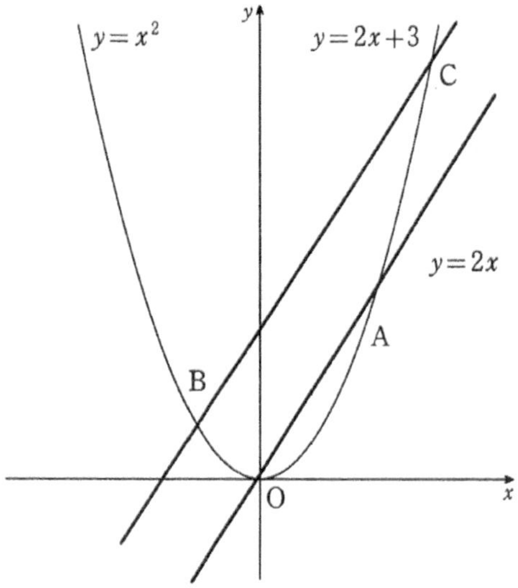

[4] ある数の整数部分を考える。たとえば，4の整数部分は4，$\sqrt{2}$の整数部分は1である。このとき，次の□に最も適する数字をマークせよ。

(1) $\sqrt{10}$の整数部分は[ア]である。

(2) $\sqrt{n}$の整数部分が3以上5以下となるnは全部で[イ][ウ]個である。ただし，nは正の整数である。

(3) 10から100までの正の整数を考える。それらの正の平方根の整数部分をすべて加えると[エ][オ][カ]である。

5 下の図のように，ある5面体の展開図がある。$AJ = DG = EF = 8$，$BI = 12$，$AB = BC = CD = DE = FG = GH = HI = IJ = 6$，$\angle E = \angle F = 90^\circ$，$\angle IBD = \angle BIG = 45^\circ$ である。このとき，次の$\boxed{}$に最も適する数字をマークせよ。

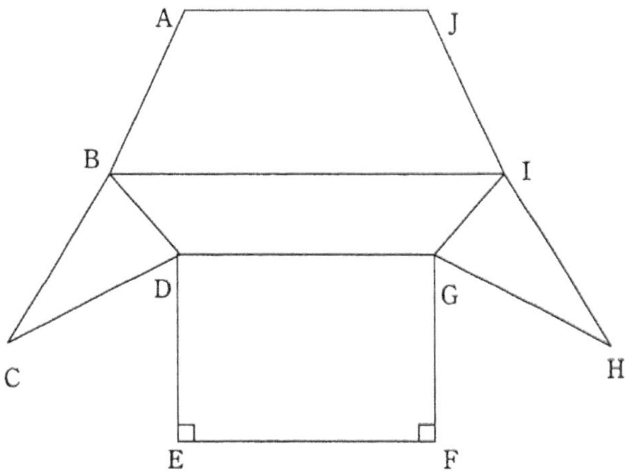

(1) この立体の辺の数は$\boxed{ア}$個，頂点の数は$\boxed{イ}$個である。

(2) 四角形ABIJの面積は$\boxed{ウ}\boxed{エ}\sqrt{\boxed{オ}}$である。

(3) 四角形BDGIの面積は$\boxed{カ}\boxed{キ}$である。

(4) この立体の体積は$\dfrac{\boxed{ク}\boxed{ケ}\boxed{コ}\sqrt{\boxed{サ}}}{\boxed{シ}}$である。

【英　語】（60分）〈満点：プログレス・アドバンスコース150点　スタンダードコース100点〉

I　次の英文を読んで，後の設問に答えなさい。なお，*の付いている語には本文の最後に注があります。

This is a stony of a bookseller in America a long time ago.

Vernon Berry opened the gate and walked through the little garden with a smile on his face and a large book in one hand. He knew very well from his long experience about how to sell books to people who did not want them. He had a fine, deep voice and could talk well. When he talked, people laughed a lot. He was clean and well-dressed. He was one of those men that people like at once, and he knew it. In short, he was a success.

He rang the bell at the front door. It was opened after a while by a young woman with a worried face. He was sorry to see that she was not married because she didn't wear a ring on her hand; but maybe she had a brother or a cousin who read serious books.

"Good morning, Madam," he said. "Would you be interested in buying a set of books, *The History of the World*? I have one of the books here to show you, but there are twelve in all. They have excellent pictures..."

"I'm sorry," the woman stopped his words. "I'm cooking, and I've no time to talk about history. I must go back to the kitchen. Good morning!" And before he had time to answer, she shut the door.

Berry was shocked because his talk was so suddenly stopped, but refused to go away as easily as that. He walked round the house, and he knocked at the back door. It was opened by the same woman.

"(　　1　　)" she cried.

"Well," he said, "you told me how busy you were in the kitchen, and so I took the trouble to come round to the back. Perhaps you'll allow me to sit in the kitchen and tell you about this wonderful history while you cook the dinner. The book is so important and useful that you'll be very sorry if you miss the chance of buying a set."【　あ　】

"Well," she said, "you can come in and sit down if you want to. Over there," she added, and offered him a chair. "【　い　】 I'm not interested in history and I've no money to spend on books."

Berry sat down, and carefully put his heavy book on the kitchen table. (2)Everv set of the history that he sold meant more money for himself, and he felt sure that he could persuade* this woman to buy one. He discussed it in his cheerful voice while she cooked, and kept telling her all the advantages of owning such a book, and about the low price.【　う　】

"(3)Just wait a minute," she said, and left the kitchen. He heard the sound of her opening a drawer somewhere in the house, and then she came back with a notebook and pencil in her hands. She left her cooking, and she sat down with him at the table.

"Go on, please," she said.

He began again. She took notes while he talked, and sometimes asked him to repeat the words that he said. Berry was glad to see how interested she was, and thought again how easy it was to persuade people to buy things that they didn't need.【　え　】

While he was closing the book, he asked, "Well, what do you think, Madam? Don't you think it would be better to buy a set?"

"(　4　)" she said with surprise. "I told you at the beginning that I'm not interested in history, and I will never spend a lot of money on a history book. Good morning!" She opened the back door.

"But why did you take all those notes about it?" Berry asked. "You *seemed* very interested."

"Oh," she said, "my brother's in the same business as you are. He visits houses, and tries to sell books, but he isn't very successful. So I've written down some of the things you said. You're very clever, and I'll show the notes to my brother. Then he'll know what to say when he tries next time, and he may be able to make more money. Thank you very much for your help. I'm glad you came."

(Adapted from *True or Not?*)

注：gersuade　～を説得する

問1　本文中の(　1　)に入る最も適当な文を①～④の中から一つ選び，その番号をマークしなさい。

①　I have been waiting for you.　　②　You again.

③　Welcome back.　　④　Don't open the door.

問2　本文中の【　あ　】～【　え　】に入る最も適当なものをそれぞれ次の①～④の中から一つ選び，その番号をマークしなさい。ただし，いずれも一度しか用いることはできません。

①　But you'll be wasting your time.

②　He smiled his bright smile, showing white teeth.

③　At last he came to an end.

④　Suddenly she stopped him.

問3　下線部(2)の意味に最も近い英文を次の①～④の中から一つ選び，その番号をマークしなさい。

①　He would lose more money if she didn't buy the history books.

②　If he could sell more history books, he could make more money.

③　By reading the history books, readers could learn how to get more money.

④　To learn more from the history books, he had to pay more money.

問4　下線部(3)について，女性がそのように言った理由として最も適当なものを次の①～④の中から一つ選び，その番号をマークしなさい。

①　She wanted to finish talking because Berry's story wasn't interesting.

②　She wanted to look for the notebook of cooking.

③　She wanted to open the book and read it by herself.

④　She wanted to write down Berry's explanation.

問5　本文中の(　4　)に入る最も適当な表現を①～④の中から一つ選び，その番号をマークしなさい。

①　Oh, no,　　②　Why not,

③　Yes, I think so,　　④　Of course, I do,

問6　本文の内容に合う英文を次の①～⑧の中から三つ選び，その番号をマークしなさい。

①　Berry was very good at selling books because he could find someone who needed them.

②　Berry knew that he was the kind of person people like at once.

③ Berry thought that most women would read serious books, such as history books.

④ Berry went around the house to the back door after the woman shut the front door.

⑤ The woman wanted the set of books but she didn't have enough money.

⑥ The woman became interested in the set of books because Berry explained well.

⑦ The woman's brother was also a bookseller, but he was not good at selling.

⑧ The woman already bought from her brother the same set of books as Berry sold.

問７　次の英文が本文と一致するように，空所(1)～(8)に入る適当な語をそれぞれ下の語群①～⑨の中から一つ選び，その番号をマークしなさい。ただし，いずれも一度しか用いることはできません。

Berry was a bookseller and he was very (1) (2) his ability to sell books. When he visited a young woman, she was busy cooking and didn't want to (3) (4) him.

But he didn't (5) (6). He kept telling her about the advantages of having the books. When she began to take notes, he thought she would buy the books. But (7) (8), she only wanted to learn how to sell books.

＜語群＞

① fact	② give	③ listen	④ proud	⑤ at
⑥ in	⑦ of	⑧ to	⑨ up	

Ⅱ　次の英文を読んで，後の設問に答えなさい。なお，*の付いている語には本文の最後に注があります。

A Japanese college student who stayed in America for a few months was surprised to discover that Americans weren't interested in how good or bad his English was, if he could make his meaning clear.

People were interested mainly in his personal ideas and opinions, and his reasons for holding them. They didn't judge him by form, by how well he speaks in English. They judged him by content, by things that he had to say.

(1)This made a real problem for him, because it was usual for Japanese people to accept the opinions of others, either by agreeing with everything they said, or by continuing to be silent, and he mostly did so in Japan. Japanese people's idea is that "you and I are members of a group, and therefore you and I think and feel in the same way."

But he quickly discovered that if he acted this way in America, people thought that he was stupid, not clever. American people's idea is that "you and I are different persons, and therefore you and I are original." It is important for you not only to have a personal opinion about every subject that comes up, but to be ready at all times to express it.

It doesn't matter whether your opinion is right or wrong, if you show that you are thinking about the matter. You don't have to know all the answers, or reach a final decision. But if someone asks you, "What do you think about X?" and you really know nothing at all about it, it's not a good idea just to answer, "I don't know" or "【　あ　】" That sounds rude*, because they may think you are saying that you are not interested in the conversation.

In such a case, you can always ask a question in return, like "I don't know what to think about

X; what do you think?" (2)<u>This</u> shows that you are at least ready to think about the matter. And the other person, if he is an American, will be happy to tell you.

But after he has told you his idea, (3)<u>you should not just agree</u>. If you just say, "Oh, I see" or "Yes, that's true," he will think that you are too stupid to have an opinion of your own.

In America, if you don't express an opinion, it means you don't have one. You must show that your brain* is working and that you have been paying active attention. You do this by offering reasons of your own for agreeing with him, or by asking questions or finding problems about his opinion.

Questioning each other's opinions is so natural to Americans that most of the time they don't even think that they are doing it. Americans don't think it is rude to question someone's ideas even if he is in a higher social position. Ideas are seen as something separate from the person who expresses them, so disagreeing with an idea does not show disrespect* for the person.

Teachers like students who don't easily believe but ask questions about things that teachers say in class, because it shows that (4). Students don't have to accept everything the teacher says. So, if you want to make a good impression on an American teacher, ask a lot of questions.

Of course, it can sound rude if you contradict* someone by saying something like "No, that's not right" or "【 い 】" But it is always perfectly good to ask, "Why do you think so?", or to show that you are not satisfied with his opinion by saying, "【 う 】"

American teachers in Japan feel frustrated in their English conversation classes. They enjoy challenges from students, as a way of creating original opinions and ideas.

But for Japanese, the idea of questioning someone's opinion seems very rude. Japanese teachers do not often ask for a student's opinion in class. And even when they do, they don't usually ask questions about it; they simply respond by saying something like "【 え 】"

But American teachers are always asking their students for their opinions. And when a student gives his opinion, the teacher always asks him, "Why do you think so?" This question is so surprising that the Japanese student feels he has given a "wrong" answer.

(Adapted from *Polite Fictions in Collision*)

注：rude 失礼な　brain 脳　disrespect 無礼　contradict 否定する

問1　下線部(1)が指している内容として最も適当なものを次の①～④の中から一つ選び，その番号をマークしなさい。

① 英語をうまく話せないので，言うべきことが伝わらないこと
② 英語の上手さではなく，発言の内容で判断されること
③ いつも黙っているので，何を言ったらよいかわからないこと
④ 人の意見を聞き流してしまうことがよくあること

問2　本文中の【 あ 】～【 え 】に入る最も適当なものをそれぞれ次の①～⑤の中から一つ選び，その番号をマークしなさい。ただし，いずれも一度しか用いることはできません。

① Yes, but what about X?
② You are wrong.

③ Never mind.

④ I have no opinion.

⑤ That's very interesting.

問3 下線部(2)が指している内容として最も適当なものを次の①～④の中から一つ選び，その番号をマークしなさい。

① 知らないことを自分で調べること

② 話し手に対して質問をすること

③ 話し手に対して同意をしておくこと

④ 話題に関する失礼な表現を避けること

問4 下線部(3)の理由として最も適当なものを次の①～④の中から一つ選び，その番号をマークしなさい。

① すぐに人にだまされてしまうから

② 相手との会話がはずまなくなるから

③ まずは反論をするべきだから

④ 自分で物事を考えられないと思われるから

問5 本文中の（ 4 ）に入る表現として最も適当なものを次の①～④の中から一つ選び，その番号をマークしなさい。

① they disagree with the teachers

② they don't understand the teacher's ideas

③ they can speak Enghsh very well

④ they are thinking actively

問6 本文の内容に合うように(A)(B)(C)の英文を完成させるとき，下線部に入る最も適当なものをそれぞれ次の①～④の中から一つ選び，その番号をマークしなさい。

(A) Japanese people usualy ＿＿＿＿＿＿＿＿＿＿＿＿.

① judge others by the content of their opinions

② continue to be silent only when they are not interested in the opinions of others

③ accept the opinions of others without any question

④ ask a lot of questions to show that they have been paying active attention

(B) American people's idea is that ＿＿＿＿＿＿＿＿＿＿＿＿.

① people who have different opinions from other members should leave the group

② every person is a member of a group, and thinks and feels in the same way

③ every person is unique, and should have his or her own opinion

④ people shouldn't start talking before they find the right answer

(C) Americans think ＿＿＿＿＿＿＿＿＿＿＿＿.

① it is bad manners to express a different opinion against people in higher social positions

② disagreeing with someone's idea doesn't mean that you don't respect the person

③ questioning someone's opinion will break the friendship

④ students have to accept everything their teacher says

問7　次の英文(1)〜(4)について，本文中に述べられているアメリカ人の考え方に基づいているものには①を，日本人の考え方に基づいているものには②を，どちらにも基づいていないものには③をマークしなさい。

(1)　Students must be ready to express their personal opinions about every subject.

(2)　Students should make small groups to think and feel in the same way.

(3)　Teachers must change the subject if the students don't have any opinions about it.

(4)　Teachers usually accept a student's opinion without asking questions.

Ⅲ　次の(1)〜(5)の日本文の意味を表す英文を完成させる場合，空所(A)(B)(C)の位置に来るべき語(句)を，それぞれ①〜⑨の中から一つ選び，その番号をマークしなさい。ただし，不要な選択肢が一つずつ含まれています。また，文頭に来るべきものも小文字で示してあります。

(1)　朝食のとき，母は私に放課後すぐに家に帰ってきてと言った。

At breakfast, (　　)(A)(　　)(B)(　　)(C)(　　)(　　) as school was over.

①　as　　②　asked　　③　come

④　home　　⑤　me　　⑥　my mother

⑦　please　　⑧　soon　　⑨　to

(2)　私は，そのアメリカ人女性に聞かれた質問に答えられなかった。

(　　)(　　)(A)(　　)(B)(　　)(C)(　　).

①　answer　　②　asked　　③　by

④　couldn't　　⑤　I　　⑥　lady

⑦　the American　　⑧　the questions　　⑨　was

(3)　草があまりにぬれていて，すわれなかった。

The grass (　　)(A)(　　)(B)(　　)(　　)(　　)(C).

①　we　　②　it　　③　on

④　so　　⑤　that　　⑥　too

⑦　was　　⑧　couldn't sit　　⑨　wet

(4)　私が会ったフランス人の学生たちは，富士山の美しさに感動していた。

The (　　)(A)(　　)(B)(C)(　　)(　　)(　　) of Mt. Fuji.

①　the beauty　　②　I　　③　with

④　impressed　　⑤　them　　⑥　French students

⑦　met　　⑧　that　　⑨　were

(5)　子供の頃によい友人を持つことほど大事なことはない。

(A)(　　)(B)(　　)(C)(　　)(　　)(　　) childhood.

①　anything　　②　as　　③　in

④　is　　⑤　good　　⑥　having

⑦　as important　　⑧　friends　　⑨　nothing

うと計画していた。

2．はじめに墓穴に入った男は頭の切れる者で、真っ暗な墓穴の中でも音によって後から来た人の正体を見破り、その者を追い払うことに成功した。

3．はじめに墓穴に入った男は、歩き疲れて腹が減り、何か物を食べたかったので、後から来た人が墓に住む神へのお供えとして置いた餅を食べてしまった。

4．はじめに墓穴に入った男は旅人だったために、墓穴が大変恐ろしい場所で、日が暮れると近隣の住民が誰も近寄らなくなることを知らなかった。

問6　傍線部④「さればこそ」とは「思った通りだ」という意味ですが、このとき男はどのようなことを納得したのですか。その説明として最も適切なものを次の中から一つ選び、その番号をマークしなさい。

1．あとから入ってきたものが立てていた物音や言動から、鬼が来たのではなかったということ。

2．あとから入ってきたものは、誰かが先にこの墓穴に入っていることを知っているということ。

3．あとから入ってきたものはお供え物を並べたので、自分を神とかん違いしているということ。

4．あとから入ってきたものが話しかけてきたので、自分も返事をしなければならないということ。

問7　傍線部⑤「走り出でて去りぬ」とありますが、「今の者」がこのような行動をとったのはなぜですか。その理由の説明として最も適切なものを次の中から一つ選び、その番号をマークしなさい。

1．置いた餅を先に入っていた人に食べられたとわかったので、その人と争っても勝てそうにないと思ったから。

2．置いた餅が食べられてしまったので、人を呼んでその「もの」を一緒に追い出そうと考えたから。

3．置いた餅が消えてしまったので、餅を食べた「もの」を油断させるために一時的に外に出ようと思ったから。

4．置いた餅が自分が気がつかないうちになくなったので、それを鬼が食べたと思って恐ろしくなったから。

問8　傍線部⑥「墓穴を出でて行きける」とありますが、男が夜明け前に墓穴を出て行ったのはなぜですか。その理由の説明として最も適切なものを次の中から一つ選び、その番号をマークしなさい。

1．逃げた男が大金の入った袋を置いていったのが気味悪かったから。

2．逃げた男が様子をうかがっているかもしれないことを恐れたから。

3．鬼の住んでいる墓穴にこれ以上とどまることが耐えがたかったから。

4．雨がしだいに小降りになってきたので、旅を続けようと思ったから。

問9　傍線部⑦「むくつけし」とは「気味が悪くて恐ろしい」という意味ですが、男のどういうところに対して作者はそう感じたのですか。その説明として最も適切なものを次の中から一つ選び、その番号をマークしなさい。

1．正体がわからない相手に対して冷静に状況を判断して、最後は自分に損害もなく利益を手にした大胆な行動に対して。

2．あとから来た人物の力量が不明でも、自分の力を見せつけるようにして相手に敗北を認めさせた勇敢な行動に対して。

3．鬼のような超自然の存在を最初から信じず、合理的に解釈することで危機を打開して生き延びた冷静な行動に対して。

4．何もしないことで逆にあとから来た人物に対して恐怖感を与えて、その場から退却させた常識はずれの行動に対して。

問10　この文章の内容にあてはまるものを次の中から一つ選び、その番号をマークしなさい。

1．はじめに墓穴に入った男は、後から来た人を襲って物を奪うよりは、姿を見せずにこわがらせておいて捨てていったものを取ろのことなればかくなむ語り伝へたるとや。

※1くはり　……　物を置く音。三行後の「はく」も同じ。
※2下衆《げす》　……　身分の低い人。
※3おもばかり　……　思慮。
※4蓑《みの》　……　雨を防ぐために身に着けるもの。
※5こうじて　……　疲れて。
※6美濃《みの》　……　今の岐阜県。
※7具して　……　引き連れて。

問1　二重傍線部（a）～（d）の動作の主語として適切なものを次の中からそれぞれ一つずつ選び、その番号をマークしなさい。ただし、同じ番号を二度以上選んでもよい。

1．もとの男　　2．今の者　　3．鬼　　4．神

問2　傍線部①「思ひ嘆きける」とありますが、男は何を思い嘆いたのですか。その説明として最も適切なものを次の中から一つ選び、その番号をマークしなさい。

1．鬼の住んでいる墓穴とそうでない墓穴をしっかりと見分けることができなかったということ。
2．鬼であってもそうでなかったとしても、ここに来る者は自分の命を脅かすだろうということ。
3．鬼を退治するために、その姿を照らし出すことのできる明かりを持っておけばよかったということ。
4．鬼の住むところと知らずに入ったために、きっとここで死んでしまうのだろうということ。

問3　傍線部②「音もせでかがまりゐたれば」とありますが、男はどうしたのですか。その説明として最も適切なものを次の中から一つ選び、その番号をマークしなさい。

1．墓穴に入ってきたものに見つかる前に相手をおどかして身を守ろうとした。
2．墓穴に入ってきたものがあまりに恐ろしいので、気づかれないように身をひそめようとした。
3．墓穴に入ってきたものから逃れるすべを失って、生きた心地がせず、気を失ってしまった。
4．墓穴に入ってきたものに気づかれた時のために、場所を譲ろうとした。

問4　本文中の空欄X・Yに入る語の組み合わせとして最も適切なものを次の中から一つ選び、その番号をマークしなさい。

1．X＝人　　Y＝鬼
2．X＝人　　Y＝神
3．X＝鬼　　Y＝人
4．X＝鬼　　Y＝神

問5　傍線部③「知らず」とありますが、何を知らないのですか。その説明として最も適切なものを次の中から一つ選び、その番号をマークしなさい。

1．どのような人が出て行ったのか、ということ。
2．どのような人が埋葬されているのか、ということ。
3．どのような人が入ってきたのか、ということ。
4．どのような人が聞いているのか、ということ。

こよひ命を亡ぼしてむずること」を心に①思ひ嘆きけるほどに、この来たれるもの、ただ来たりに入り来たれば、男、「怖《おそ》ろし」と思ふこと限りなし。しかれども逃ぐべき方なければ、傍《かたは》らに寄りて、②音もせでかがまりゐたれば、このもの近く来たりて、まづ物※1くはりと下ろし置くなり。次にさやさやと鳴る物を置く。その後に居ぬる音す。これ、X の気色《けしき》なり。

この男※2下衆《げす》なれども、※3おもばかりあり心賢かりけるやつにて、これを思ひめぐらすに、「これは、人のものへ行きけるが、雨も降る、日暮る、我が入りつるやうに、この墓穴に入りて、先に置きつるは、持ちたりけるものをはくと置きつる音なめり。次には※4蓑《みの》を脱ぎて置く音の、さらさらとは聞こえつるなめり」と思へども、なほ、「これはこの墓穴に住む Y なめり」と思へば、ただ音もせで、耳を立てて聞きゐたるに、この今来たる者、男にやあらむ、法師にやあらむ、童《わらは》にやあらむ、③知らず、人の声にて言ふやう、「この墓穴には、もし住みたまふ神などやおはする。さらばこれ(a)召せ。おのれはものへまかりつる者の、ここを通りつる間に、雨はいたう降る、夜は更けぬれば、こよひばかりと思ひて、この墓穴に(b)入りて候《さぶら》ふなり」と言ひて、ものを祭るやうにして置けば、もとの男、その時にぞ少し心落ちゐて、「④さればこそ」と思ひ合はせける。

さてその置きつるものを、近きほどなれば、ひそかに「何ぞ」と思ひて、手を指しやりて探れば、小さき餅《もちひ》を三枚置きたり。されば、もとの男、「まことの人の、道を行きけるが、持ちたるものを祭るにこそありけれ」と心得て、道をば歩き※5こうじて、ものの欲しかりけるままに、この餅を取りてひそかに食ひつ。

今の者、しばしばかりありて、この置きつる餅を探りけるに、なし。その時に、「まことに鬼のありて、食ひてけるなめり」と思ひけるにや、男にはかに立ち走るままに、持ちたりつる物をも取らず、蓑笠《かさ》をも棄てて⑤走り出でて去りぬ。身のならむやうも知らず逃げて去りければ、もとの男、「さればこそ、人の来たりけるが、餅を(c)食ひたるに、恐《お》ぢて逃げぬるなりけり。よくぞ食ひてける」と思ひて、この棄《す》て去りぬるものを探れば、もの一もの入れたる袋を、鹿《しか》の皮をもつて包みたり。また蓑笠あり。「※6美《み》濃《の》辺《ほと》りより上りけるやつなりけり」と思ひて、「もしうかがひもぞする」と思ひければ、未《いま》だ夜のうちに、その袋をかき負ひて、その蓑笠をうち着て、⑥墓穴を出でて行きけるほどに、「もしありつるやつや、人里に行きて、このことを(d)語りて、人などを※7具して来たらむ」と思ひければ、はるかに人離れたるところに、山の中に行きて、しばらくありけるほどに、夜も明けにけり。

その時にその袋を開きて見ければ、絹、布、綿などをひと物入れたりけり。思ひかけぬことなれば、「天のしかるべくて給へる」と思ひて、喜びて、それよりなむ行きけるところへは行きにける。思わぬ所得したるやつかな。今の奴《やつ》は逃ぐる、もつとも理《ことわり》なりかし。げに誰《たれ》も逃げなむ。もとの男の心いと⑦むくつけし。

このことはもとの男の老いの果てに、妻子《めこ》の前に語りけるを聞き伝へたるなり。今のやつは遂《つひ》に誰とも知らでやみにけり。されば心賢きやつは、下衆なれども、かかる時にもようづを心得て、よく振る舞ひて、思ひかけぬ所得をもするなりけり。さるにてももとの男、餅を食ひて、今のやつの逃げにけるを、いかに「をかし」と思ひけむ。希有《けう》

【国　語】〈五〇分〉〈満点：一〇〇点〉

第一問　次のA～Fの各文について、傍線部のカタカナと同じ漢字を用いるものを、それぞれの選択肢の中から一つずつ選び、その番号をマークしなさい。

A　彼の発言のイトがわからない。
1. 寄付を求めるシュイ書をつくる。
2. 生物進化のきっかけは突然ヘンイだ。
3. 気がつくと野犬の群れにホウイされていた。
4. 新しい病原体がモウイをふるっている。

B　受賞を記念してコウエンをおこなう。
1. 雨天のためにイベントはエンキします。
2. ネットでの不用意な発言がエンジョウを呼んだ。
3. エンガン漁業を振興させる。
4. 注目を集めるためのエンシュツをねらう。

C　両者の取引をチュウカイする。
1. その一打はカイシンの当たりのホームランになった。
2. 彼は高校時代はカイブツといわれた選手だった。
3. 高齢者のカイジョの仕事に就く。
4. もう少し努力すればよかったとカイコンにくれる。

D　逃亡していた犯人をケンキョした。
1. 意見のある人はキョシュをお願いします。
2. 城をキョテンに勢力拡大をはかった。
3. キョダイな古墳に昔をしのぶ。
4. 彼の申し出をキョゼツしてしまった。

E　用意のできた人からジュンジ帰宅してよい。
1. 役員に選出されたがジタイした。
2. 選挙でジテンで当選には及ばなかった。
3. ジヒ出版で新しい説を述べる。
4. 珍しいことだとジモクを集めた。

F　メイシンにとらわれない理性的な思考。
1. ヒメイが聞こえたのでその方向にかけつけた。
2. 未来に確信がもてずにコンメイしている。
3. 強力な相手にドウメイを組んで立ち向かう。
4. その経験は天からのシメイだと自覚して行動した。

第二問　※問題に使用された作品の著作権者が二次使用の許可を出していないため、問題を掲載しておりません。

（中村桃子《なかむらももこ》『「自分らしさ」と日本語』より）

第三問　次の文章は、『今昔物語集《こんじゃくものがたりしゅう》』の一節で、昔、ある男が旅をしていた時に、雨が降ってきたため、近くにあった墓穴（＝古墳の横穴）で雨宿りするうちに夜になってしまった、というのに続く場面である。これを読んで、後の設問に答えなさい。

雨はやまず降りければ、「こよひばかりはこの墓穴にて、夜を明かさむ」と思ひて、奥ざまを見るに、広かりければ、いとよくうち休みて寄りゐたるに、夜うち更《ふ》くるほどに聞くに、ものの入り来たる音す。暗ければ何ものとも見えず、ただ音ばかりなれば、「これは鬼にこそはあらめ。早う、鬼の住みける墓穴を知らずして、立ち入りて、

2022年度

解　答　と　解　説

《2022年度の配点は解答欄に掲載してあります。》

＜数学解答＞ 《学校からの正答の発表はありません。》

1 (1) ア 6　(2) イ 1　ウ 1　エ 2　(3) オ 9　カ 6　(4) キ 5
(5) ク 3　ケ 0　コ 5　サ 3　シ 4

2 (1) ア 5　イ 1　(2) ウ 6　エ 4　オ 9
(3) カ 1　キ 7　ク 4　ケ 9

3 (1) ア 2　イ 4　(2) ウ 1　エ 1　オ 3　カ 9
(3) キ 1　ク 2

4 (1) ア 3　(2) イ 2　ウ 7　(3) エ 6　オ 0　カ 9

5 (1) ア 9　イ 6　(2) ウ 4　エ 0　オ 2　(3) カ 2　キ 0
(4) ク 1　ケ 1　コ 2　サ 2　シ 3

○推定配点○

アドバンス・スタンダードコース　1 (5) 各4点×2　他 各5点×4　2 (1) 各3点×2　他 各6点×2　3 (1) 4点　(2) 各3点×2　(3) 6点　4 (1) 4点　他 各6点×2　5 (1) 各3点×2　(4) 6点　他 各5点×2　計100点

プログレスコース　1 (5) 各5点×2　他 各8点×4　2 (1) 各4点×2　(2) 8点　(3) 10点　3 (1) 6点　(2) 各4点×2　(3) 10点　4 (1) 6点　(2) 8点　(3) 10点　5 (1) 各4点×2　(4) 10点　他 各8点×2　計150点

＜数学解説＞

1 （小問群－数の計算，2次方程式，平方根，方程式の応用，円の性質，角度）

(1) $-3^2+\frac{5}{6}\div\left(-\frac{1}{2}\right)\times(-9)=-9+\frac{5}{6}\times(-2)\times(-9)=-9+15=6$

基本　(2) $2x^2-3x+1=0$を2次方程式の解の公式を用いて解くと，$x=\frac{-(-3)\pm\sqrt{(-3)^2-4\times2\times1}}{2\times2}=\frac{3\pm\sqrt{9-8}}{4}=\frac{3+1}{4},\ \frac{3-1}{4}=1,\ \frac{1}{2}$

(3) $\{(\sqrt{3}+\sqrt{2})^2-(\sqrt{3}-\sqrt{2})^2\}^2=\{(3+2\sqrt{6}+2)-(3-2\sqrt{6}+2)\}^2=(4\sqrt{6})^2=96$

(4) 濃度x%の食塩水450gを混ぜたとすると，濃度7%の食塩水が(300+450)gできたことになる。それぞれの食塩水に含まれる食塩の量に着目すると，$0.1\times300+0.01x\times450=0.07\times750$　両辺を100倍して式を整理すると，$3000+450x=5250$　$450x=2250$　$x=5$(%)

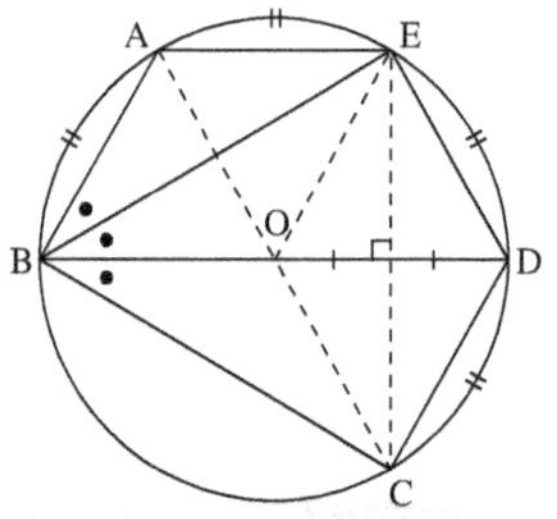

(5)　∠ABE＝∠EBD＝∠DBCなので，対応する弧の長さは等しいから，$\overset{\frown}{AE}=\overset{\frown}{ED}=\overset{\frown}{DC}$　$\overset{\frown}{AB}=\overset{\frown}{AE}$だから，点A，点Eは半円周$\overset{\frown}{BAED}$を3等分する点である。よって，∠BOA＝∠AOE＝∠EOD＝60°　このとき，∠ABEは$\overset{\frown}{AE}$に対する円周角なので30°である。また，∠DOC＝60°　△BOA，△AOE，△EOD，△DOCは頂角が60°の二等辺三角形だから，いずれも1辺の長さが1の正三角形である。よって，それぞれの三角形の高さは$\frac{\sqrt{3}}{2}$，面積は$\frac{\sqrt{3}}{4}$　△BOCと△DOCはそれぞれの三角形の底辺をBO，DOとみたときの高さが共通なので面積は等しい。したがって，五角形ABCDEの面積は，$\frac{\sqrt{3}}{4}\times5=\frac{5\sqrt{3}}{4}$

2　（確率－袋からカードを取り出す，数字の和）

(1)　赤から3かつ白から2，または，赤から2かつ白から3のカードを取り出したときが最大の点数5となる。赤から0かつ白から1，赤から1かつ白から0，赤と白から同じ数字を取り出したときにそれぞれ最小の点数1となる。

(2)　カードの取り出し方の総数は，赤から7通りの取り出し方があり，そのそれぞれに対して白から7通りずつの取り出し方があるから，7×7＝49(通り)　点数が4点となるのは，(赤，白)＝(1，3)が1×3＝3(通り)，(赤，白)＝(3，1)が3×1＝3(通り)　よって，6通りあるので，その確率は$\frac{6}{49}$

(3)　点数が1点となるのは，(赤，白)＝(0，1)，(赤，白)＝(1，0)の2(通り)…①　(赤，白)＝(0，0)，(赤，白)＝(1，1)の2通り…②　(赤，白)＝(2，2)がそれぞれに2枚ずつあるので，2×2＝4(通り)…③　(赤，白)＝(3，3)がそれぞれに3枚ずつあるので，3×3＝9通り…④　①～④の17通りあるので，その確率は$\frac{17}{49}$

3　（関数・グラフと図形－yがxの2乗に比例する関数，グラフの交点の座標，面積比）

基本　(1)　点Aは関数$y=x^2$のグラフと直線$y=2x$との交点なので，そのx座標は方程式$x^2=2x$の解として求められる。$x^2-2x=0$　$x(x-2)=0$　xは0ではないから，$x=2$　$y=2^2=4$　よって，A(2，4)

(2)　点B，Cは関数$y=x^2$のグラフと直線$y=2x+3$との交点なので，そのx座標は方程式$x^2=2x+3$の解として求められる。$x^2-2x-3=0$　$(x+1)(x-3)=0$　$x=-1$のとき$y=(-1)^2=1$　$x=3$のとき，$y=3^2=9$　よって，B(－1，1)，C(3，9)

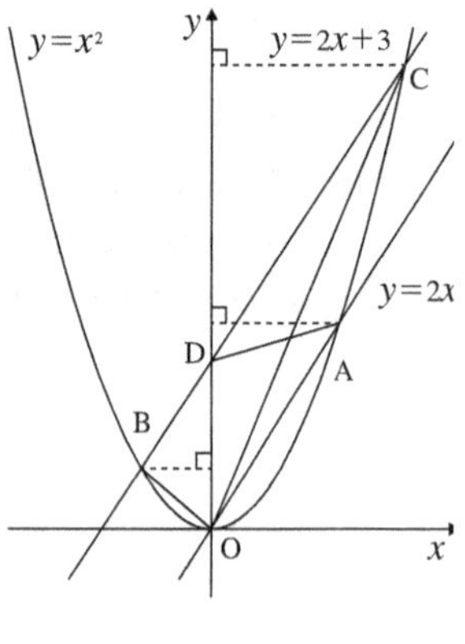

重要　(3)　傾きが等しい直線は平行であり，平行線間の距離は一定である。直線BCとy軸との交点をDとすると，D(0，3)　△OADと△OACはOAを底辺とみたときの高さが等しいから面積は等しい。△OADの底辺をODとみたときに高さは点Aからy軸までの距離だから，△OAC＝△ODC＝$\frac{1}{2}\times3\times2=3$…①　△OBC＝△OBD＋△OCD　△OBD，△OCDの底辺をODとみると，点B，点Cからy軸までの距離がそれぞれ1，3だから，△OBC＝$\frac{1}{2}\times3\times1+\frac{1}{2}\times3\times3=6$…②　①，②から，△OACと△OBCの面積比は3：6＝1：2

4 （平方根―平方根の整数部分）

(1)　$\sqrt{9}<\sqrt{10}<\sqrt{16}$　　つまり，$3<\sqrt{10}<4$なので，$\sqrt{10}$の整数部分は3である。

重要 (2)　$\sqrt{n}$の整数部分が3であるとき，$\sqrt{9}\leqq\sqrt{n}<\sqrt{16}$　　$\sqrt{n}$の整数部分が5であるとき，$\sqrt{25}\leqq\sqrt{n}<\sqrt{36}$　　よって，$\sqrt{n}$の整数部分が3以上5以下であるとき，$\sqrt{9}\leqq\sqrt{n}<\sqrt{36}$　　nは9から35までの整数である。よって，nの個数は，$35-(9-1)=27$(個)

(3)　10から15までの整数部分は3で$15-(10-1)=6$(個)ある。16から24までの整数部分は4で$24-(16-1)=9$(個)ある。25から35までの整数部分は5で$35-(15-1)=11$(個)ある。整数部分が6のものが13個，7のものが15個，8のものが17個，9のものが19個あり，$\sqrt{100}=10$が1個　　したがって，10から100までの整数の正の平方根の整数部分の和は，$3\times6+4\times9+5\times11+6\times13+7\times15+8\times17+9\times19+10=609$

5 （空間図形―切断，三平方の定理，面積，体積）

(1)　展開図では辺の数が10個あるが，立体に組み立てたときに，ABとBC，CDとED，FGとHG，JIとHI，AJとEFが重なって5個できて，展開図を折ることによってできる辺が，BI，BD，DG，GIの4個あるから，辺の数は9個になる。頂点の数は，展開図では10個あるが，立体に組み立てたときには，〈AとCとEで1個〉，〈JとHとFで1個〉，B，D，G，Iの6個ある。

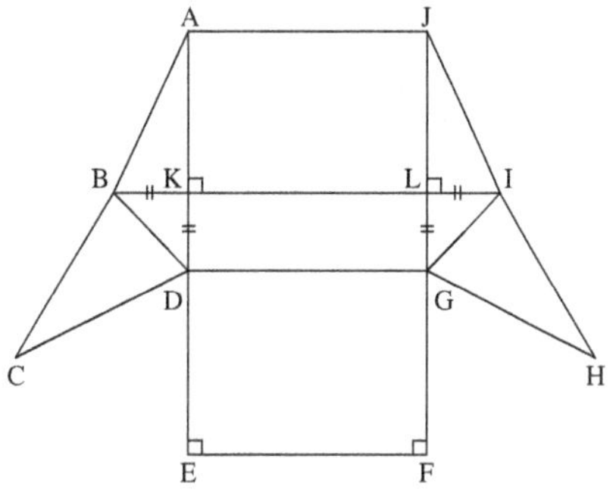

重要 (2)　四角形ABIJは平行でない2辺の長さが等しい台形であり，点A，JからBIに垂線AK，JLを引くと，$\triangle ABK\equiv\triangle JIL$となり，$BK=IL=(BI-AJ)\div2=2$　$\triangle ABK$で三平方の定理を用いると，$AK^2=AB^2-BK^2=6^2-2^2=32$　　$AK=\sqrt{32}=4\sqrt{2}$　　したがって，四角形ABIJの面積は，$\frac{1}{2}\times(8+12)\times4\sqrt{2}=40\sqrt{2}$

重要 (3)　AJ//BI//DGであり，四角形BDGIも平行でない2辺の長さが等しい台形であることから，点D，GからBIに引いた垂線はそれぞれDK，GLとなる。$\angle IBD=45^\circ$なので，$\triangle KBD$は直角二等辺三角形であり，$DK=BK=2$　　よって，四角形BDGIの面積は，$\frac{1}{2}\times(8+12)\times2=20$

やや難 (4)　右図はこの立体の見取り図を示したものである。$\triangle AKD$で，$AK^2+KD^2=(4\sqrt{2})^2+2^2=36$，$AD^2=6^2=36$　　よって，$AK^2+KD^2=AD^2$となり，三平方の定理が成り立つから，$\angle AKD=90^\circ$　　$\triangle AKD=\frac{1}{2}\times4\sqrt{2}\times2=4\sqrt{2}$　　この立体の体積は，三角柱AKD－JLGと三角錐B－AKD，I－JLGと分けて求められるから，$4\sqrt{2}\times8+\frac{1}{3}\times4\sqrt{2}\times2\times2=32\sqrt{2}+\frac{16\sqrt{2}}{3}=\frac{112\sqrt{2}}{3}$

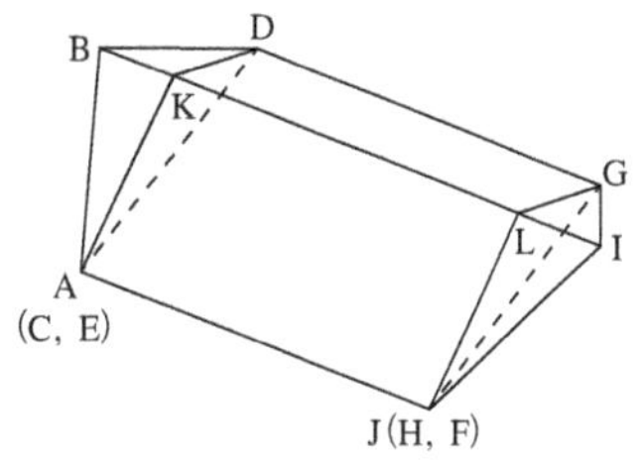

★ワンポイントアドバイス★

1の(5)は，点A，Eによって，半円周が3等分されることに着目。2は0と0で1点になることに注意する。3の(3)はOAとBCの比を使ってもよい。4の(2)は整数部分が5の整数が35までである。5の(1)は，(面の数)＋(頂点の数)－(辺の数)＝2で確かめるとよい。

＜英語解答＞ 《学校からの正答の発表はありません。》

Ⅰ　問1　②　問2　【あ】　②　【い】　①　【う】　④　【え】　③　問3　②
問4　④　問5　①　問6　②，④，⑦　問7　(1)　④　(2)　⑦　(3)　③
(4)　⑧　(5)　②　(6)　⑨　(7)　⑥　(8)　①

Ⅱ　問1　②　問2　【あ】　④　【い】　②　【う】　①　【え】　⑤　問3　②
問4　④　問5　④　問6　(A)　③　(B)　③　(C)　②　問7　(1)　①
(2)　②　(3)　③　(4)　②

Ⅲ　(1)　A　②　B　⑨　C　④　(2)　A　①　B　②　C　⑦
(3)　A　④　B　⑤　C　②　(4)　A　⑧　B　⑦　C　⑨
(5)　A　⑨　B　⑦　C　⑥

○推定配点○
プログレス・アドバンスコース　Ⅰ　問1，問3，問4　各3点×3　他　各4点×16
Ⅱ　問1，問3，問4　各3点×3　他　各4点×12　Ⅲ　各4点×5　計150点
スタンダードコース　Ⅰ　問1，問2，問7　各2点×13　他　各3点×6　Ⅱ　問2　各2点×4
他　各3点×11　Ⅲ　各3点×5　計100点

＜英語解説＞

Ⅰ　**(長文読解問題・物語文：文選択補充，内容吟味，要旨把握)**

(全訳)　*これはずっと昔のアメリカのある書籍販売人の物語である。*

ヴァーノン・ベリーはにこにこしながら片方の手に大きな本を持って，門を開けて小さな庭を歩いて通り抜けた。彼は長い経験から，それをほしいと思わない人々にどうやって本を売ればよいかとてもよく知っていた。彼はすてきな低い声をしていて，話すのがうまかった。彼が話すと人々は大いに笑った。彼は清潔で着こなしがよかった。彼は人々がすぐに好きになるような男性の1人で，彼はそのことを知っていた。簡単に言えば，彼は成功者だった。

彼は玄関のベルを鳴らした。少しして，心配そうな表情の若い女性によって玄関が開けられた。彼は，彼女が手に指輪をしていなかったので彼女が結婚していないことを知って残念に思った。しかし，ひょっとしたら彼女にはまじめな本を読む兄弟かいとこがいるかもしれない。

「おはようございます，お嬢さん」と彼は言った。「『世界の歴史』というひとセットの本を買うことに興味はありますか。お見せするためにここにその本の1冊を持っていますが，全部で12冊あります。すばらしい写真が載っていますよ…」

「すみません」と女性は彼の言葉をさえぎった。「料理をしていて，歴史について話をする時間はないんです。台所に戻らなくてはなりません。さようなら！」そして彼が答える前に彼女はドアを閉めた。

ベリーは話をあまりに突然さえぎられたのでショックを受けたが，そう簡単に去って行くことを拒んだ。彼は家の周りを歩いて裏口のドアをノックした。それは同じ女性によって開けられた。

「(1)またあなたですか」と彼女は叫んだ。

「ええと，あなたは私にあなたが台所でどれほど忙しいか言ったので，わざわざ裏に回って来たんです。もしかしたら，私に台所に座ってあなたが夕食を料理する間，あなたにこのすばらしい歴史についてお話させてくれるかもしれません。その本はとても重要で役に立ちますから，ひとセット買う機会を逃したらとても残念に思うでしょう」【あ】彼は明るくほほえんで白い歯を見せた。

「ええと」と彼女は言って，「よろしければ中に入って座ってもいいですよ。向こうに」と付け加

えて彼にいすを出してやった。「【い】でも時間のむだですよ。私は歴史に興味はありませんし，本に使うお金もありません」

ベリーは座って自分の重たい本を注意深く台所のテーブルに置いた。彼が売る歴史のひとセットごとが，彼自身にとってのさらに多くのお金を意味しており，彼はこの女性を説得して1セット買わせることができると確信していた。彼は，彼女が料理をする間陽気な声でそれについて説明し，そのような本を所有することのあらゆる利点と低い価格について彼女に話し続けた。【う】突然，彼女が彼をさえぎった。

「少し待ってください」と彼女は言って，台所を出て行った。彼には彼女が家のどこかの引き出しを開ける音が聞こえ，それから彼女が手にノートと鉛筆を持って戻って来た。彼女は料理を放って彼とテーブルの席に座った。

「続けてください」と彼女は言った。

彼は再び始めた。彼女は彼が話す間メモを取り，ときどき彼が言ったことを繰り返し言うように頼んだ。ベリーは彼女がどれほど興味を持っているかを知ってうれしく思い，人を説得して必要のないものを買わせることがどれほど簡単かと再び思った。【え】とうとう彼は話を終えた。

彼は本を閉じながら，「ええと，どう思いますか，お嬢さん。ひとセット買った方がよいと思いませんか」

「(4)まあ，思いませんわ」と彼女は驚いて言った。「最初に私はあなたに歴史には興味はないと言いましたし，歴史の本にたくさんのお金を使うつもりなど決してありません。さようなら！」彼女は裏口のドアを開けた。

「でもなぜあなたはそれについてそれらのメモを取ったのですか」とベリーは尋ねた。「あなたはとても興味があるように見えましたよ」

「ああ，兄があなたと同じ商売をしているんです。彼は家々を訪れて本を売ろうとしているのですが，あまりうまくいきません。だから，私はあなたが言ったことをいくつか書き留めたんです。あなたはとても賢く，私は兄にメモを見せてあげるんです。そうすれば，彼は次にやってみるときにどう言えばよいかわかるでしょうし，もっとお金を稼げるかもしれません。助けていただいてありがとうございました。来てくれてうれしいですよ」

(出典：『トゥルー・オア・ノット』)

問1　第4段落に書かれている女性の発言から，女性はベリーの訪問を歓迎していないことがわかる。この後，帰ったと思っていたベリーが裏口から再び現れたことは女性には意外なことであり，さらに歓迎しない相手が再びやって来たのだから，このときの女性の反応として自然なのは②である。①は「私はあなたを待っていました」，③は「お帰りなさい」，④は「ドアを開けないで」という意味。

基本　問2　全訳を参照。【あ】ベリーが話のうまさを使って本の売り込みを始めた場面。相手に愛想よくする必要があるので，②が適切。【い】直後で女性は歴史に興味もないし，本を買うつもりもないと言っているので，①を入れると女性の発言として自然になる。【う】直後で女性がベリーに少し待つように言って，台所から出て行っているので，ベリーの話がさえぎられたことになる。したがって，④が適切。【え】直後でベリーが本を閉じていることから，ベリーの説明が終わったことがわかる。したがって，③が適切。

問3　下線部の文は，「彼が売るひとセットの本」＝「彼にとってもより多くのお金」という構造で，売ればその分，ベリーはもうかるということと考えられる。この内容に近いのは②「彼が多くの歴史の本を売ることができるほど，彼はますます多くのお金をかせぐことができた」。①は「彼女が歴史の本を買わなければ，彼はさらに多くのお金を失うだろう」，③は「その歴史の本を読むことによって，読者はもっとお金を稼ぐ方法を知ることができた」，④は「その歴史の本からさらに多くのことを学ぶために，彼は多くのお金を払わなくてはならなかった」という意味。

問4　下線部(3)を含む段落の2つ後の段落で，女性はビリーが話している間にメモを取っているので，④「彼女はベリーの説明を書き留めたかった」が適切。①は「彼女はベリーの話がおもしろくなかったので，話を終えたかった」，②は「彼女は料理のノートを探したかった」，③は「彼女は本を開いて1人でそれを読みたかった」という意味。

問5　ベリーが説明を終えて，女性に本を買うことを勧めたことに対する女性の返答が入る。この直後で，女性は再度，歴史に興味はなく，本を買うつもりはないと言っているので，①が適切。この no はビリーの直前の発言に対して，no, I don't think it would be better to buy a set「いいえ，ひとセット買うのがよいとは思わない」ということを表している。②は「どうしてそう思わないことがあるでしょうか」ということになり，女性の考えとは正反対の内容になる。③「はい，そう思います」，④「もちろん，そう思います」も，同様に女性の考えとは逆になり，不適切。

重要 問6　①「ベリーはそれらを必要とする人を見つけることができたので，本を売ることがとても得意だった」(×)　本文第1段落第2文に，「彼は長い経験から，それをほしいと思わない人々にどうやって本を売ればよいかとてもよく知っていた」とあるので，合わない。　②「ベリーは，自分は人がすぐに好きになる種類の人物であることを知っていた」(○)　本文第1段落最後から2文目「彼は人々がすぐに好きになるような男性の1人で，彼はそのことを知っていた」の内容に合う。　③「ベリーは，ほとんどの女性は歴史の本のようなまじめな本を読むだろうと持っていた」(×)　本文第2段落最後の2文を参照。ベリーは女性が結婚していないようであることを知って残念がっており，その後で，女性の兄弟やいとこがまじめな本を読むかもしれないと考えている。このことから，ベリーはむしろ男性の方がまじめな本を読むだろうと思っていると考えられる。　④「ベリーは女性が玄関のドアを閉めた後で，家を回って裏口へ行った」(○)　第4，5段落に書かれている女性とビリーの行動と合う。　⑤「女性はその本のセットをほしかったが，十分なお金がなかった」(×)　女性はビリーに2回，歴史に興味はなく，本にお金を使うつもりはないと言っている。また，最後の段落からも，女性はビリーの話に興味を持ったからではなく，ビリーと同じ商売をしていてもうまくいかない兄のためにビリーの話を聞いていたことがわかる。　⑥「女性は，ビリーが上手に説明したので，その本のセットに興味を持つようになった」(×)　⑤の解説を参照。女性はビリーが売ろうとした本に興味はなかったので，合わない。　⑦「女性の兄も書籍販売人だが，彼は売ることが上手ではない」(○)　最終段落最初の2文の内容に合う。　⑧「女性はすでにビリーが売っているのと同じ本のセットを兄から買った」(×)　女性が自分の兄から本のセットを買ったという記述はない。

問7　(全訳)　ベリーは書籍販売人で，自分の本を売る能力をとても(1)(2)誇りに思っていた。彼がある若い女性を訪ねたとき，彼女は料理をしていて，彼の話を(3)(4)聞きたくなかった。／しかし彼は(5)(6)あきらめなかった。彼は彼女に本を持っていることの利点について話し続けた。彼女がメモを取り始めると，彼は彼女が本を買うだろうと思った。しかし(7)(8)実は，彼女は本の売り方を知りたいだけだった。

(1)，(2)　本文第1段落のビリーに関する記述から，proud of ～「～を誇りに思う」が適切。

(3)，(4)　本文第4段落の女性のビリーに対する対応から，listen to ～「～の話を聞く」が適切。

(5)，(6)　一度女性に本の話をするのを断られた後のビリーの気持ちと行動が書かれている本文第5段落から，give up「あきらめる」が適切。　(7)，(8)　女性は本に興味を示している様子だったが，実際にはそうではなく，本の売り方を知りたかっただけだったというつながりから，in fact

「実は」が適切。

Ⅱ （長文読解・説明文：指示語，文選択補充，内容吟味，語句選択補充）

（全訳） 数か月アメリカに滞在したある日本人大学生は，アメリカ人は言いたいことをはっきりさせれば彼の英語がどれほどよいか，あるいは悪いかということに関心がないことに気づいて驚いた。

人々は，主に彼の個人的な考えや意見，そしてそれらを支える理由に興味があった。彼らは彼を形式やどれほど上手に英語で話すかによって判断しなかった。彼らは彼を中身や彼が言わなくてはならないことで判断した。

このことは彼に本当の問題となった。日本人にとって，他人が言うことすべてに同意するか，黙り続けているかのどちらかによって彼らの意見を受け入れることは普通のことだったからであり，彼は日本ではほとんどの場合そうしていた。日本人の考え方は，「あなたと私は集団のメンバーで，したがってあなたと私は同じように考えたり感じたりする」ということだ。

しかし彼はすぐに，アメリカでこのように行動すれば，人々は彼は愚かで賢くないと考えることに気づいた。アメリカ人の考え方は，「あなたと私は違う人物で，したがってあなたと私は独自のものだ」ということである。あなたにとって，起こってくるすべての題目について個人的な意見を持つことだけではなく，いつでもそれを表現する準備ができていることが重要なのだ。

あなたがその件について考えていることを示せば，あなたの意見が正しいか間違っているかは問題ではない。あなたはすべての答えを知っている必要はないし，最終的な結論に到達する必要もない。しかし，誰かがあなたに「あなたはXについてどう思いますか」と尋ねてあなたがそれについて本当に何も知らなければ，「わかりません」とか「【あ】私には意見がありません」と答えるだけなのはよくない。彼らはあなたがその会話に興味がないと言っているのだと思うかもしれないので，それは失礼である。

そのような場合にはいつも，「私はXについてどう考えればよいのかわかりません。あなたはどう思っているのですか」といった質問を返すことができる。このことは，あなたが少なくともその件について考えようとしていることを示す。そして，アメリカ人ならば喜んであなたに話すだろう。

しかし，その人があなたに自分の考えを話した後，あなたはただ同意だけするべきではない。あなたがただ「ああ，わかりました」とか「はい，その通りですね」と言うだけならば，その人はあなたがあまりに愚かで自分自身の意見を持つことができないのだと思うだろう。

アメリカでは，あなたが意見を表さなければ，それはあなたには意見がないということだ。あなたは，自分の脳が働いていることと，あなたが積極的な注意いを払っていることを示さなくてはならない。あなたはその人に同意することについて自分自身の理由を示すか，その人の意見について質問したり問題を見つけたりすることによってこのことをする。

お互いの意見を疑問に思うことはアメリカ人にとってとても自然なことなので，たいていの場合，彼らは自分がそうしているとは思いもしない。アメリカ人は，社会的により高い地位にいるとしても，その人の考えを疑問に思うことは失礼だとは考えない。考えはそれを表す人とは別のものであるとみなされるので，ある考えに同意しないことはその人に対して無礼ではないのだ。

教師は簡単に信じずに教師が授業中に言うことについて質問する生徒を好む。それは(4)彼らが積極的に考えていることを示すからだ。生徒たちは教師が言うことすべてを受け入れる必要はない。だから，アメリカ人の教師によい印象を与えたければ，たくさん質問をすることだ。

もちろん，あなたが「いいえ，それは正しくありません」とか「【い】あなたは間違っています」といったことを言って誰かを否定すれば失礼に聞こえるかもしれない。しかし，「なぜあなたはそう考えるのですか」と尋ねたり，「【う】はい，でもXについてはどうですか」と言ってその人の意見にあなたが満足していないことを示すのはいつでも申し分のないことだ。

日本にいるアメリカ人の教師は自分たちの英会話の授業で欲求不満を感じている。彼らは生徒たちからの挑戦を，独自の意見や考えを作り出す方法として楽しむのだ。

しかし日本人にとって，誰かの意見に質問するという考えはとても失礼に思われる。日本人の教師は授業中に生徒の意見をあまり求めない。そして，そうするときでも，彼らはそれに対して普通質問をしない。彼らは単に「【え】それはとてもおもしろいですね」といったことを言って返答するだけである。

しかしアメリカ人の教師はいつも生徒たちの意見に対して生徒たちに質問をしている。そして，生徒が意見を述べるとき，教師はいつも「あなたはなぜそう考えるのですか」と彼に尋ねる。この質問はとても意外なので，日本人の生徒は「間違った」答えを言ってしまったと感じるのだ。

問1　下線部の直前の第2段落の内容に着目する。第2段落では，アメリカ人は相手の個人的な考えや意見，その理由に興味があり，相手を形式や英語のうまい下手で判断せず，相手の中身や相手が言わなくてはならないことで判断したことが述べられており，こうしたことは日本人の他人に対する姿勢と大きく異なるために，数か月間アメリカに滞在した日本人学生にとっては問題となったと考えると論理的に自然になる。第2段落の内容を簡潔にまとめた②が適切。

基本　問2　全訳を参照。【あ】あることについて質問されて，本当にそのことについて何も知らない場合に言うとアメリカ人には失礼となる言い方が入る。同じ例として挙げられている「わかりません」と同様の言い方なので，④「私には意見がありません」が適切。【い】相手の意見に対して「いいえ，それは正しくありません」のように単に否定するだけの言い方なので，②「あなたは間違っています」が適切。【う】単に相手を否定するのではなく，相手がそのように考える理由を尋ねるのと同様に，申し分ないこととされる言い方が入る。別の観点について尋ねる言い方の①「はい，でもXについてはどうですか」が適切。【え】日本人の教師が生徒の意見に対してよく使う言い方が入る。直前で，日本人の教師は生徒の意見に対して質問をしないことが述べられ，続いて空所に入る言葉で返答するだけであることが述べられていることから，空所には，日本人の教師から意見を述べた生徒に対して言われる当たりさわりのない言い方が入る。したがって，⑤「それはとてもおもしろいですね」が適切。

問3　下線部が指すことは，自分が知らないことについて質問されたときに，そのことについて自分が少なくとも考えようとしていることを示すことになるので，下線部の直前の「『私はXについてどう考えればよいのかわかりません。あなたはどう思っているのですか』といった質問を返すこと」と考えると，その後の「アメリカ人ならば喜んであなたに話す(＝あなたの質問に答える)だろう」とつながる。単に「わからない」などと答えるのではなく，逆に相手に質問するのだから，②が適切。

問4　下線部の直後に，相手の意見に対して単に「ああ，わかりました」とか「はい，その通りですね」と言うだけならば，相手はあなたが愚かだから自分自身の意見を持てないと思うと述べられている。この内容に合うのは④。

問5　空所を含む because 以下は，教師が自分が授業中に言うことについて質問する生徒を好む理由を表している。生徒が質問することを教師が評価する理由として適切なのは，④の「彼らは積極的に考えている」。①「彼らは教師に同意していない」，②「彼らは教師の考えを理解していない」，③「彼らはとても上手に英語を話す」は，質問をするということを評価する理由として不適切。

やや難　問6　(A)「日本人は普通，何も質問せずに他人の意見を受け入れる」　第3段落第2文「日本人にとって，他人が言うことすべてに同意するか，黙り続けているかのどちらかによって彼らの意見を受け入れることは普通のことだった」から，③が適切。　①「他人をその意見の中身で判断する」，②「他人の意見に興味がないときだけ黙り続ける」，④「積極的に注意を払っていることを示すためにたくさんの質問をする」。　(B)「アメリカ人の考え方は，すべての人は独特で，自分自身の意見を持つべきだということだ」第4段落第2文に，アメリカ人の考え方として，相手と自分は違う人物で，それぞれが独自のものであると述べられている。この内容に合うのは③。①「他人と異なる意見を持つ人は集団から去るべきだ」，②「すべての人が集団のメンバーで同じように考え，感じる」，④「人は正しい答えを見つけるまでは話始めるべきではない」。

(C)「アメリカ人は，誰かの考えに同意しないことは，その人を尊敬していないことにはならないと考える」第9段落最終文に，アメリカ人の考え方として「考えはそれを表す人とは別のものであるとみなされるので，ある考えに同意しないことはその人に対して無礼ではないのだ」とある。この内容に合うのは②。　①「自分よりも社会的地位が高い人に対して異なる意見を表すのは悪いマナーだ」，③「誰かの意見を疑問に思うことは友情を損ねる」，④「生徒は教師の言うすべてのことを受け入れなくてはならない」。

問7 (1)「生徒はすべての題目について個人的な意見を表す準備をしていなくてはならない」個人的な意見を持つことを重視するのはアメリカ人の考え方。　(2)「生徒は同じように考えたり感じたりするために小さな集団を作るべきだ」集団に属して同じような意見を持ち，同じように感じるべきだと考えるのは日本人の考え方。　(3)「生徒が題目についての意見を何も持たなければ，教師はその題目を変えなければならない」生徒に意見がない場合の教師が題目をどうするかということについては本文中に記述がない。　(4)「教師は普通，質問をせずに生徒の意見を受け入れる」生徒の意見に質問をせず，当たりさわりのない返答をして受け入れるのは日本人教師の姿勢。

重要 Ⅲ（語句整序問題：不定詞，分詞，接続詞，関係代名詞，比較）

(1) (At breakfast,) my mother asked me to come home as soon (as school was over.)「すぐに帰ってきてと言った」を「すぐに帰るよう頼んだ」と考え，〈ask ＋人＋ to ＋動詞の原形〉「(人)に～するように頼む」で表す。「～するとすぐに」は〈as soon as ＋主語＋動詞〉で表す。

(2) I couldn't answer the questions asked by the American lady.「そのアメリカ人女性に聞かれた質問」を過去分詞が後ろから名詞を修飾する形を使って the questions asked by the American lady と表す。the questions the American lady asked でも同じ意味を表せるが，was と by が余るのでここでは不適切。

(3) (The grass) was so wet that we couldn't sit on it.「あまりに～で…できない」は so ～ that … または too ～ to … で表すことができるが，too ～ to … を用いると The grass was too wet to sit on. となり，与えられている語句で組み立てることができない。

(4) (The) French students that I met were impressed with the beauty (of Mt. Fuji.)「私が会ったフランス人の学生たち」を関係代名詞 that を用いて The French students that I met と表す。「～に感動する」は be impressed with ～ で表す。

(5) Nothing is as important as having good friends in (childhood.)　nothing を主語にして，後に as ～ as …「…と同じくらい～」を続ける。否定文になるので，「…ほど～ない」という意味になる。

★ワンポイントアドバイス★

Ⅱの問2の文を補充する問題では，本文を読みながら空所に入れるものを選んでいこう。自信が持てないものは最後に回せば選択肢が減り，正解の可能性が高まる。

＜国語解答＞ 《学校からの正答の発表はありません。》

第一問 A 1　B 4　C 3　D 1　E 2　F 2

第二問 問1 2　問2 4　問3 1　問4 2　問5 4　問6 3　問7 4　問8 1
問9 4

第三問 問1 a 4　b 2　c 1　d 2　問2 4　問3 2　問4 1　問5 3
問6 3　問7 4　問8 2　問9 1　問10 3

○推定配点○

第一問　各2点×6　第二問　問1　4点　他　各5点×8　第三問　問1　各2点×4
他　各4点×9　計100点

＜国語解説＞

基本 **第一問** （漢字の書き取り）

A「意図」 1「趣意書」 2「変異」 3「包囲」 4「猛威」。 B「講演」 1「延期」 2「炎上」 3「沿岸」 4「演出」。 C「仲介」 1「会心」 2「怪物」 3「介助」 4「悔恨」。 D「検挙」 1「挙手」 2「拠点」 3「巨大」 4「拒絶」。 E「順次」 1「辞退」 2「次点」 3「自費」 4「耳目」。 F「迷信」 1「悲鳴」 2「混迷」 3「同盟」 4「使命」。

第二問 （論説文―大意・要旨，内容吟味，文脈把握，接続語，脱語補充）

基本 問1　空欄Aは前後で同様のことを列挙しているので「あるいは」，空欄Bは直前の内容とは相反する内容が続いているので「しかし」，空欄Cは直前の内容の具体例が続いているので「たとえば」，空欄Dは直前の言葉を言い換えた言葉が続いているので「つまり」がそれぞれ当てはまる。

問2　傍線部①直後から続く6段落で，アイデンティティには「社会全体で受け入れられているマクロ」「ある集団に特定のマソ」「会話のやり取りの中のミクロ」の三つの側面があるが，この三つは「実際にははっきりと区別することができない」こと，「場面によっては，異なるアイデンティティの側面が強調される」ことを述べているので4が適切。これらの要旨を踏まえていない他の選択肢は不適切。

問3　傍線部②後で，アイデンティティは「直接伝えあうことができない」こと，「音や形を持ったものに意味を結び付けて……意味を伝えようとする」ことを述べているので，このことを踏まえた1が適切。2の「視覚的記号に頼る以外の方法はない」，「直接伝えることができない」ことを説明していない3，4はいずれも不適切。

問4　傍線部③前で「服装や髪型……も，それが〈意味〉と結び付いていれば，アイデンティティを表現するための材料になる」と述べているので2が適切。③前の内容を踏まえていない他の選択肢は不適切。

問5　4は「自分のアイデンティティと結び付いているわけではない」ことの例として述べているので，「アイデンティティ表現の材料」の「ことば」のことである傍線部④の具体例としてあてはまらない。

重要 問6　傍線部⑤後で「言語資源」は「ことばを話し手から切り離して……『アイデンティティ表現の材料』としてとらえなおす」こと，「『言語資源』とみなす視点が重要なのは……自分のアイデンティティと結び付いているわけではない言葉づかいを使って……複数のアイデンティティを表現するときがあるからだ」と述べているので3が適切。⑤後の内容を踏まえていない他の選択肢は不適切。

問7　傍線部⑥の例として⑥後で「『おいでやす』はアイデンティティ表現の言語資源として広く共

有されており，どこの出身の人でも『おいでやす』を使って京都弁に付随する〈女らしさ〉……のようなアイデンティティを表現していると考えるべき」と述べているので，4が適切。他は「言語資源」の例ではないので不適切。

重要 問8 「たとえば，第6章……」から続く3段落などで，ことばに付随されているアイデンティティが広く共有されていることを述べているので，1があてはまる。他はいずれも述べていないのであてはまらない。

やや難 問9 本文は，アイデンティティには三つの側面があるが，はっきり区別することはできない→私たちはどのようにしてアイデンティティを表現するのか→「ことば」はもっとも体系化され，だれもが利用できる→アイデンティティ表現の材料として利用されることばは「言語資源」と呼ばれ，私たちは時と場合に応じてさまざまな言語資源を駆使する，という流れで述べているので，4が適切。1の「ことば以外にも様々なものがあり……それらを『言語資源』という概念で一括りにしようとしている」，2の「アイデンティティの……一つの側面について考察を深める」，3の「ことばを用いることが最も適切であると主張」はいずれも不適切。

第三問 （古文―情景・心情，内容吟味，文脈把握，脱語補充）

〈口語訳〉 雨が降り止まないので，「今夜はこの墓穴で，夜を明かそう」と思って，奥のほうを見ると，広かったので，よく休んで寄りかかって，夜が更けるとともに聞いていると，何者かが入ってくる音がする。暗いので何なのかは見えず，ただ音だけが聞こえるので，「これは鬼に違いない。どうやら，鬼の住む墓穴とも知らずに，入り込んで，今夜(鬼に食われて)命を落とすのか」と心で嘆いていると，この入って来たものが，どんどん近づいてきたので，男は，「怖ろしい」と思うこと限りない。しかし逃げる方法もないので，隅へ身を寄せ，音も立てずに身をひそめていると，この者は近づいてきて，まず物をぱたりと下ろして置いた。次にさやさやと鳴る物を置く。その後に座る音がする。これは，(どうやら)人の気配である。

この男は身分の低い人だが，思慮があり賢かったので，これを思いめぐらし，「これは，旅の途中の人が，雨も降り，日も暮れたので，自分と同様に，この墓穴に入って，最初に置いたのは，持っていた荷物をぱたりと置いた音だろう。次には蓑を脱いで置いた音が，さらさらと聞こえたのだろう」と思ったが，やはり，「(もしかしたら)これはこの墓穴に住む鬼かもしれない」とも思われ，ただ音を立てずに，聞き耳を立てていると，この今来た者は，男だろうか，法師だろうか，子どもだろうか，知らないが，人の声で言うには，「この墓穴には，もしかして神様がお住まいでしょうか。そうだとしたらこのお供えをお召し上がりください。わたしは旅の者で，ここを通りかかったところ，雨がたいそう降り，夜も更けましたので，今夜ばかりと思って，この墓穴に入らせていただきました」と言って，祭るようにお供えの品を置くと，もとの男は，すこし気分が落ち着いて，「思った通りだ」と納得した。

さて(もとの男は)その置かれたものを，近づいて，ひそかに「何だろう」と思って，手で探ってみると，小さい餅が三枚置いてあった。そこで，もとの男は，「本当の人間が，旅の途中で入ってきて，持っていたものを祭ったにちがいない」と納得して，歩き疲れて，空腹だったので，この餅を取ってひそかに食った。

今の者は，しばらくして，置いた餅を手探りで探したが，ない。その時，「本当に鬼がいて，食ったに違いない」と思ったのだろう，(後から来た)男は急いで立ち上がって走り，持っていた荷物も残し，蓑笠も捨てて走り出て行った。なりふり構わず逃げ去ったので，もとの男は，「やはり，人が来たが，餅を食った(のは鬼だと思った)ので，恐がって逃げたのだ。よくぞ食ったものだ」と思って，残していった荷物を探ってみると，物を一杯入れた袋を，鹿革で包んである。また蓑笠もあった。「美濃の辺りからやってきたのだな」と思って，「もしかすると(様子を)うかがっているかもしれない」と思ったので，まだ夜のうちに，その袋を背負って，その蓑笠を着て，墓穴を出て歩いて行ったが，「もしかしたら，(あの者が)人里に行って，このことを人に語って，人を引き連れて来るかもしれない」と思ったので，遠く人里離れたところの，山の中に行って，しばらくいるうちに，夜も明けた。

その時にその袋を開けて見ると，絹，布，綿などの品物が入っていた。思いがけないことなので，「天が恵んでくれたのだろう」と思って，喜んで，そこから(目的地に)歩いて行った。思わず得をしたやつもいたものだ。後から来た者が逃げたのは，無理もないことだ。本当に誰でも逃げたくなるだろう。もとの男は，気味が悪くて恐ろしい。

このことはもとの男が年老いて，妻子に語ったことを聞き伝えたものだ。後から来た者が誰であったかついにわからないままだった。まったく賢い者は，身分は低いが，このような時にも万事を心得て，うまく立ち回って，思いもかけない得もするのだ。それにしてももとの男は，(自分が)餅を食って，後から来た者が逃げたのを，どれほど「面白い」と思ったことだろう。珍しいことなのでこのように語り伝えたということだ。

重要 問1　二重傍線部aは「食ふ」などの尊敬語で，今の者が供えた物を「神」が召し上がってください，と話している。二重傍線部bは「今の者」が墓穴に入ったということ。二重傍線部cは「もとの男」が供えた餅を食ったということ。二重傍線部dは「今の者」が墓穴であったことを人に話すかもしれないということ。

問2　傍線部①前の男の心情から，鬼の住む墓穴とも知らずに入り込み，今夜鬼に食われて命を落とすのかと思い嘆いているので，4が適切。

問3　墓穴に入ってきたものを男は「怖ろしい」と思ったが，逃げる方法がないので穴の脇へ身を寄せて音も立てずにじっとして傍線部②のようにしているので，2が適切。

問4　「この男下衆なれども……」で始まる段落前半で，旅の途中の人が，自分と同様にこの墓穴に入ったと思ったが，やはり，もしかしたら墓穴に住む鬼かもしれないとも思われ，ただ音を立てずに聞き耳を立てている男の様子が描かれているので，空欄Xには「人」，空欄Yには「鬼」が入る。

基本 問5　傍線部③は，今来た者が男か法師か子どもか「知らない」ということなので，3が適切。

問6　今来た者が「この墓穴には，もしかして神様がお住まいでしょうか。……」と言って，祭るようにお供えの品を置いたことで，もとの男は傍線部④のように納得したので3が適切。「あとから入ってきたもの」が立てていた物音に，まだ鬼かもしれないと男は思っているので1は不適切。④前の状況を踏まえていない2・4も不適切。

問7　「今の者」が供えた餅を探したがなかったため「『まことに鬼のありて，食ひてけるなめり』」と思って傍線部⑤のようにしたので4が適切。⑤前の「今の者」の言葉を踏まえていない他の選択肢は不適切。

問8　男は荷物を置いて逃げ去った者が「『もしうかがひもぞする』」と思って夜明け前に墓穴を出て行ったので，2が適切。傍線部⑥前の男の言葉を踏まえていない他の選択肢は不適切。

やや難 問9　「おもばかりあり心賢かりけるやつ」である男は，後から来た者が何者かわからなくても物音などから冷静に状況を把握し，逃げ去った者の荷物を手に入れて「思わぬ所得したるやつかな」と描かれていることから1が適切。冷静に状況を判断していること，思わぬ利益を手にしたことを説明していない他の選択肢は不適切。

重要 問10　3は「さてその……」で始まる段落で描かれている。1の「襲って……計画した」，2の「正体を見破り……成功した」，4の「墓穴が……知らなかった」はいずれもあてはまらない。

★ワンポイントアドバイス★

古文では，同じ登場人物を複数の呼び方で描く場合が多いので，人物をしっかり捉えていこう。

MEMO

大切なことはメモしておこうネ！

2021年度

★★★★★★★★★★★★★★★★★★★★★★

入　試　問　題

2021年度

桐蔭学園高等学校入試問題

【数　学】（60分）〈満点：プログレスコース150点　アドバンス・スタンダードコース100点〉

【注意】（１）　図は必ずしも正確ではありません。

（２）　コンパスや定規，分度器などは使用できません。

（３）　分数は約分して答えなさい。

（４）　根号の中は，最も簡単な整数で答えなさい。

$\boxed{1}$　次の$\boxed{}$に最も適する数字をマークせよ。

(1)　$\dfrac{2}{\sqrt{3}}+(\sqrt{3}-1)^2=\boxed{\text{ア}}-\dfrac{\boxed{\text{イ}}}{3}\sqrt{\boxed{\text{ウ}}}$ である。

(2)　$(4a^3b^2)^2\div(2ab)^3=\boxed{\text{エ}}\,a^{\boxed{\text{オ}}}b$ である。

(3)　$a^2-4a-12=\left(a+\boxed{\text{カ}}\right)\left(a-\boxed{\text{キ}}\right)$ である。

(4)　右の図のように，円周上に3点A，B，Cがあり，$\overset{\frown}{AB}:\overset{\frown}{BC}=2:3$である。また，直線AXは点Aにおいて円と接している。$\angle BAX=\boxed{\text{ク}}\boxed{\text{ケ}}^\circ$である。ただし，$\overset{\frown}{AB}$は点Cを含まず，$\overset{\frown}{BC}$は点Aを含まない。

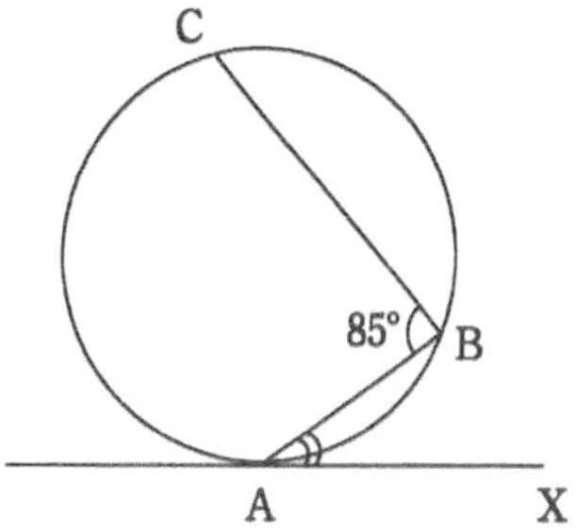

(5)　正八面体の辺の本数をa，頂点の個数をbとすると，$a-b=\boxed{\text{コ}}$ である。

(6)　さいころとは，向かい合う面にある数の和が7になっている立方体である。箱の中に3，4，5，6の数字が書かれているカードが各1枚入っており，そこから1枚ずつ引き，右の展開図のa，b，c，dの順にその数字を当てはめて組み立てたときに，さいころができる確率は$\dfrac{1}{\boxed{\text{サ}}\boxed{\text{シ}}}$である。ただし，引いたカードは元に戻さないとする。

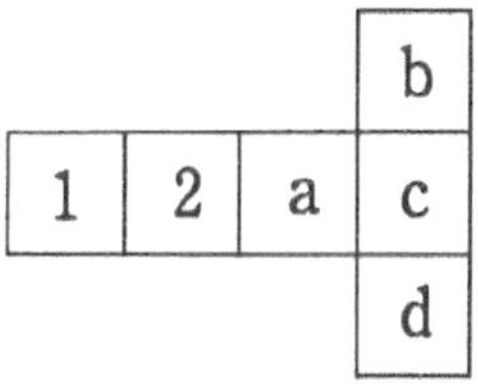

$\boxed{2}$　大中小のさいころ3個を同時に1回投げる。このとき，次の$\boxed{}$に最適する数字をマークせよ。

(1)　出た目の数の和が6となるのは$\boxed{\text{ア}}\boxed{\text{イ}}$通りある。

(2)　出た目の数の積が偶数となるのは$\boxed{\text{ウ}}\boxed{\text{エ}}\boxed{\text{オ}}$通りある。

(3)　すべてのさいころの目の数が異なるのは$\boxed{\text{カ}}\boxed{\text{キ}}\boxed{\text{ク}}$通りある。

このうち，大きいさいころの目の数が最も大きく，小さいさいころの目の数が最も小さくなるのは$\boxed{\text{ケ}}\boxed{\text{コ}}$通りある。

3 下の図のように，点Oは原点，曲線ℓは関数$y=\frac{1}{4}x^2$のグラフである。ℓ上の点Aのx座標は6であり，直線mは関数$y=-x+a$のグラフである。また，直線mと曲線ℓの交点のうち，x座標が負のものを点Bとする。ただし，$a>0$とする。このとき，次の□に最も適する数字をマークせよ。

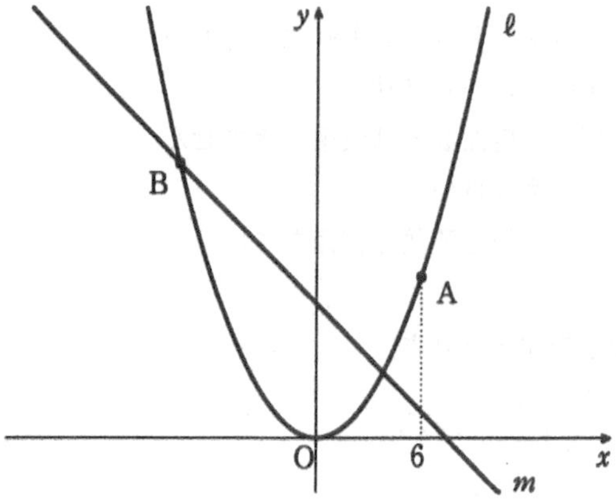

(1) 点Aのy座標は$\boxed{\text{ア}}$である。

(2) 関数$y=\frac{1}{4}x^2$において，$b \leqq x \leqq 6$のときに$0 \leqq y \leqq 9$となる。bがとることのできる範囲は$-\boxed{\text{イ}} \leqq b \leqq \boxed{\text{ウ}}$である。

(3) 線分OAの中点の座標は$\left(\boxed{\text{エ}}, \frac{\boxed{\text{オ}}}{\boxed{\text{カ}}}\right)$であるから，直線$m$が△OABの面積を二等分するとき，$a=\frac{\boxed{\text{キ}}\boxed{\text{ク}}}{2}$である。

(4) 点Aを通りx軸に平行な直線と曲線ℓとの交点のうち，点Aと異なるものを点Cとする。このとき，x軸に平行で，△OACの面積を二等分する直線の式は，$y=\frac{\boxed{\text{ケ}}\sqrt{\boxed{\text{コ}}}}{\boxed{\text{サ}}}$である。

4 右の図のように，点Oを中心とし，線分ABを直径とする半径6の円があり，点Cは線分OBの中点である。2点D，Eは直径ABに対して同じ側の円周上にあり，AB⊥CD，AB⊥OEとなっている。また，線分ADと線分OEの交点を点Fとする。このとき，次の□に最も適する数字をマークせよ。

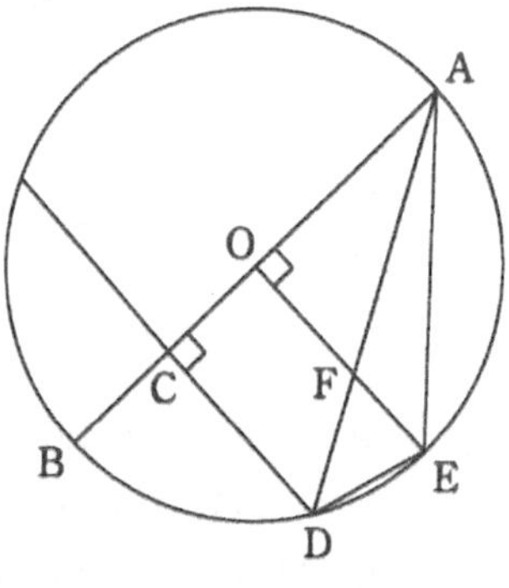

(1) $\mathrm{CD}=\boxed{\text{ア}}\sqrt{\boxed{\text{イ}}}$ である。

(2) △AEFの面積は，$\boxed{\text{ウ}}\boxed{\text{エ}}-\boxed{\text{オ}}\sqrt{\boxed{\text{カ}}}$ である。

(3) $\mathrm{AF}:\mathrm{AD}=\boxed{\text{キ}}:\boxed{\text{ク}}$であり，△DEFの面積は，$\boxed{\text{ケ}}-\boxed{\text{コ}}\sqrt{\boxed{\text{サ}}}$ である。

$\boxed{5}$ 【図1】のように，一辺の長さが2の立方体ABCD－EFGHがある。点M，Nは，それぞれ辺AD，CDの中点であり，点Pは辺FG上の点である。3点M，N，Pを通る平面で立方体を切ってできる切り口をXとする。また，切り口Xによって立方体は2つに切断され，そのうち頂点Hを含む立体をYとする。このとき，次の$\boxed{}$に最も適する数字をマークせよ。

(1) △BMNの面積は$\dfrac{\boxed{ア}}{\boxed{イ}}$である。

(2) 点Pが辺FGの中点であるとき，立体Yの体積は$\boxed{ウ}$である。

(3) 点Pが点Fと一致するとき，切り口Xは【図2】のように五角形になる。このとき，立体Yの体積は$\dfrac{\boxed{エ}\boxed{オ}}{\boxed{カ}}$である。

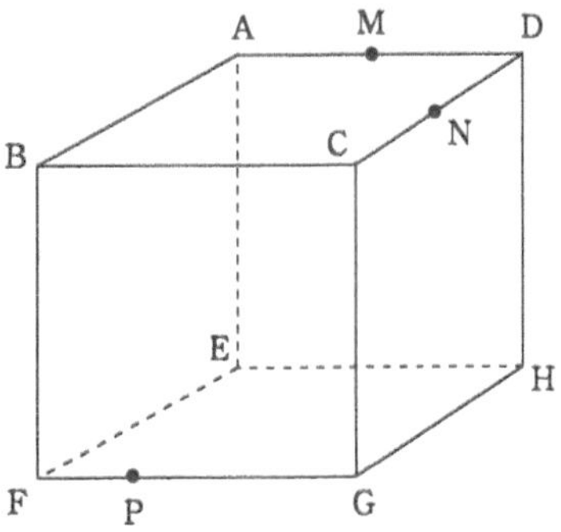

【図1】

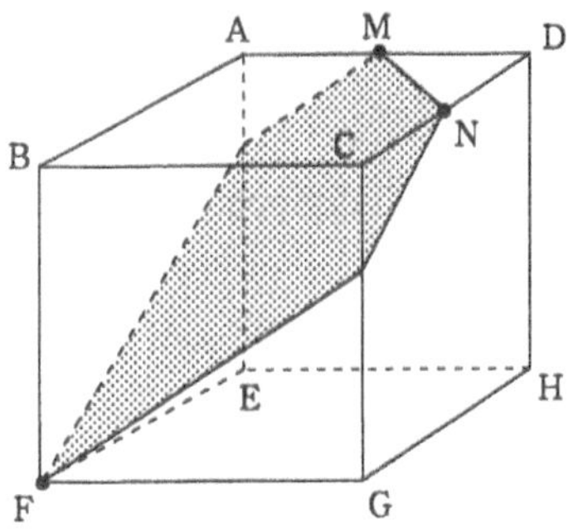

【図2】

【英　語】（60分）〈満点：プログレス・アドバンスコース150点　スタンダードコース100点〉

I　次の英文を読んで，後の設問に答えなさい。なお，*の付いている語には本文の最後に注があります。

A business owner borrowed much more money than he could pay back. He didn't know what to do.

Many people wanted the money back from him. He sat on a park bench, with his head in his hands and said to himself, "Is there anything that can save me from losing my business?"

Suddenly an old man appeared before him. "【　　あ　　】," he said.

After he listened to the business owner's story, the old man said, "【　　い　　】."

He asked the man his name, wrote out a check*, and pushed it into his hand. He said, "【　　う　　】."

Then he turned and disappeared as quickly as possible.

The business owner saw in his hand a check for $500,000 signed by John D. Rockefeller, one of the richest men in the world! He said to himself,"【　　え　　】!"

However, the owner decided to put the check in his safe*. He thought, "Just knowing (　　1　　) may give me the power to save my business."

With new decision, he began working hard again. He promised that he would pay back all the money to his business partners later. He was willing to take any job. Within a few months, he paid back all the money and even started making money once again.

Exactly one year later, he returned to the park with the check. As he promised, the old man appeared. But just when he was about to* hand back the check and tell his success story, a nurse came running up and caught the old man. "【　　お　　】!" she cried. "I hope he hasn't given you any trouble. He's always running away from the hospital and telling people he's John D. Rockefeller." The surprised business owner just stood there without saying a word. All year long he worked as hard as he could because he believed he had $500,000 behind him.

Suddenly, he found that the money was not the thing which turned his life around. By working hard, he recovered the power to make anything possible.

(Adapted from *Twenty Heartwarming Tales in English*)

注：check　小切手　　safe　金庫　　was about to　まさに～しようとしていた

問1　本文中の【　あ　】～【　お　】に入る最も適当なものをそれぞれ次の①～⑤の中から一つ選び，その番号をマークしなさい。ただし，いずれも一度だけしか用いることはできません。

① I'm so glad I got him
② I can see that something is troubling you
③ My money worries have disappeared in a minute
④ I believe I can help you
⑤ Take this money. Meet me here in exactly one year, and you canpay me back then

問2　空所（ 1 ）に入る表現として最も適当なものを次の①～④の中から一つ選び，その番号をマークしなさい。

① it is there　　② my safe is a safe place

③ Mr. Rockefeller will give it to me soon　　④ the old man has a job for me

問3　本文の内容に合う英文を次の①～⑥の中から二つ選び，その番号をマークしなさい。

① As the business owner found a way to return the money he borrowed, he didn't work hard.

② As the old man knew the business owner, he wrote out a check soon and handed it to the business owner.

③ Exactly one year after the old man gave a check to the business owner, the old man came to the park with a nurse.

④ The old man often got out of the hospital, and told a lie about who he was.

⑤ The old man's lie gave the business owner the courage to make efforts.

⑥ The business owner understood that he could do anything with a lot of money.

Ⅱ　次の英文を読んで，後の設問に答えなさい。なお，*の付いている語には本文の最後に注があります。

During Christmas vacation one year, my mom, my seven-year-old sister and I went on a two-week trip to India. I was really excited because I couldn't wait to see all my cousins, aunts and uncles. I visited them when I was only three years old. I also wanted to buy souvenirs* and clothes for myself, go sightseeing, see the Taj Mahal*, ride elephants, and much more. I imagined India to be a beautiful place, with palm trees moving in the air and giant shopping centers. Before I left, I told my friends about riding elephants and buying precious stones.

But I was wrong. As soon as I stepped out of the plane, the whole airport smelled like... I can't even explain it, but let's just say it was something you probably never smelled before. It was like a mix of body smell and waste gas from cars. I felt I hated it. Plus, the airport was filled with people! People were pushing each other and shouting at the security guards*. (1)I thought I was dreaming. "This is not the India I imagined," I felt. I couldn't wait to get out of the airport. I said to myself, "Maybe the city will look more like my India." When we left the airport, it was already one in the morning, so (2)I didn't really pay much attention on the ride to my grandmother's house.

A few days later, a lot of things happened. My Aunt Joyce and my thirteen-year-old cousin Michelle came to spend time together. Michelle, my sister Samantha, and I played games, read books, and much more. Soon, I was ready to see the country; I wondered what adventures were waiting for us.

"Mom?" I asked. "What are we going to do today? I really want to go shopping and buy some new clothes."

"Stephanie, today we are going to one of the public schools in town. Do you remember the hundred-dollar bill Aunt Lila gave us before our trip? I decided that we are going to use the money to buy school goods for the children there. And I am going to use another hundred dollars of my own to help the children," Mom said.

"But I wanted to go shopping today! You said before our trip I could get some new clothes!" I cried. I did not want to spend my whole vacation helping poor people. I thought, "What should I tell my friends when I get back from my trip?"

"Stephanie, we can go shopping some other time. But we need to put a little time in helping these poor children. Now go to tell your sister to get ready because we will leave in ten minutes," said Mom.

"Oh, all right. What a vacation I am having!" I said to her. I came to India to go sightseeing, not do charity work.

Ten minutes later, we were on our way. We didn't even have our own rental car. We traveled in an old rickshaw* over the bad road.

When we arrived at the school, (3)I couldn't believe my eyes. There was a lot of pollution in the air and there was only one old building. There was no schoolyard, no space to park, nothing. Just a brown, unclean, old building. I thought, "This elementary school is very small. The school I go to back home is a million times bigger."

The classroom we arrived at was unbelievable. There were about forty students in the class and they looked so weak and thin. All the students stood up and said something to us in another language. Later, the teacher told us that they were welcoming us to their school. Their school bags were very small plastic ones, the kind you get after a trip from the market. They had very few school goods and most of the students had only one pencil. Can you even imagine writing with only one pencil for the whole school year? In addition, there were three students sitting at every desk. Just then, (4)I felt like my heart was broken in half. That morning, I felt like spending money on clothes and souvenirs, though there were people who really needed the money.

I was amazed at what two hundred dollars could buy. Each student received a coloring book, crayons, two new pencils, and some candy. I wanted to show you (5)the expressions on their faces as Samantha and I passed the goods out to the children. They might think of us as sacred creatures sent from heaven. Every child who received the goods was so thankful for everything. Some of them started eating their candy and coloring in the coloring books right away. I was so happy about making the students smile that I felt like getting all my money and buying goods for every classroom in the whole school.

I learned (6)a very important lesson that day. Life isn't always about receiving. When I first arrived in India, I was feeling sorry for myself. All I thought about was sightseeing and riding elephants. There are millions of people all over the world who don't have enough food, and who are very ill. I think every human on earth should do something for someone else. For example, you can coach a student who is not good at studying. When it is our turn to die, nobody is going to ask us what car we owned, what university we graduated from, or how many times we were in the newspaper. The point is how much we gave to other people.

(Adapted from *Chicken Soup for the Soul*)

注：souvenir　土産　　the Taj Mahal　タージマハル（インド・イスラム文化の代表的建築）
　security guard　警備員　　rickshaw　人力車

問1　下線部(1)の理由として最も適当なものを次の①～④の中から一つ選び，その番号をマークしなさい。

①　夢にまで見た国にやってきたから

②　飛行機の中で熟睡していて空港に着いて目を覚ましたから

③　空港の匂いやインドの人々の振る舞いに驚いたから

④　空港の外のインドの街並みが予想通りだったから

問2　下線部(2)の理由として最も適当なものを次の①～④の中から一つ選び，その番号をマークしなさい。

①　It was already past midnight.

②　Stephanie went to her grandmother's house a few times.

③　It was dangerous for Stephanie to put her head out of the window.

④　Stephanie was interested only in going shopping and riding elephants.

問3　下線部(3)の理由として最も適当なものを次の①～④の中から一つ選び，その番号をマークしなさい。

①　人力車が通る道があまりにもひどかったから

②　校庭がなく汚くて古めかしい小学校だったから

③　大気汚染のせいで街の風景がよく分からなかったから

④　案内された教室にいた生徒達がやせ細っていたから

問4　下線部(4)の理由として最も適当なものを次の①～④の中から一つ選び，その番号をマークしなさい。

①　All the students in the class stood up and welcomed Stephanie and her family.

②　Stephanie found she should use her money for the students in the class.

③　Stephanie learned the students received a coloring book for the first time.

④　Stephanie knew she could spend only one hundred dollars of the two hundred dollars.

問5　下線部(5)が指している内容として最も適当なものを次の①～④の中から一つ選び，その番号をマークしなさい。

①　天国から降りてきた天使を見たかのような表情

②　姉妹からもらったお土産が気に入らない表情

③　自分達のクラスだけがお土産をもらえたことに対する得をした表情

④　自分達にたくさんお土産をくれる姉妹の裕福さをうらやましく思う表情

問6　下線部(6)が指している内容として最も適当なものを次の①～④の中から一つ選び，その番号をマークしなさい。

①　It is important to give something to others.

②　It is not necessary to feel sorry for poor people.

③　It is necessary for us to forget there are poor people in the world.

④　It is hard to coach a student who isn't good at studying.

問7　本文の内容と一致するものを次の①～⑧の中から三つ選び，その番号をマークしなさい。

① The writer's father, her mother, her sister and the writer took a trip to India.

② The writer, her mother and sister spent two hundred dollars helping students in one of the public schools in town.

③ The writer went shopping after she handed the goods to the children in the school.

④ The writer's school is much bigger than the elementary school in India.

⑤ About forty students in the class welcomed the writer and her family in English.

⑥ When the writer first reached India, she was glad to get there.

⑦ The writer took children in the classroom to the shopping center and bought school goods.

⑧ The visit to India gave the writer a chance to think about what's important in life.

Ⅲ 次の(1)～(5)の日本文の意味を表す英文を完成させる場合，英文中の空所(A)(B)(C)の位置に来るべき語を，それぞれ①～⑧の中から一つ選び，その番号をマークしなさい。文頭に来るべきものも小文字で示してあります。

(1) あなたの国の言葉ではこの赤い花を何と呼んでいますか。

(A)(B)( )( )( )(C)( )( ) language?

① called	② is	③ what	④ in
⑤ flower	⑥ this	⑦ red	⑧ your

(2) 私はどこでそのバスに乗れるのかわかりません。

I ( )(A)(B)( )(C)( )( )( ).

① don't	② I	③ where	④ bus
⑤ take	⑥ know	⑦ the	⑧ can

(3) あなたが今までに見た中で一番良い映画は何ですか。

What ( )( )(A)( )(B)( )(C)( )?

① movie	② ever	③ you	④ best
⑤ seen	⑥ the	⑦ have	⑧ is

(4) この本を読めば料理のやり方がわかります。

(A)( )( )(B)( )(C)( )( ).

① tell	② this	③ you	④ will
⑤ cook	⑥ book	⑦ to	⑧ how

(5) そのバスケットにはパンは一つも残っていませんでした。

(A)( )( )(B)(C)( )( )( ).

① any	② the	③ wasn't	④ left
⑤ bread	⑥ basket	⑦ there	⑧ in

問6　傍線部⑥「当時の勢ひ」とありますが、どのような書風であったのですか。その説明として最も適切なものを次の中から一つ選び、その番号をマークしなさい。

1．弘法大師の筆跡が、唐の国がもつ雄大さを反映して、大胆《だいたん》な書風であった。
2．弘法大師の筆跡が、平安時代の都の規模を反映して、こじんまりとした書風であった。
3．弘法大師の筆跡が、唐から輸入された華麗《かれい》な文化を反映して、勇ましい書風であった。
4．弘法大師の筆跡が、貴族的な平安文化を反映して、繊細な書風であった。

問7　傍線部⑦「その後は御手跡争ひなかりけり」とありますが、どうしてですか。その説明として最も適切なものを次の中から一つ選び、その番号をマークしなさい。

1．弘法大師によって、その雄大《ゆうだい》な書風を生んだ唐の豊かな国格と日本の実情を比べられ、自分が統治する国の小ささに恥ずかしくなった天皇が、もはや書の才能などを弘法大師と競うような気にはならなくなってしまったから。
2．天皇との争いを望まなかった弘法大師によって、それまでは秘密にされていた書の作者が当人によって明かされることで恥ずかしくなった天皇が、二度と弘法大師に対して競争心を起こさないような気分にさせられてしまったから。
3．天皇が絶大な評価を与えていた書の手本が、場によって自在に書風を書き変えられる弘法大師によって書かれたものであることを当の本人から知らされて、そのような才能をもつ人物と競い合っていたことが恥ずかしくなったから。
4．天皇が弘法大師を感服させるために秘蔵していた書の手本が、実はその弘法大師の自在な手による作品のひとつであったことを知って恥ずかしくなった天皇が、弘法大師のもとで腕をみがこうと思うようになったから。

問8　次の各文について、本文の内容と一致《いっち》しているものをすべて選び、その番号をマークしなさい。

1．天皇は、自分と弘法大師以上の書家の存在を信じていた。
2．天皇は、だれが書いたという先入観をもたずに、すぐれた書を評価していた。
3．天皇と弘法大師は、書の大家であるとともに書の手本の収集家でもあった。
4．天皇は、弘法大師が備えていた書に対する鑑定眼を高く評価していた。
5．弘法大師は、唐の国際色豊かな文化の影響で、自らの書風が変わった。
6．弘法大師は、自分の書の腕前が未熟であることを恥じて署名を隠した。
7．弘法大師は、日本と中国とでは書に対する評価の基準が違うと指摘《してき》した。
8．弘法大師は、その書の腕前を天皇から認められるようになった。

問2　傍線部②「大師、よくよく言はせ参らせて後」とありますが、この部分の意味内容として最も適切なものを次の中から一つ選び、その番号をマークしなさい。

1．弘法大師が、天皇が持つ書の収集品の自慢話について、天皇本人から入念に聞かされた後で、

2．弘法大師が、天皇が話題にしている書について、天皇自身に十分論評させた後で、

3．天皇が、自分が所有する書の作品の批評について、弘法大師に一通り話してもらった後で、

4．天皇が、自分が大切にしている書について、弘法大師の肯定《こうてい》的な評価を聞いた後で、

問3　傍線部③「天皇、さらに御信用なし」とありますが、天皇はどのようなことに対して「信用なし」だったのですか。最も適切なものを次の中から一つ選び、その番号をマークしなさい。

1．弘法大師が、天皇が所有する書は自分の手によるものだと申し出たこと。

2．弘法大師が、天皇の大切な収集品がもとは自分の所有物だったと主張したこと。

3．弘法大師が、天皇の持つ書以上の素晴らしい作品を書くことができると自慢したこと。

4．弘法大師が、天皇をだまそうとして唐代の中国の書を偽造《ぎぞう》したのだと告白したこと。

問4　傍線部④「いかでか、さることあらん」とありますが、この部分の意味内容として最も適切なものを次の中から一つ選び、その番号をマークしなさい。

1．この書は本当に弘法大師の所有物だったのだろうか。

2．この書が弘法大師の手による書であるはずがない。

3．はたして弘法大師にこれ以上の書が書けるのだろうか。

4．弘法大師は、この書の由来を知っているのだろうか。

問5　傍線部⑤「軸をはなちて合はせ目を叡覧《えいらん》候《さうら》ふべし」とありますが、弘法大師は何のためにこのようなことを言ったのですか。その説明として最も適切なものを次の中から一つ選び、その番号をマークしなさい。

1．天皇があまりにも自分の言うことを信用しないことに腹を立て、書の中に隠れていた自分の署名を公開することで、天皇を驚かせてやりたかったため。

2．天皇から自分が書を偽造したと疑われたので、自分しか知らない巻物の秘密を明かすことで、天皇の自分に対する信頼を取り戻したかったため。

3．かつて自分が唐に渡っていたことを一向に信用しない天皇に対して巻物の内部を見せることで、確かに唐において書かれた自分の書であることを証明したかったため。

4．天皇が高く評価した巻物の中に隠れている作者名を、天皇自身の手によって確認させることで、自分が言っていることが正しいと天皇に認めさせたかったため。

問12　傍線部⑨「色は匂へと散りぬるを、我か世たれそ常ならむ」とありますが、「いろは歌」において、この傍線部分の直後にくる語句として正しいものを次の中から一つ選び、その番号をマークしなさい。

1. 酔《ゑ》ひもせず　　2. 有為《ゐ》の奥山

3. 浅き夢見し　　4. 今日《けふ》超えて

第三問　次の文章を読んで、後の設問に答えなさい。

嵯峨天皇《さがてんわう》と弘法大師《こうぼふだいし》と、常に御《おほん》※1手跡を争はせ給《たま》ひけり。ある時、御手本をあまた取り出ださせ給ひて、大師に見せ参らせられけり。その中に※2殊勝《しゅしょう》の一巻ありけるを、天皇仰《おほ》せごとありけるは、「これは※3唐《たう》人の手跡なり。その名を知らず。いかにも、かくは学び難し。①めでたき重宝なり」と、しきりに御秘蔵ありけるを。②大師、よくよく言はせ参らせて後、「これは※4空海《くうかい》がつかうまつりて候《さう》ふものを」と奏せさせ給ひたりければ、③天皇、さらに御信用なし。おほきに御不審《ごふしん》ありて、④「いかでか、さることあらん。※5当時書かるるやうに、はなはだ異するなり。※6階《はし》立てても及ぶべからず」と勅定《ちょくぢゃう》ありければ、大師、「御不審まことにそのいはれ候ふ。⑤軸をはなちて合はせ目を叡覧《えいらん》候ふべし」と申させ給ひければ、すなはちはなちて御覧ずるに、「その年その日、青龍寺《せいりゅうじ》においてこれを書す、※7沙門《しゃもん》空海」と記せられたり。天皇、この時御信仰ありて、「まことにわれには勝《まさ》られたりけり。それにとりて、いかにかく⑥当時の勢ひには、ふつと変はりたるぞ」と尋《たづ》ね仰せられければ、「そのことは国によりて書きかへ候ふなり。※8唐土《もろこし》は大国なれば、所に相応して勢ひかくのごとし。日本は小国なれば、それにしたがひて当時のやうをつかうまつり候ふなり」と申させ給ひければ、天皇、おほきに恥ぢさせ給ひて、⑦その後は御手跡争ひなかりけり。

（『古今著聞集《ここんちよもんじふ》』より）

※1手跡　書いたもの、またその技能。
※2殊勝　とてもすぐれた。
※3唐人　昔の中国人。
※4空海　弘法大師のこと。
※5当時　現在。
※6階《はし》　はしご。
※7沙門　僧《そう》の階級の一つ。
※8唐土　昔の中国。

問1　傍線部《ぼうせんぶ》①「めでたき重宝なり」とありますが、天皇がこのように言ったのはどうしてですか。その説明として最も適切なものを次の中から一つ選び、その番号をマークしなさい。

1. 唐《とう》代の中国の書は、名のない書家の手になる作品でさえも、書の手本に使えることを大変便利に感じていたから。
2. 唐代の中国の著名な書家の作品であるのに、作者の銘《めい》が作品に入っていないことが当時はとても珍しかったから。
3. 自分の大切にしていた唐代の書の中にあった、とうていまねできないような見事な書体に感服していたから。
4. 日本ではその存在をまだ知られてはいないが、中国の有名な書の作品を、弘法大師に見せて自慢したかったから。

問10　傍線部⑦「現在の新型コロナ肺炎の去った後に、どんな将来世界が残るのか、いな、残さねばならないかは今から考えておいてよい課題だろう」とありますが、筆者が「残さねばならない」と考える社会についての記述として最も適切なものを次の中から一つ選び、その番号をマークしなさい。

1．グローバル化が新型コロナ肺炎拡大の間接的原因であったかもしれないことを考慮《こうりょ》し、そのようなグローバル化を押し進める巨大企業の活動によって世界の富がかたよることがないように各国が警戒しなければならない。そしてコロナ対策で発生した巨額の負債《ふさい》を未来世代にも平等に負担してもらうために、税制や資源についての新たな政策が必要である。

2．グローバル化が疫病《えきびょう》を広める結果にはなっても、それを防ぐには無力であった現実に注目し、そのような危機にあって人々を守ることができたのは、巨大グローバル企業ではなくあくまで国家であったことを忘れてはならない。そして各国家がグローバル企業を統制し、将来の世代のために、残された天文学的な借金を処理する方策を考える必要がある。

3．グローバル化が決して人々を守るわけではないという事実を忘れてはならず、国民の意志が巨大グローバル企業の経営に反映されるように、国家間での政治的協力を進めなければならない。そしてコロナ対策で生じた莫大な国の借金を将来の世代に背負わせないために、税制改革や資源確保などの政策を早くから進めておく必要がある。

4．グローバル化が招いた世界的な危機から民衆を守れたのは一国主義的に働く国家の力であったことを自覚し、今後のグローバル企業の動向を各国政府が批判的にとらえなければならない。そしてコロナ肺炎に対する緊急対策で生じた国の借財を国家の力で公平に解決するために、思い切った税制の改革や領域内の資源の国有化までをも考える必要がある。

問11　傍線部⑧「やがて起こり始める国民各自の世界観の転換であろう」とありますが、筆者の考える「国民各自の世界観の転換」について記述した次の各文の中から適切なものを二つ選び、その番号をマークしなさい。

1．日本人は、かつての伝統的な世界観を取り戻し、現実世界を無常ととらえていくのがよい。

2．日本人は進歩主義のイデオロギーを忘れて、かつての一国主義的な国家思想を復活させてゆくべきである。

3．人類は、文明を守るというこだわりから解放されて、自然に対して妥協して生きるのがよい。

4．人類は、古代から現代にいたるまで文明的に進歩したことはないと考え、文明を見限るべきである。

5．人類は、自らの知恵と技で自然に挑み、世界を変革できるという傲慢《ごうまん》さを捨て、自然との共生をはかるのがよい。

6．近代文明の進歩とは人間の幻想であり、人間はこれまでも自然を克服《こくふく》してはいなかったことを自覚すべきである。

2.「阪神淡路大震災」をきっかけとした近年の一連のボランティア活動は、それまでの義理と人情に縛られた社会奉仕《ほうし》のあり方を、見ず知らずの被災者を有志の結集が助けるという方向に大きく転換させ、日本人を新たな公徳心に目覚めさせるという実に画期的な活動であったということ。

3.かつては血縁と地縁の範囲にしか行われなかった奉仕活動を、何の縁もゆかりもない全国の被災者に対して救済を行うように大きく転換させていった近年のボランティア活動の精神が、日本政府の出した「緊急事態宣言」によって薄れる結果につながってはならないということ。

4.「緊急事態宣言」は、血縁・地縁に限定された社会奉仕の精神に加え、「阪神淡路大震災」以降に定着して日本人の倫理観《りんりかん》を大きく変えたボランティア精神をも封じてしまい、そのせいで必要以上に国民が無力感にさいなまれてしまっているのではないかということ。

問8　傍線部⑥「現に今、静かに発揮されている公徳心はやや後にあらためて養われたものだ、と私は考えている」とありますが、筆者はどのような事例をもとにこう考えているのですか。適切なものを次の中から二つ選び、その番号をマークしなさい。

1.商業デザインに文化性が問われるようになったため、そのデザインが日本人の行動基準にも影響を与えた。

2.一九九五年一月を境にして、日本においてはボランティア活動が普遍《ふへん》的なものになっていった。

3.かつては東京の街一帯に散乱していた家庭ゴミが、行政の活躍によって姿を消すようになった。

4.一九七〇年の富士ゼロックスの企業広告が、日本人の倫理感覚を問い直すきっかけとなった。

5.日本では八〇年代以降に入ると、現金入りの財布でさえもがきちんと警察に届けられるようになった。

6.駅の乗車口で乗客が整然と行列をつくるのが日本で普通になったのは、八〇年代ごろからだった。

問9　二重傍線部A「七転八倒」、B「刻苦勉励」のここでの意味として最も適切なものをそれぞれ一つずつ選び、その番号をマークしなさい。

A　七転八倒

1.物事の重要度の順位や立場などが逆転すること。

2.激しい痛みのあまりもだえ苦しむこと。

3.何度失敗してもくじけずに奮闘《ふんとう》すること。

4.この世の全ての現象や存在が常に移り変わること。

B　刻苦勉励

1.自らの心身を苦しめるほどに努力を重ねること。

2.他者の手を借りず、自分を励ましながら仕事をこなすこと。

3.多くの困難に打ち勝つために必死になって努力すること。

4.降ってわいてくる災いや困難に悩《なや》み苦しみ続けること。

て、新型コロナ・ウィルス肺炎の場合は戦争や自然災害による死者数以上に感染による死者数が多かった点。

4．スペイン風邪の時は、大量の戦死者を出した二つの世界大戦以上に重要な歴史的転換点が存在しなかったのに対して、新型コロナ・ウィルス肺炎の場合はこのパンデミックの発生自体がまさに歴史上の重要な転換点であると言える点。

問5　空白部Xに、意味が正しくつながるように次の六つの文を順番に入れていった場合、最後の六番目にくる文はどれですか。次の中から一つ選び、その番号をマークしなさい。

1．新型コロナ肺炎の場合、まだ第一波がいつ終わるかもわからず、終焉《しゅうえん》までに何波が襲来するのか先が見えない。

2．ところが「スペイン風邪」の鎮静《ちんせい》までには三波にわたる執拗《しつよう》な襲来があり、その度に新しい恐怖の更新が続いた。

3．そのうえこの恐怖はいつまで続くのか、先行きがまったく見えないことも焦燥《しょうそう》を煽《あお》る。

4．見えない敵が怖いのは人間の本性であって、何にどこまで脅《おび》えたらよいのか、それがわからないことが不安を倍加する。

5．もちろん地震の被害も復興に数十年を要することがあるが、少なくとも罹災《りさい》から復興に転じる見通しは数ヶ月の範囲《はんい》で立てられる。

6．地震であれ台風であれ、自然災害は目に見えるのにたいして、感染症はその病原体も感染経路も闇《やみ》に隠れている。

問6　空欄部《くうらんぶ》【 a 】～【 d 】に意味が正しくつながるように「する」「しない」というどちらかの語を入れていった場合、正しい組み合わせになっているものはどれですか。次の中から一つ選び、その番号をマークしなさい。

1．a「しない」　b「しない」
　　c「しない」　d「する」

2．a「しない」　b「する」
　　c「する」　d「しない」

3．a「する」　b「しない」
　　c「する」　d「しない」

4．a「する」　b「する」
　　c「しない」　d「する」

問7　傍線部⑤「この点でもう一つ忘れてはならないのは、近年のボランティア活動の普及であって、緊急時には奉仕《ほうし》のために身を挺《てい》『する』という常識が広まっていることだろう」とありますが、筆者はどのような考えに基づいて「近年のボランティア活動の普及」について「忘れてはならない」と考えているのですか。その説明として最も適切なものを次の中から一つ選び、その番号をマークしなさい。

1．日本政府が出した「緊急事態宣言」は、多くの専門的な職業人に自己犠牲《ぎせい》を強いるだけでなく、「阪神淡路大震災」以降に日本人の社会意識を大転換させた組織的なボランティア活動の精神まで否定することにつながっていきかねず、たいへん不本意な結果になっているということ。

3．発達した工業社会の誕生によって、近代以降の人間社会が物質的にも精神的にも豊かになっていくにつれて、近代以前の社会の生活レベルへと立ち戻ることなどできないと確信するようになった点。

4．近代文明の発達にともない、巨大化した国家が自分たちの住む世界のグローバル化を促進《そくしん》させていくにつれて、昔とは違う豊かで幸せな社会が無限に拡大していくはずだと思い込むようになった点。

問2　傍線部②「現代人の不安と恐怖は中世人の怯《おび》えよりも過酷《かこく》だといえる」とありますが、筆者はどうしてそう考えているのですか。その説明として最も適切なものを次の中から一つ選び、その番号をマークしなさい。

1．現代人は死を不都合な出来事だとして、自らを死と無縁なものだと考えようとするのに対して、中世人は自然死から刑死にいたるまで、生きていく上で人の死にふれないことがないために、死に対する耐性《たいせい》が十分についていたと考えられるから。

2．現代人は長寿《ちょうじゅ》化による恩恵により、自らの不測の死に対するおびえから解放されたのに対して、中世人は日常生活の中において宗教以上に無常に対する価値観を大切にしていたために、人の死を身近な存在としてとらえていたと考えられるから。

3．中世人の場合は、普段の生活の中で人の死に接すること自体が当たり前だという感覚が身についていたのに対して、現代人は普段から人の死から目をそむけようとする傾向があるために、人の死に対する恐怖がより強くなったと考えられるから。

4．中世人の場合は、死というもの自体が日常的な存在であり、また死についての思想も人々の間に根付いていたのに対して、現代人は近代文明の発達により死に対する耐性を失ったために、死を受け入れられなくなってしまったと考えられるから。

問3　傍線部③「無常感」とありますが、この無常感（観）をあらわした「祇園精舎《ぎおんしょうじゃ》の鐘の音、諸行無常の響きあり…」の書き出しではじまる日本の古典作品の名称として正しいものを次の中から一つ選び、その番号をマークしなさい。

1．竹取物語　　2．徒然草

3．平家物語　　4．枕草子

問4　傍線部④「『スペイン風邪《かぜ》』」とありますが、筆者によれば「スペイン風邪」の流行のどのような点が、現代の「新型コロナ・ウィルス肺炎」の流行と違うのですか。その説明として最も適切なものを次の中から一つ選び、その番号をマークしなさい。

1．新型コロナ・ウィルス肺炎の場合は、比較的平和な時代に先進諸国に打撃を与えたために歴史的な大事件になったのに対して、スペイン風邪の時は感染が二つの世界大戦の間で起きたために歴史的な大事件になりえなかった点。

2．新型コロナ・ウィルス肺炎が、世界大戦の恐れがない時代に先進国中心の被害が拡大したのに対して、スペイン風邪の時は第一次世界大戦中という時期に、当時の日本のように近代化があまり進んでいない世界で拡大したという点。

3．スペイン風邪の時は、世界大戦での死者数が感染による死者数を大きく上回ったために感染の被害が目立たなかったのに対し主義の※12イデオロギーは忘れなければならない。

おそらく二十一世紀の時代思想として、今後の日本人はこのように考えを改めるだろうし、そうあってほしいというのが私の願いである。そしてさらに私の願いを広げれば、今回の経験が伝統的な日本の世界観、現実を無常と見る感受性の復活に繋《つな》がってほしいと考える。無常感は国民の健全な思想であって、間違っても感傷的な虚無主義ではない。現実変革の具体的な知恵と技を発揮しながら、にもかかわらずそれを無常の営み、いずれは※13塵埃《じんあい》に返るつかのまの達成にすぎないと見明きらめる、醒《さ》めた感受性なのである。

⑨「色は匂へと散りぬるを、我か世たれそ常ならむ」。かな文字を読むすべての国民が学んだこの真実が、今、人知れず反芻《はんすう》され共有されつつあるように思われてならない。

（山崎正和《やまざきまさかず》「21世紀の感染症と文明」より）

※1獄門　江戸時代の刑罰《けいばつ》のうちのひとつ。

※2湯灌　葬式《そうしき》に際して遺体を洗浄《せんじょう》すること。

※3管見　筆者が自分の意見を謙遜《けんそん》して述べる言い方。

※4相互確証破壊（ＭＡＤ）　核兵器《かくへいき》保有国同士が、決定的な破壊能力を互いに保有することにより、核兵器による戦争を抑止しようとする考え方。

※5マックス・ヴェーバー　主に二十世紀初頭に活動したドイツの社会学者。

※6安息日　宗教的な理由によって、仕事を休むように定められた日。

※7阪神淡路大震災　一九九五年一月に起きた、兵庫県南部を震源とした大地震による災害。

※8醇風　人情にあつい風習。

※9つけたり　付け加え。

※10ラフカディオ・ハーン　主に明治時代に日本で活動した外国人作家。日本国籍《こくせき》を取得して小泉八雲《こいずみやくも》と名乗った。

※11コンセプト　ここでは商品の全体につらぬかれた、骨格となる発想や観点。

※12イデオロギー　ここでは政治や社会のあるべき姿についての考え方。

※13塵埃　ちりとほこり。

問1　傍線部《ぼうせんぶ》①「この悲劇が近代人の秘められた傲慢《ごうまん》に冷や水を浴びせ」について、次の二つの問いに答えなさい。

i　「冷や水を浴びせ」はここではどのような意味で使われていますか。最も適切なものを次の中から一つ選び、その番号をマークしなさい。

1．はやる心を落ち着かせ　　2．冷静さを取り戻させ

3．意気込みをくじき　　4．思い上がりをたきつけて

ii　新型コロナ・ウィルスは、近代人のどのような点に「冷や水を浴びせ」たのですか。その説明として最も適切なものを次の中から一つ選び、その番号をマークしなさい。

1．近代化による都市文明の発達に比例して人間の生活空間を世界中のあらゆる場所に不断にひろげていくにつれて、もはや現在の自然界には自分たちの知らない場所など存在しないとうぬぼれるようになった点。

2．近代文明の発達によって、それまでの時代のように人間の生命や財産の存在が、もはや自然によって左右されることがなくなるにつれて、人類が過去とは違う次元の世界に生きていると過信するようになった点。

美徳はつい昨日まで栄え続けたのであった。

　はたしてこの日本人の美徳が国難に勝ち、このままぶじに最終局面を迎えられるかどうかはわからない。意外な七転八倒[A]が待ち受けている恐れもないではないが、歴史上すべての疫病《えきびょう》はいずれ終息することが知られている。⑦現在の新型コロナ肺炎の去った後に、どんな将来世界が残るのか、いな、残さねばならないかは今から考えておいてよい課題だろう。

　十四世紀のペスト大流行の結果、西洋社会が構造的変化を見せ、封建時代の終わりを準備したというのは有力な説である。人口の激減が荘園経営を困難にし、労働生産性を高めたのが産業近代化への道を開いたというのだが、もしそうなら同じ程度の変化が二十一世紀に起こるとは考え難い。遠い未来に現れる影響は予言できないが、当面の世界は別の緊急の問題を抱えていることが、このコロナ禍によって先鋭に暴露されたからである。

　ほかならぬグローバル化がそれであって、これが疫病流行の直接の原因だったことは問わないまでも、この災厄《さいやく》の防御《ぼうぎょ》に何の役にも立たなかったことは露骨なほど明白だった。民衆を守ったのは国家であって、それも自衛のために一国主義的に働く国家であった。この国家の姿勢の是非《ぜひ》は暫《しばら》く措《お》いて、万人が思い出したのは、市場は富の分配には貢献《こうけん》するが、富の再分配に役立つのは国家だけだ、という永遠の真理ではなかっただろうか。

　たぶん今後の人類はグローバル化の暴走には慎重《しんちょう》になり、とくに巨大グローバル企業の国家への挑戦に批判的になるだろう。納税すべき国家を巨大企業が選択できるような事態を避け、民意が企業経営に及ぶ政治体制を維持《いじ》するために、あらためて国際協調の努力が期待されるし、それが必須《ひっす》になるだろう。

　もう一つ、その国家が泥沼《どろぬま》を脱した後に急ぐべきことは、未来世代との平等の問題であり、今回の緊急対策で生じた天文学的に巨大な将来への借財の処理である。そのためには経済の回復に努めるとともに、思い切った所得税改革による高度累進《るいしん》課税の復活を図るのも一策だろうし、思いつきだが、排他的経済水域内の海底資源を前もって国有化しておくのも知恵だろう。レアメタル、レアアースを含む日本近海は財源の宝庫であり、採掘《さいくつ》者に特別に高額の税を課して、未来世代への遺産とすることも一考に値いするはずである。

　しかしそうした現実の課題と並んで、おそらくそれ以上に重大なのは、⑧やがて起こり始める国民各自の世界観の転換であろう。冒頭《ぼうとう》で述べたことだが、今回の歴史的な悲劇を経験することを通じて、誰しも実感したのは自己が密かに抱いてきた近代的な傲慢だったにちがいない。疫病が社会を世界規模で揺《ゆ》るがすのは昔の話であって、現代はつとに別次元の時代を画しているという通念が傲慢にほかならず、ただの妄信にすぎなかったことを万人が思い知ったのではないだろうか。

　現代もまた歴史的に古代や中世に直結しており、その間に多彩《たさい》な変化や改良は試みられたものの、文明の進歩と呼びうる価値的な飛躍は起こらなかった。文明は自然との交渉《こうしょう》のなかで勝ったことは一度もなく、何千年も暫時《ざんじ》の妥協を繰り返してきたにすぎない。今後もその事態は続くだろうし、人類は文明を守る努力は捨てられないが、文明を進歩させるという迷信は諦《あきら》めるべきである。当面の現実を変える刻苦勉励[B]は怠《おこた》ることなく、しかしそれが歴史を画するという世界観、進歩ただ一つ、勝ち戦の朗報と呼べる記事を載せていて、新感染症が国際的に認知されて一ヵ月の内に、早くも医学者はウイルスの蛋白質《たんぱくしつ》の立体構造、遺伝子の塩基配列を発見し、ワクチン製造の端緒に漕《こ》ぎ着けたと報じている。ひたすら隠忍の今の日本人の糧《かて》となるのはこういう情報であって、最低一、二年はかかるといわれるワクチン完成についても、刻々にどの段階まできたのか、期間の短縮にはどんな支援《しえん》が必要で何がなされているかを報《しら》せることだろう。

取材される国民の表情は穏やかだと書いたが、間違いなく、「緊急事態宣言」後の日本人の行動ぶりは国際的に見ても良識に満ちている。アメリカやインドで外出自粛《じしゅく》への反発が強まり、デモや暴動が起こったりしているのを見るにつけて、繁華街《はんかがい》も観光地も閑散《かんさん》とさせ、学習塾《じゅく》や老人介護施設の一部自主休業にまで甘んじた自制心は特記に値いする。企業《きぎょう》の在宅勤務は宣言の発令まえから始まり、出勤時間の短縮を加えるとすでに事務室の大半は空席と化している。組織に親しみ、和合を尊んで働いてきた企業人間が、孤立と自己管理の厳しさをみずからに課している。反対に、これまで独立自尊の労働を営んできた零細《れいさい》自営業者は、一斉に休業の勧告《かんこく》を受け入れ、あるいは無収入の窮状《きゅうじょう》を忍び、あるいは工夫を凝《こ》らして共同事業の道を模索《もさく》している。

日本人の良識と自制心は長い歴史を持ち、※10ラフカディオ・ハーンの見聞記にも記録されているが、⑥現に今、静かに発揮されている公徳心はやや後にあらためて養われたものだ、と私は考えている。たとえば前回の東京オリンピックのまえ、一九六〇年代前半の東京では、街にも水路にも家庭ゴミが散乱して腐臭《ふしゅう》を放っていた。オリンピックを迎える準備のなかで行政が奮起して、ゴミ入れのペール缶《かん》を家庭に配布し、ゴミ収集車を配備してようやく街からゴミの姿が消えたのだった。

日本人の社会感覚が顕著《けんちょ》に変わり、美と倫理《りんり》の基準が新しく芽生え直したのは、私の記憶では一九七〇年代の初めではなかったかと思う。たまたま富士ゼロックスの企業広告が七〇年、「モーレツからビューティフルへ」と訴えたのが印象的だったが、その後の歴史はこの標語を忠実に実現するものになった。

経済成長はまだ続いていたものの、その内容はしだいにハードからソフトへと変わり、量産一点張りからデザインや※11コンセプト重視へと移っていった。ほかでもすでに書いたが、このころ隆盛《りゅうせい》を見せ始めたTシャツが典型的であって、原料費一〇〇円の木綿布にたいして、デザインを施すと三〇〇〇円で売れるというギャップにも、苦情を言う人はいなくなった。商品全体の多様化も足早に進み、「多品種少量生産」がスローガンとされるにつれて、デザインの文化性、さらに文化産業への傾倒《けいとう》はますます強まることになった。

身辺を美しくすることに関心が移るのに並行して、同じころから人々がおこないを美しくすることに傾き始めたのは、面白い暗合であった。八〇年代には、銀座で立ち小便をする紳士《しんし》の姿は消え、交通渋滞《じゅうたい》に苛立《いらだ》ってクラクションを鳴らす運転者は皆無となった。犯罪率が低下したのはもちろん、家庭ゴミを分別して出す習慣が確立し、駅の乗車口で乗客が行列して待つ風景も普通になった。落とし物や忘れ物が持ち主に返る割合で現在の日本は世界一であり、現金入りの財布でさえ警察に届けられる希有《けう》の国である。それらの頂点として、ボランティア活動が不動の風習となったのが一九九五年一月であり、そのれも何かを「【 b 】」ことであって、何かを「【 c 】」ことの正反対の要請である。

欧米《おうべい》を含め、諸外国政府の措置《そち》はもっと強硬であって、法的手段にもとづく都市封鎖《ふうさ》をおこない、不要不急の外出者に罰金《ばっきん》を科すという荒業《あらわざ》を見せている。日本の政策ははるかに良識的だが、皮肉をいえば、その分だけ、国民は自分の意志で何かを「【 d 】」という決断を強いられているともいえる。しかしこの選択は誰が考えても避《き》け難いものであって、いま国民にできることは何一つない。

目下、働いているのは医師、看護師、検査技師といった医療《いりょう》従事者であり、この専門家の壮烈《そうれつ》な奮闘《ふんとう》ぶりは日々に報道されている。そのほかにいわゆる「エッセンシャル・ワーカー」と呼ばれる人々が、輸送や物流の最前線を支えていることが知られている。一般の国民は彼らの奮励と自己犠牲《ぎせい》を目の当たりにするにつけ、ますます自分が何もしていない現実を思い知らされることになる。

振り返れば近代的な人間にとって、何もしないことが美徳であった経験は一度もない。※5マックス・ヴェーバーの説く資本主義の徳目の筆頭は、いうまでもなく時間を惜しんで働き続けることであった。とりわけ日本人は近代以前から勤勉であり、宗教的な「※6安息日」の観念を持たないこともあって、休むことが奨励《しょうれい》に価いするなどとは夢にも思ったことがなかった。「緊急事態宣言」発令後の国民の動向を見ても面白いが、明らかに週日の通勤日の外出者の数が多く、週末の行楽外出の数を上回っているのが報じられている。

⑤この点でもう一つ忘れてはならないのは、近年のボランティア活動の普及であって、緊急時には奉仕《ほうし》のために身を挺《てい》「する」という常識が広まっていることだろう。この活動はほぼ「※7阪神淡路《あわじ》大震災」のころに盛り上がって定着し、日本人の社会意識の大きな転換を反映したものであった。それまでの数世紀にわたって、日本人の社会奉仕は血縁・地縁の範囲《はんい》に限られていて、民衆が善意を発揮する相手は義理と人情の及ぶ顔見知りだけであった。それが「阪神淡路大震災」では全国から延べ百数十万の有志が結集して、昨日まで何の縁もゆかりもなかった被災者を救済した。

これは日本人にとって倫理《りんり》感覚の大転換であり、新しい公徳心の目覚めだと私は考えるのだが、東日本大震災、熊本地震など長らく続いた※8醇風《じゅんぷう》も今回は禁じられた。それどころか今は血縁・地縁者に犠牲が出ても、助けに行か「ない」ことが美徳とされているのである。「緊急事態宣言」から二週間、テレビに取材される日本人の表情は穏《おだ》やかで、ただ「ストレスが溜《た》まる」、「いらいらが募《つの》る」と呟《つぶや》くばかりだが、こうして察すると国民の耐えている心情の奥行きはかなり深いといえる。

※9つけたりだが、耐え忍ぶ国民のために一言だけ加えれば、なぜか政府もジャーナリズムもこの数ヶ月、「コロナとの闘《たたか》い」を口にしながら、闘いの攻めの部分の情報を十分に伝えていないのは奇妙である。医療現場の苦闘の模様は周知されているが、それはあたかも負け戦のようなありさまに重点が置かれ、人材や器具機材の不足ばかりが訴《うった》えられている。この闘いの勝ち戦への側面、すなわち治療法と特効薬の発見、とりわけワクチンの開発状況については情報不足が著しいのである。

管見するところでは、「日経サイエンス」誌の二〇二〇年五月号がラリアを原因とする熱病）とどこが異なるのか。近代は世界の空間を広げ、グローバル化を達成したと思っていたが、今回のウイルスはその全体を覆《おお》っているのだから、逃げ場がないという意味では前近代の村落と同じではないか。

さらに考えると、②現代人の不安と恐怖は中世人の怯《おび》えよりも過酷《かこく》だといえる。中世においてはまず死が日常のなかにあって、人々がそれに耐《た》える感性を備えていたからである。戦争が日々に街なかで闘《たたか》われ、斬首《ざんしゅ》や※1獄門《ごくもん》という刑も大衆の面前で執行《しっこう》された。もとより餓《が》死者《ししゃ》や病死者の数も多く、街頭で行き倒《だお》れを見る機会も少なくなかった。人々は家族の死を家庭のなかで看取り、※2湯灌《ゆかん》から納棺《のうかん》、土葬《どそう》までみずからの手でおこなっていた。

これに応じて民衆の心の備えも手厚く、信仰心も強ければ世界観としての③無常感も身につけていた。とりわけ日本人の無常感は独特の感性であって、特定の宗教宗派を超えてこの世と我が身の儚《はかな》さを見明きらめ、そのことをおびただしい歌に詠《よ》んで、諺《ことわざ》にも記してみずからに言い聴《き》かせてきたのだった。

一方、現代人は長らく死から逃避《とうひ》し、死から目をそむける習慣を養ってきた。死体の処理は専門家の手に委ね、葬儀《そうぎ》でさえしだいに簡略化する方向を選んできた。とくに第二次世界大戦後の日本人は戦死者を見聞する機会もなく、長寿《ちょうじゅ》社会を謳歌《おうか》するなかで死を直視する強《きょう》靭《じん》さを失ってきた。昨今の報道で新型コロナ肺炎による国内外の死者の数を知り、死が他人事ではないことを感じる恐怖は格別に深いはずなのである。

ちなみに近代にも世界的感染拡大（パンデミック）の記録はあって、それがあまり記憶《きおく》されていないのが不思議とされている。ほかならぬ俗称《ぞくしょう》「スペイン風邪《かぜ》」であって、一九一八年から翌年にかけて世界では二五〇〇万人、日本でも三九万人の死者を出した大惨劇《だいさんげき》であった。これが容易に忘れられたのは不審《ふしん》だという声もあるが、※3管見によれば理由は単純であって、事件がまさに第一次世界大戦の終末期に起こったからである。人心が人間の死に慣れ、しかも平和の喜びという別の興奮に沸《わ》いていたのが特殊《とくしゅ》事情であった。

さらに二〇年を挟《はさ》んで二〇世紀には第二次世界大戦も起こり、その陰で④「スペイン風邪」は歴史的記念碑となる機会を失った。その点、今日の新型コロナ肺炎はやはり独特であって、冒頭《ぼうとう》に述べた歴史の転換点を刻印する可能性は十分にある。第一に、「※4相互確証破壊（ＭＡＤ）」の深化とそれを指導者が自覚したことによって、第三次世界大戦の恐れは小さくなった。第二に、問題のパンデミックが近代化の最先進国、アメリカとヨーロッパ、それに日本を深く剔《えぐ》ったからにほかならない。

数々の自然災害と比べても、感染症の人に与える恐怖と不安は独特のものであって、深刻さは桁《けた》はずれに大きい。

X

しかしとくに近代人にとってこの災害が耐えがたいのは、それに対抗して「【　a　】」ことがないということではないだろうか。日本政府の「緊急事態宣言」を受けて、国民が要請《ようせい》されているのは外出しないことであり、出勤しないことであり、営業しないことである。いず

【国　語】（五〇分）〈満点：一〇〇点〉

第一問　次のA～Eの各文について、傍線部《ぼうせんぶ》のカタカナと同じ漢字を用いるものを、それぞれの選択肢の中から一つずつ選び、その番号をマークしなさい。

A　部長が昇進し、取締役にシュウニンした。
1．企業《きぎょう》のシュウエキを向上させる。
2．客席のカンシュウが一斉に拍手をした。
3．全社員が本社へとサンシュウする。
4．元日本代表選手のキョシュウが注目される。

B　「ご意見につきましては、ゼンショさせていただきます。」
1．衝突事故のスンゼンでからくも脱出した。
2．不測の事態に備えてジゼンの策を考える。
3．「ダンゼン彼が適任者だ。」
4．壊れた建物をシュウゼンする。

C　他人の胸の内をスイリョウする。
1．自国のリョウドがおびやかされる。
2．リョウシに害獣の駆除《くじょ》を依頼する。
3．指導者としてのキリョウがある。
4．結論を出すにはザイリョウが必要だ。

D　フクザツ多岐《たき》にわたる難しい問題だ。
1．フクショウとして、十万円をもらった。
2．結婚してコウフクな家庭を築く。
3．この薬を一日三回フクヨウしている。
4．トンボの目はフクガンだ。

E　読み終えた小説の内容をカンケツに説明した。
1．大統領から感謝をあらわすショカンが送られてきた。
2．それはカンカすることのできない問題だ。
3．昨日は一日中カンダンなく雨が降り続いていた。
4．マラソンコースをカンソウする。

第二問　次の文章を読んで、後の設問に答えなさい。

今回の「新型コロナ・ウイルス肺炎」の蔓延《まんえん》は、二つの意味で「歴史的」な事件と見なされることだろう。まずはもちろん、これが現代史を分かつ画期的な惨事《さんじ》として、未来の文明に深い影響を残すだろうからである。だがそれ以上に大きい意味は、①この悲劇が近代人の秘められた傲慢《ごうまん》に冷や水を浴びせ、人類の過去の文明、都市文明発祥《はっしょう》以来の歴史への復帰を促《うなが》すと考えられることである。

近代と呼ばれる時代にはいくつかの段階があるが、その段階を自覚するごとに人類は傲慢になってきた。工業が誕生して富が天候に左右されなくなるにつれて、幼児死亡率が減って平均寿命《じゅみょう》が延びるにつれて、人類は過去とは異質の時代にはいったと錯覚《さっかく》してきた。近代化への「離陸（テイク・オフ）」が世間の標語となり、人は幸不幸の両面を含《ふく》めて古い昔とは別世界にはいったと妄信した。

だが悪疫《あくえき》の流行という目前の惨事は、あまりにもあけすけにこの傲慢をあざ笑った。感染という言葉こそ新しいが、病気が移り、はやるという現象には千年前と何の違いがあるのか。目に見えぬ恐怖に脅《おび》えるという実感のうえで、現状は西洋中世のペストや日本の瘧《おこり》（主にマ

MEMO

大切なことはメモしておこうネ！

2021年度

解　答　と　解　説

《2021年度の配点は解答欄に掲載してあります。》

＜数学解答＞《学校からの正答の発表はありません。》

1　(1)　ア　4　イ　4　ウ　3　(2)　エ　2　オ　3　(3)　カ　2　キ　6
(4)　ク　3　ケ　8　(5)　コ　6　(6)　サ　1　シ　2

2　(1)　ア　1　イ　0　(2)　ウ　1　エ　8　オ　9
(3)　カ　1　キ　2　ク　0　ケ　2　コ　0

3　(1)　ア　9　(2)　イ　6　ウ　0
(3)　エ　3　オ　9　カ　2　キ　1　ク　5　(4)　ケ　9　コ　2　サ　2

4　(1)　ア　3　イ　3　(2)　ウ　1　エ　8　オ　6　カ　3
(3)　キ　2　ク　3　ケ　9　コ　3　サ　3

5　(1)　ア　3　イ　2　(2)　ウ　4　(3)　エ　4　オ　7　カ　9

○推定配点○
プログレス・アドバンスコース　1　各7点×6　2　(1)・(2)　各7点×2　(3)　各6点×2
3　(1)・(2)　各7点×2((2)完答)　(3)　各5点×2　(4)　8点　4　(1)・(3)　各6点×3
(2)　8点　5　(1)　6点　(2)　8点　(3)　10点　計150点
スタンダードコース　1　各5点×6　2　各4点×4　3　(3)　各3点×2　他　各4点×3
4　(1)　4点　(2)　6点　(3)　各4点×2　5　(1)　4点　(2)　6点　(3)　8点
計100点

＜数学解説＞

1　(小問群－平方根の計算，文字式の計算，因数分解，円の性質，角度，正八面体の辺の数と頂点の数，さいころと確率，角度)

(1)　$\frac{2}{\sqrt{3}}+(\sqrt{3}-1)^2=\frac{2\sqrt{3}}{3}+3-2\sqrt{3}+1=\frac{2\sqrt{3}}{3}-\frac{6\sqrt{3}}{3}+4=4-\frac{4}{3}\sqrt{3}$

基本　(2)　$(4a^3b^2)^2\div(2ab)^3=16a^6b^4\div8a^3b^3=2a^3b$

基本　(3)　$a^2-4a-12$について，和が-4，積が-12になる2数は2，-6　よって，$a^2-4a-12=(a+2)(a-6)$

(4)　$\overset{\frown}{AB}:\overset{\frown}{BC}=2:3$なので，$\overset{\frown}{AB}$に対する円周角∠ACB＝$2x$とすると，$\overset{\frown}{BC}$に対する円周角∠BAC＝$3x$　三角形の内角の和はだから180°，$2x+3x+85°=180°$　$5x=95°$　$x=19°$　接線を通る弦と接線の作る角はその角内にある弧に対する円周角に等しいから，∠BAX＝∠ACB＝19°×2＝38°

(5)　正八面体の辺は12本あり，頂点の数は6個だから，$a-b=6$

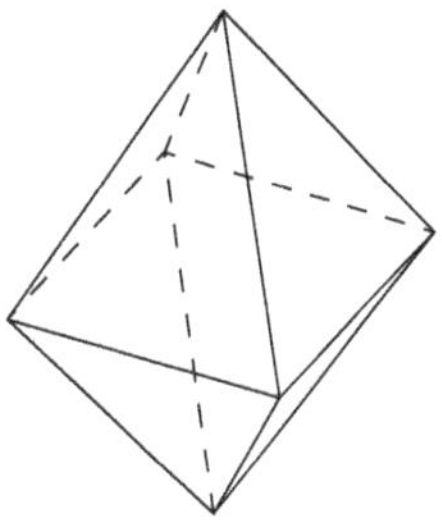

(6)　さいころの向かい合う面にある数の和が7なので，1と書かれている面と向かい合う面に書かれている数は6，2と書かれている面と向かい合う面に書かれている数は5　よって，aは6，cは5である。bとdには3か4が入り，$(a, b, c, d)=(6, 3, 5, 4)$，$(6, 4, 5, 3)$の2通り

の場合にさいころができる。4枚のカードがa，b，c，dに入る入り方の総数は$4\times3\times2\times1=24$（通り）あるので，さいころができる確率は，$\frac{2}{24}=\frac{1}{12}$

2 （場合の数，自然数の性質―3個のさいころの目の出方）

（1） 3個の数の和が6になるのは，（1，1，4）の場合が，大中小のどのさいころが4になるかで3通りある。（1，2，3）の場合が，異なる3個の数の並び方の数の$3\times2\times1=6$（通り）ある。（2，2，2）の場合が1通りある。よって，$3+6+1=10$（通り）

重要 （2） 3個の数のうちの1個以上が偶数のときに3個の数の積が偶数になる。よって，すべての出方の数から3個とも奇数の場合の数を引けばよい。3個の数の出方の総数は，$6\times6\times6=216$（通り），3個とも奇数の数の出方は$3\times3\times3=27$（通り）　よって，出た目の数の積が偶数となるのは，$216-27=189$（通り）ある。

やや難 （3） すべてのさいころの目の数が異なるのは，異なる6個の数のうちの3個を並べる場合であり，その数は$6\times5\times4=120$（通り）ある。大の目が最も大きく，小の目が最も小さくなる場合は，（大，小）＝（6，4）⇒中の目が5　（大，小）＝（6，3）⇒中の目が5，4　（大，小）＝（6，2）⇒中の目が5，4，3　（大，小）＝（6，1）⇒中の目が5，4，3，2　（大，小）＝（5，3）⇒中の目が4　（大，小）＝（5，2）⇒中の目が4，3　（大，小）＝（5，1）⇒中の目が4，3，2　（大，小）＝（4，2）⇒中の目が3　（大，小）＝（4，1）⇒中の目が3，2　（大，小）＝（3，1）⇒中の目が2　よって，$(1+2+3+4)+(1+2+3)+(1+2)+1=20$（通り）ある。

3 （関数・グラフと図形―yがxの2乗に比例する関数，正六角形，直線の式，面積の2等分，相似，面積比）

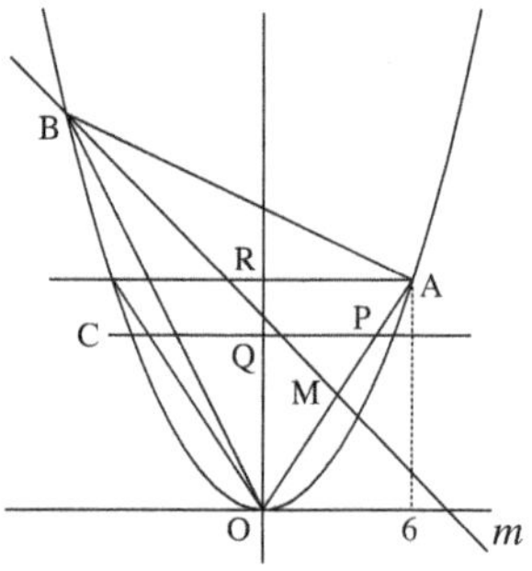

基本 （1） 点Aは関数$y=\frac{1}{4}x^2$のグラフ上にあって，x座標が6だからY座標は，$\frac{1}{4}\times6^2=9$である。

（2） yの最小値が0なので，xの値は0以下である。また，xの値が$-6\leqq x\leqq0$のときにyの値は9以下になるから，$-6\leqq x\leqq0$のときに$0\leqq y\leqq6$となる。よって，$-6\leqq b\leqq0$

（3） A（6，9）なので，線分OAの中点の座標は，$(6\div2,\ 9\div2)=\left(3,\ \frac{9}{2}\right)$　線分OAの中点をMとすると，△OMBと△AMBはOM，AMをそれぞれの三角形の底辺とみたときに高さが共通なので面積が等しい。直線mは点M$\left(3,\ \frac{9}{2}\right)$を通るときに△OABの面積を2等分するから，$\frac{9}{2}=-3+a$　$a=\frac{15}{2}$

やや難 （4） △OACの面積を2等分するx軸に平行な直線とOAとの交点をP，y軸との交点をQ，ACとy軸との交点をRとすると，△OPQと△OARは2組の角がそれぞれ等しく相似である。相似な図形では面積の比は相似比の2乗に等しいので，OQ＝zとすると，△OPQ：△OAR＝$z^2:9^2=1:2$　$2z^2=81$
$z=\sqrt{\frac{81}{2}}=\frac{9}{\sqrt{2}}=\frac{9\sqrt{2}}{2}$

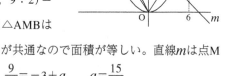

4 （平面図形―円の性質，三平方の定理，長さ，面積）

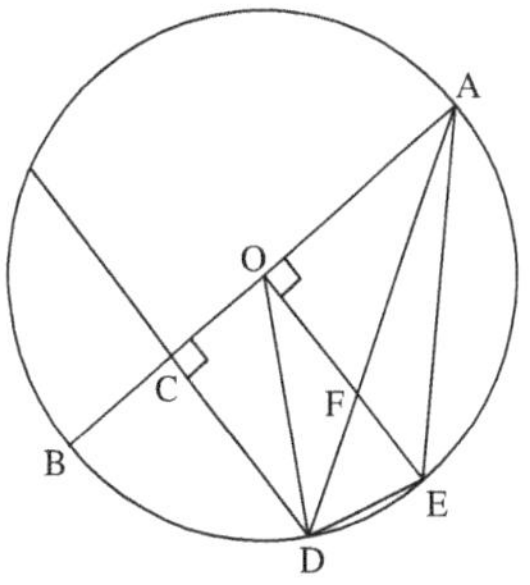

基本　(1)　半径ODを引いて，△OCDで三平方の定理を用いると，$CD^2=OD^2-OC^2=6^2-3^2=27$　　$CD=\sqrt{27}=3\sqrt{3}$

重要　(2)　OF//CDなので，OF：CD＝AO：AC＝6：9＝2：3　　OF：$3\sqrt{3}$＝2：3　　OF＝$2\sqrt{3}$　　よって，EF＝$6-2\sqrt{3}$　　$\triangle AEF=\frac{1}{2}\times EF\times AO=\frac{1}{2}\times(6-2\sqrt{3})\times6=18-6\sqrt{3}$

重要　(3)　AF：AD＝AO：AC＝2：3　　△DEFと△AEFはDF，AFをそれぞれの底辺とみたときに高さが等しいから，面積の比は底辺の比に等しい。△DEF：△AEF＝DF：AF＝1：2　　△DEF：$(18-6\sqrt{3})$＝1：2　　△DEF＝$9-3\sqrt{3}$

5 （空間図形―切断，三平方の定理，面積，体積）

(1)　△BMNの面積は，正方形ABCDの面積から△ABM，△CBN，△DMNの面積を引いて求めることができる。よって，$2\times2-\frac{1}{2}\times2\times1-\frac{1}{2}\times2\times1-\frac{1}{2}\times1\times1=\frac{3}{2}$

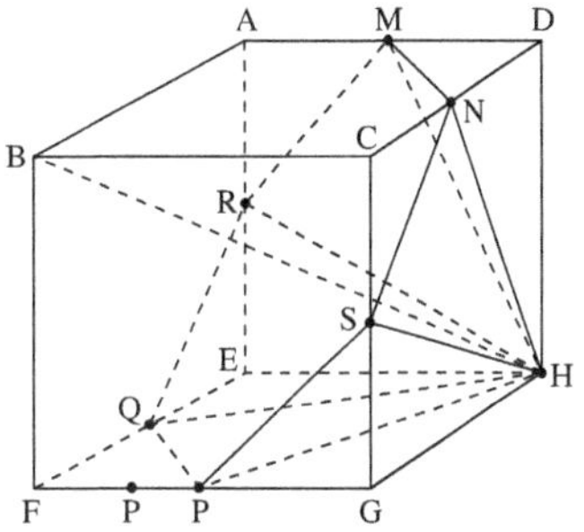

重要　(2)　図1のように，3点M，N，Pを通る平面が辺EF，AE，CGと交わる点をそれぞれQ，R，Sとする。平行な平面に他の平面が交わるとき，その交わりの直線は平行になるから，MN//QP　また，MN//GE　よって，PQ//GEであり，点QはEFの中点である。また，点Mと点QのAEについての位置関係が同じであり，点Nと点Pも同様だから，点R，点Sもそれぞれ AE，CGの中点である。また，MP，NQ，RSは1辺が2の正方形の対角線の長さなので$2\sqrt{2}$であり，それぞれの中点で交わるから，切断面は1辺の長さが$\sqrt{2}$の正三角形が6個でできる正六角形である。1辺の長さが$\sqrt{2}$の正三角形の高さは，$\sqrt{2}\times\frac{\sqrt{3}}{2}$なので，面積は$\frac{1}{2}\times\sqrt{2}\times\left(\sqrt{2}\times\frac{\sqrt{3}}{2}\right)=\frac{\sqrt{3}}{2}$　　BHは1辺が2の立方体の対角線なので$2\sqrt{3}$であり，切断面で2等分されているので，六角すいH－MNSPQRの体積は，$\frac{1}{3}\times\frac{\sqrt{3}}{2}\times6\times\sqrt{3}=3$　　三角すいH－DMN，H－EQR，H－GPSの体積はいずれも$\frac{1}{3}\times\left(\frac{1}{2}\times1\times1\right)\times2=\frac{1}{3}$だから，立体Yの体積は，$3+\frac{1}{3}\times3=4$（立方体が切断面によって2等分されていることを見抜けば，$2\times2\times2\times\frac{1}{2}=4$として求めることができる。）

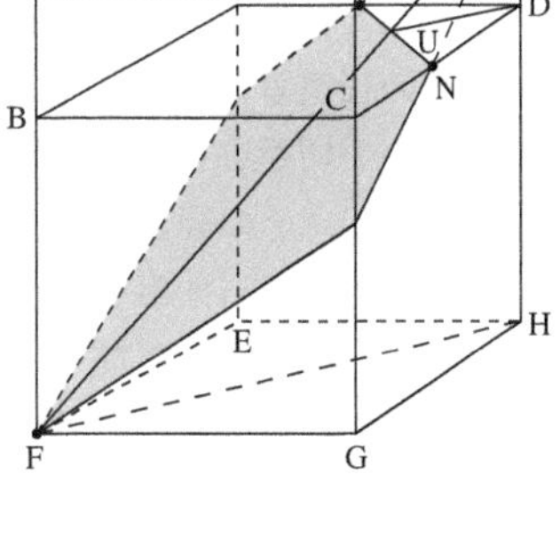

やや難　(3)　MNの中点をUとし，FUとHDの交点をVとする。DU//HF，DU：HF＝1：4なので，VD：VH＝1：4　　VD＝xとすると，VD：VH＝x：$(x+2)$＝1：4から，x＝VD＝$\frac{2}{3}$　　VH＝$\frac{8}{3}$
点Vを通り面ABCDに平行な平面を考えて，図2のような横2，縦2，高さ$\frac{8}{3}$の直方体を作ると，立体Yは，横2，縦2，高さ$\frac{8}{3}$の直方体を2等分した立体から三角すいV－DMNを除いたものとなる。よって，その体積は，$2\times2\times\frac{8}{3}\times\frac{1}{2}-\frac{1}{3}\times\left(\frac{1}{2}\times1\times1\right)\times\frac{2}{3}=\frac{16}{3}-\frac{1}{9}=\frac{47}{9}$

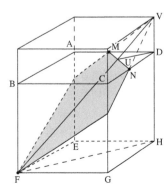

★ワンポイントアドバイス★

1(4)は，弧の長さと円周角の比が等しいことを使う。3(4)は，相似な図形では面積の比が相似比の2乗になることを利用する。4(2)・(3)は三角形のどの辺を底辺にするかを考える。5は，立方体や直方体を2等分する方法を考えるとよい。

＜英語解答＞ 《学校からの正答の発表はありません。》

Ⅰ　問1　【あ】②　【い】④　【う】⑤　【え】③　【お】①
　問2　①　問3　④，⑤

Ⅱ　問1　③　問2　①　問3　②　問4　②　問5　①　問6　①
　問7　②，④，⑧

Ⅲ　(1)　(A)　③　(B)　②　(C)　①　(2)　(A)　⑥　(B)　③　(C)　⑧
　(3)　(A)　④　(B)　③　(C)　②　(4)　(A)　②　(B)　①　(C)　⑧
　(5)　(A)　⑦　(B)　⑤　(C)　④

○推定配点○

プログレス・アドバンスコース　Ⅰ　各5点×8　Ⅱ　各10点×9　Ⅲ　各4点×5(各完答)
計150点

スタンダードコース　Ⅰ　問1　各4点×5　問2・問3　各5点×3　Ⅱ　各5点×9
Ⅲ　各4点×5(各完答)　計100点

＜英語解説＞

Ⅰ　(長文読解・物語文：語句補充，内容吟味)

(全訳)　ある経営者は返済できるよりずっと多くのお金を借りた。彼は何をすべきかわからなかった。

多くの人々が彼からお金を返してもらいたいと思っていた。彼は公園のベンチに座り，頭を抱えて「仕事を失うことから自分を救えることは何かあるだろうか」と心の中で思った。

突然，老人が彼の前に現れた。「あ何かがあなたを悩ませていることがわかります」と言った。

経営者の話を聞いた後，老人は「い私はあなたを助けられると信じています」と言った。

彼はその男に名前を尋ね，小切手を書き，それを手に押し込んだ。彼は「うこのお金を持っていきなさい。ちょうど1年後，ここで会いましょう。そしてそのときに私に返済してください」と言った。

そして彼は振り向き，できるだけ早く姿を消した。

その経営者は，世界で最も裕福な男性の一人であるジョン・D・ロックフェラーが署名した50万ドルの小切手を手の中に見た！彼は「え資金の心配はすぐに消えてしまった」と心の中で思った。

しかし，その経営者は金庫に小切手を入れることにした。彼は「(1)そこにあるということを知っているだけで，仕事を救う力を与えるかもしれない」と考えた。

新しい決意で，再び一生懸命働き始めた。彼は後でビジネスパートナーにすべてのお金を返すと約束した。彼は喜んでどんな仕事も引き受けた。数ヶ月以内に，彼はすべてのお金を返済し，さらには再びお金を稼ぎ始めた。

ちょうど1年後，彼は小切手を持って公園に戻った。約束したように，老人が現れた。しかし，ちょうど彼が小切手を返して彼の成功を伝えようとしたとき，看護師が駆け寄ってきて，その老人を捕まえた。「お捕まえてうれしいわ！」と彼女は叫んだ。「彼があなたに問題を起こしていなければいいのですが。彼はいつも病院から逃げ出し，ジョン・D・ロックフェラーだと人々に言っているのです」驚いた経営者は一言も言わずにそこに立っていた。一年中，彼は彼が50万ドルを持っていると信じていたので，彼はできるだけ一生懸命働いた。

突然，お金が人生を好転させるものではないことを発見した。一生懸命働くことで，彼は何でも可能にするための力を取り戻した。

重要 問1 【あ】 この後，経営者が自分の話をしていることから判断する。 【い】 困っている話を聞いたことに対する返事なので，「助けることができる」という返答が適切。 【う】 小切手を手渡した後にふさわしい返答を選ぶ。 【え】 小切手を使えば，資金についての心配はなくなるが，使わずに金庫に入れていたことからわかる。 【お】 看護師が老人を捕まえたことから判断できる。

問2 もらった小切手を使わずに金庫に入れたことから，小切手があるというだけで力が与えられるかもしれないのである。

問3 ① 「経営者が借りたお金を返す方法を見つけたので，彼は一生懸命働かなかった」 第9段落第1文参照。一生懸命働き始めたので不適切。 ② 「老人は経営者を知っていたので，すぐに小切手を書き出し，経営者に渡した」 第5段落第1文参照。経営者に名前を尋ねているため，経営者のことを知らないので不適切。 ③ 「老人が経営者に小切手を渡してからちょうど1年後，老人は看護婦と一緒に公園に来た」 第10段落第3文参照。看護師が後から駆け寄ってきたので不適切。 ④ 「老人はしばしば病院を抜け出し，彼が誰であるかについて嘘をついた」 第10段落第6文参照。老人は病院を抜け出し，ジョン・D・ロックフェラーだと人々に言っているので適切。⑤ 「老人の嘘は，経営者に努力する勇気を与えた」 第10段落第8文参照。老人の嘘のおかげで一生懸命働くことができたので適切。 ⑥ 「経営者は，彼がたくさんのお金で何でもできることを理解していた」 第11段落参照。お金ではなく，一生懸命働くことがなんでも可能にすることが分かったので不適切。

やや難 Ⅱ （長文読解・物語文：指示語，要旨把握，内容吟味）

（全訳） ある年のクリスマス休暇中に，私の母と7歳の妹と私はインドに2週間の旅行に行った。私は私のすべてのいとこ，おばやおじに会うことを待てなかったので，私は本当に興奮していた。私は3歳の時に彼らを訪ねた。また，自分のためにお土産や服を買ったり，観光に行ったり，タージマハルを見たり，象に乗ったり，もっとたくさんしたいと思っていた。私はインドが，ヤシの木がゆれ，巨大なショッピングセンターがある美しい場所だと想像していた。出発する前に，私は象に乗ったり，貴重な石を買ったりすることについて友達に話した。

しかし，私は間違っていた。私が飛行機から降りるとすぐに，空港全体がにおった...説明することさえできないが，おそらく前に嗅ぐことがなかったものとだけ言っておこう。それは体の匂いと車の排気ガスを合わせたようだった。私はそれが嫌いだと感じた。さらに，空港は人々でいっぱいだった！人々はお互いを押し合い，警備員に向かって叫んでいた。(1)私は夢を見ていると思った。「これは私が想像したインドではない」と感じた。私は空港から出るのを待つことができなかった。「たぶん，街は私のインドのようだろう」と心の中で思った。空港を出ると，すでに午前1時だったので，(2)私は祖母の家へ車で行く途中，あまり注意を払わなかった。

数日後，多くのことが起こった。叔母のジョイスと13歳のいとこのミシェルは一緒に時間を過ごすためにやってきた。ミシェルと妹のサマンサと私はゲームをし，本を読んだ。まもなく，私はその国を見る準備ができていた。どんな冒険が私たちを待っているのだろう。

「お母さん？」とたずねた。「今日は何をするの？本当は買い物に行って，新しい服を買いたいんだ」

「ステファニー，今日は町の公立学校に行くわよ。リラおばさんが旅行前にくれた100ドル札を覚えている？私はそこの子供たちのために学用品を買うためにお金を使うことに決めたの。そして，私は子供たちを救うために，自分の別の100ドルを使うつもりなのよ」とママが言った。

「でも今日は買い物に行きたかったんだ！旅行の前に，新しい服を手に入れると言ったよ！」私は泣いた。私は休暇を貧しい人々を助けて過ごしたくなかった。「旅行から帰ったら友達に何を伝えるべきか」と思った。

「ステファニー，私たちは別の時に買い物に行くことができるわ。でも，これらの貧しい子供たちを助けるために少し時間をかける必要があるの。10分で出発するから，妹に準備をするように言いに行って」と，ママが言った。

「ああ，わかったわ。私はなんて休暇を過ごしているのだろう！」私は言った。チャリティー活動ではなく，観光のためにインドに来た。

10分後私たちは道中にいた。自分のレンタカーさえなかった。古い人力車で悪路を旅した。

私たちが学校に着いたとき，(3)目を疑った。空気中の汚染がひどく，古い建物がたった1つしかなかった。校庭も駐車場も，何もなかった。ただ茶色の汚れた古い建物だけだ。「この小学校はとても小さい。私が国に戻って通う学校は100万倍も大きい」と思った。

私たちが到着した教室は信じられないほどだった。クラスには約40人の生徒がいて，彼らはとても弱くてやせて見えた。生徒たちはみんな立ち上がって，別の言葉で私たちに何かを言った。その後，先生は，彼らは私たちを学校に歓迎していると言った。彼らの学校のカバンは非常に小さなプラスチック製のもので，市場に行った後に手に入れるような種類だ。彼らはほんのわずかな学用品を持ち，学生のほとんどは1本の鉛筆しか持っていなかった。学年通して1本の鉛筆だけで書くことさえ想像できるか？加えて，各机に3人の生徒が座っていた。ちょうどそのとき，(4)私の心が半分に壊れたように感じた。その朝，私は本当にお金を必要とする人々がいたが，服やお土産にお金を費やしたいと思った。

私は200ドルが買えるものに驚いた。生徒一人一人が塗り絵，クレヨン，2本の新しい鉛筆，そしてキャンディーを受け取った。サマンサと私が子供たちに商品を渡したときの(5)彼らの顔の表情をあなたに見せたかった。彼らは私たちを天から送られた神聖な生き物と考えるかもしれない。商品を受け取ったすべての子供たちは，すべてにとても感謝していた。彼らの中には，すぐにキャンディーを食べ始めたり，塗り絵を始めたりした。私は生徒を笑顔にすることにとても満足していたので，私はすべてのお金を手に入れ，学校全体のすべての教室のために商品を買いたいと思った。

その日，わたしは(6)とても大切な教訓を学んだ。人生は必ずしも受け取ることではない。私が最初にインドに到着したとき，私は自分自身を申し訳なく感じた。私が考えたのは，観光と象に乗ることだった。食べ物が足りなくて，病気の人は世界中に何百万人もいる。私は地球上のすべての人間が他の誰かのために何かをすべきだと思う。たとえば，勉強が得意でない学生を指導することができる。私たちが死ぬ番になると，私たちが所有している車，私たちが卒業した大学，または新聞に何回載ったのか誰も私たちに尋ねないだろう。重要なのは，私たちが他の人にどれだけ与えたかだ。

問1　次の文に，「これは想像したインドではない」とあることから判断できる。

問2　午前1時だったので，祖母の家までの途中に，町の様子にあまり注意を払わなかった。

問3　学校の様子に目を疑ったのである。

問4　その日の朝は，服やお土産にお金を使おうと思っていたが，その気持ちが壊れたのである。

問5　子供たちにお土産を渡したときに笑顔になったことから判断できる。

問6　最終文にあるように，重要なのは他人にどれだけ与えたかである。

問7　①「父親，母親，妹と作者はインドに旅行した」 第1段落第1文参照。父親はインドに行っていないため，不適切。　②「作者と母と妹は，町の公立学校の一つで学生を助けるために200ドルを費やした」 第5段落第3文，第4文参照。リラおばさんからもらった100ドルと母の100ドルの合計200ドル費やしたので適切。　③「作者は学校の子供たちに商品を渡した後，買い物に行った」 第12段落参照。買い物には出かけていないため不適切。　④「作者の学校はインドの小学校よりずっと大きい」 第10段落最終文参照。100万倍大きいと言っているので適切。　⑤「クラスの約40人の生徒が英語で作家とその家族を歓迎した」 第11段落第3文参照。英語ではなく，別の言葉で話していたので不適切。　⑥「作者が最初にインドに着いたとき，彼女はそこに着いてうれしかった」 第2段落第5文参照。匂いが嫌だと感じているため，不適切。　⑦「作者は教室の子供たちをショッピングセンターに連れて行き，学校の物を買った」 第11，12段落参照。子供たちをショッピングセンターに連れて行っていないため不適切。　⑧「インド訪問は，作者に人生で何が重要かを考える機会を与えた」 第13段落第1文参照。小学校を訪問して，重要な教訓を得たので適切。

Ⅲ　**（語句整序問題：受動態，間接疑問文，関係代名詞，不定詞，分詞）**

基本　(1)　What is this red flower called in your (language?)　受動態の疑問文なので，be動詞を主語の前に出して英文を作る。

(2)　(I) don't know where I can take the bus(.)　間接疑問文の語順は〈know ＋疑問詞＋主語＋動詞〉の語順にする。

(3)　(What) is the best movie you have ever seen (?)　you have ever seen は前の名詞を修飾している。目的格の関係代名詞 that が省略されている。

(4)　This book will tell you how to cook(.)「～のやり方，方法」 how to ～

重要　(5)　There wasn't any bread left in the basket(.)　left in the basket は前の名詞を修飾する分詞の形容詞的用法である。

★ワンポイントアドバイス★

長文読解問題では非常に長い文章が出題されているため，過去問や問題集を用いて，数多くの英文にふれ，読解に慣れるようにしたい。

＜国語解答＞ 《学校からの正答の発表はありません。》

第一問　A　4　　B　2　　C　3　　D　4　　E　1

第二問　問1　i　2　　ii　2　　問2　3　　問3　3　　問4　4　　問5　1　　問6　3
問7　3　　問8　3・4　　問9　A　2　　B　1　　問10　4　　問11　1・5
問12　2

第三問　問1　3　　問2　1　　問3　1　　問4　2　　問5　4　　問6　1　　問7　1
問8　1・2・5

○推定配点○

第一問　各2点×5　　第二問　問1 i・問3・問8・問9・問11・問12　各2点×9
他　各5点×7　　第三問　問8　各3点×3　　他　各4点×7　　計100点

＜国語解説＞

第一問 （漢字の読み書き）

A 就任　1 収益　2 観衆　3 参集　4 去就
B 善処　1 寸前　2 次善　3 断然　4 修繕
C 推量　1 領土　2 猟師　3 器量　4 材料
D 複雑　1 副賞　2 幸福　3 服用　4 複眼
E 簡潔　1 書簡　2 看過　3 間断　4 完走

第二問 （論説文―大意・要旨，内容吟味，文脈把握，段落・文章構成，指示語の問題，脱文・脱語補充，熟語，ことわざ・慣用句，文学史）

やや難　問1　i 「冷や水を浴びせ」は，意気込んでいる人に冷水を浴びせて元気を失わせるような言動を言う。ここでは，近代人の「傲慢」に対して用いられていることから2の「冷静さを取り戻させ」が適切。3の「意気込み」は，「傲慢」にそぐわない。4の「たきつけて」は，「冷水を浴びせて」とは反対の意味。　ii 「近代人の傲慢」について，直後の段落で「近代と呼ばれる時代にはいくつかの段階があるが，その段階を自覚するごとに人間は傲慢になってきた。工業が誕生して富が天候に左右されなくなるにつれて，幼児死亡率が減って平均寿命が延びるにつれて……人は幸不幸の両面を含めて古い昔とは別世界にはいったと妄信した」と説明している。この説明にふさわしい2を選ぶ。

問2　直後で「中世においてはまず死が日常のなかにあって，人々がそれに耐える感性を備えていた」と「中世人」について述べている。「中世人」に対して，「一方で」で始まる段落で「現代人は長らく死から逃避し，死から目をそむける習慣を養ってきた……死が他人事ではないことを感じる恐怖は格別に深いはず」と「現代人の不安」について述べている。これらの内容を述べている3が適切。1の「現代人は……自らを死と無縁なものだと考え」や，2の「自らの不測の死に対するおびえから解放」，4の「死を受け入れられなくなってしまった」とは言っていない。

基本　問3　「祇園精舎の鐘の音，諸行無常の響きあり」という書き出しではじまるのは3の平家物語。

問4　同じ文「スペイン風邪」が「二〇年を挟んで二〇世紀には第二次世界大戦も起こり」「歴史的記念碑となる機会を失った」のに対して，直後の文「新型コロナ肺炎は……歴史の転換点を刻印する可能性は十分にある」点が違うと言っている。「歴史の転換点」となり得るかなり得ないかの違いを述べている4が適切。筆者は冒頭の段落で，「新型コロナ・ウイルス肺炎」の蔓延は，近代人の意識に大きな転換をもたらすと述べているので，単に「歴史的な大事件」であるかどうかの違いを述べている1は適切ではない。2の「先進国中心の被害」は誤った情報。3の「死者数」の違いを述べているわけではない。

やや難　問5　空白部Xには，直前の文の「感染症の人に与える恐怖と不安」を説明する内容が入る。まず，これまでの「感染症」以外の「地震」と「台風」という話題を挙げている6が一番目にくる。次に，6の「自然災害は目に見える」に対して，「目に見えない敵」とある4が続く。4の「不安を倍化」に，3の「先行きがまったく見えないことも焦燥を煽る」と付け加えている。3の「先行きがまったく見えない」に対して当然予想される反論を，5で「地震の……見通しは数カ月の範囲で立てられる」と述べている。5の地震の被害に対して，「『スペイン風邪』の鎮静は……恐怖の更新が続いた」と感染症の恐怖を述べる2が続き，「スペイン風邪」の恐怖をふまえて，「新型コロナ肺炎の場合……終焉までに何波が襲来するのか先が見えない」とある1が最後の六番目にくる。

問6　【　a　】の前後の文脈から，「近代人」にとって「耐えがたい」のは，どうする「ことがない」のかを考える。直後の文に「国民が要請されているのは外出しないことであり，出勤しないことであり，営業しないこと」とあるので，【　a　】に入れるのは「する」。【　b　】は，「『する』ことがない」を言い換えた「しない」を入れる。「しない」ことの「正反対の要請」は，「する」ことなので，【　c　】に入れるのは「する」。国民が要請されているのは「しない」ことなので，国民が決断を強いられているとある【　d　】には，「しない」を入れる。

やや難　問7　傍線部⑥の「この点」は，直前の段落の「何もしないことが美徳」という点を指示している。この「何もしないことが美徳」が，「近年のボランティア活動の普及」や「緊急時には奉仕のために身を挺『する』という常識」に対してどのような影響があるのか，筆者の考えを述べている「これは日本人にとって」で始まる段落に着目する。筆者は，ボランティア活動に対して「倫理感覚の大転換であり，新しい公徳心の目覚め」と評価しているが，「今回は禁じられ……助けに行か『ない』ことが美徳とされている」と憂えている。この筆者の考えに，せっかく起こったボランティア活動の精神が薄れる結果につながってはならないとある3が適切。1の「専門的な職業人に自己犠牲を強いる」という内容は本文では見られず，「否定する」とまでは言っていない。2は，「ボランティア活動」と「何もしないこと」と結びつけられていない。「日本人の倫理観を大きく変えた」のは，血縁・地域限定の社会奉仕からボランティア活動への変換なので，4の「加え」は適切ではない。

問8　「公徳心」は，社会生活をする上で道徳を守ろうとする気持ちの意味。直後の「たとえば」以降で，家庭ゴミが「ペール缶を家庭に配布し，ゴミ収集車を配備」することで「消えた」例を挙げており，この例を述べている3が適切。また，「公徳心」が「養われた」きっかけとなったのは，直後の段落の「モーレツからビューティフルへ」という企業広告なので，この内容を述べている4も適切。

基本　問9　Aの読みは「しちてんばっとう」，Bの読みは「こっくべんれい」。「刻苦」は身体を痛めつけて苦労するという意味であることから判断する。

問10　筆者が考える「将来世界」については，「たぶん今後の」で始まる段落で「グローバル化の暴走には慎重になり……巨大グローバル企業の国家への挑戦に批判的になる」と，「もう一つ」で始まる段落で「思い切った所得税改革による高度累進課税の復活を図る」「排他的経済水域内の海底資源を前もって国有化しておく」と述べている。この内容を述べている4を選ぶ。

重要　問11　同じ段落の「現代はつとに別次元の時代を画しているという通念が傲慢にほかならず，ただの妄信にすぎなかったことを万人が思い知ったのではないだろうか」からは，人類は「傲慢さを捨てるべき」とある5が読み取れる。また，「おそらく」で始まる段落の「今回の経験が伝統的な日本の世界観，現実を無常と見る感受性の復活に繋がってほしい」からは，1が読み取れる。2の「一国主義的な国家思想を復活」，3の「自然に対して妥協」，4の「文明を見限るべき」，6の「自然を克服していなかったことを自覚すべき」の部分が，筆者の考えに合わない。

基本　問12　傍線部文の後は「有為の奥山今日超えて浅き夢見し酔ひもせず」と続く。

第三問　（古文―大意・要旨，情景・心情，内容吟味，文脈把握，文と文節）

〈口語訳〉　嵯峨天皇と弘法大師は，常々書の技能をお争いになっていた。ある時，(天皇が)書跡をたくさんお取り出しになられて，大師にお見せになられた。その中にとてもすぐれた一巻があったのを，天皇が仰せになられたことには，「これは唐の人が書いたものだ。書いた人の名前はわからない。どうやっても，このようにはできるものではない。たいそうすばらしい宝である」と，しきりに大切にしていらっしゃることを，大師は，十分にお言わせになられた後に，「これは(私)空海が書いたものでございますが」と天皇に申し上げなさいましたところ，天皇は，まったく信用なさらない。(天皇は)大いにお疑いになられて，「どうして，そのようなことがあろうか。現在(大師が)書いているものとは，全く異なるものだ。はしごをかけたって(この書に)かなうものではない」と決めつけられたので，大師は，「お疑いはまさしくおっしゃる通りでございます。軸を(紙から)

離して合わせ目を御覧ください」と申し上げましたところ，天皇はすぐに(軸を)はなして御覧になると，「何年何月，青龍寺でこれを書く，沙門空海」と記されている。天皇は，この時お信じになって，「本当に私よりは勝っていらっしゃる。それにしても，どのようにしてこのように現在の勢いに，まったく変わったのか」とお尋ねになられたので，「それは国によって書き換えたのでございます。唐は大国なので，その場所にふさわしく勢いはこのよう(に強い)のです。日本は小さな国なので，その場所に従って現在のこのような勢いになってしまうのです」と申し上げになりましたので，天皇は，大いに恥ずかしがられて，その後は書の技能を争い合うことはなくなってしまったのだった。

問1　「めでたき重宝」は，すばらしい宝の意味。前の「殊勝の一巻」や同じ会話の「これは唐人の手跡なり……いかにもかくは学び難し」から，天皇が「めでたき重宝」と言った理由を読み取る。「いかにもかくは学び難し」を「とうていまねできない」と言い換えている3が適切。

問2　大師が，誰に何を「よくよく言はせ」たのか。前の「天皇仰せごとありけるは」の後から始まる会話は，天皇が秘蔵していた書を「めでたき重宝」と大師に自慢するものである。弘法大師が，天皇の持つ書の収蔵品を，天皇自身に自慢させたとある1が適切。

問3　後の注釈から，弘法大師は空海と同一人物であることを確認する。前で，天皇が所蔵していた書を見て，大師が「これは空海がつかうまつりて候ふものを」と言っている。「つかうまつる」はするという意味の謙譲語で，ここでは書くという意味になる。弘法大師が天皇の自慢する書は自分の手によるものだと申し出たことに対して，天皇は「信用なし」としている。

問4　「いかでか，さることあらん」は，どうして，そのようなことがあろうか，いや，そのようなことがあるはずがないという反語表現が用いられている。「さること」は，前の「これは空海がつかうまつりて候ふ」ことに対して言っている。

問5　弘法大師が自分の手による書だと言っても，天皇は「いかでか，さることあらん……階立てても及ぶべからず」と信用しない。そこで「御不審まことにそのいはれ候ふ。軸をはなちて合はせ目を叡覧候ふべし」と言っていることから，弘法大師は合わせ目に書かれた自分の名前を確認させようとしていることがわかる。この内容を述べている4を選ぶ。1の「腹を立て」，2の「自分が書を偽造した」は本文から読み取れない。3の「自分が唐に渡っていたことを一向に信用しない」ことを天皇が知らないのは不自然。

問6　傍線部⑥「当時の勢ひ」について，後で「唐土は大国なれば，所に相応して勢ひかくのごとし」と説明している。大国である唐土にふさわしい筆跡であることから判断する。

重要　問7　弘法大師の「唐土は大国なれば，所に相応して勢ひかくのごとし。日本は小国なれば，それにしたがひて当時のやうをつかうまつり候ふなり」という言葉を聞いて，天皇は「おほきに恥ぢさせ給ひ」て「御手跡争ひ」がなくなったのである。豊かな唐の国と比較して，書風が変わるほど，自分が統治する日本の小ささに天皇が恥ずかしく思ったとある1が適切。2の「天皇との争いを望まなかった」，4の「弘法大師のもとで腕をみがこうと思うようになった」は，本文からは読み取れない。前で「まことにわれには勝られたり」と天皇は弘法大師の実力を認めているので，3は適切ではない。

やや難　問8　「これは唐人の手なり。その名を知らず。いかにも，かくは学び難し。」という天皇の言葉と1と2が合致する。「そのことは国によりて書きかへ候ふなり。唐土は大国なれば，所に相応して勢ひかくのごとし」という弘法大師の言葉と5が一致する。他の選択肢の内容は，本文からは読み取れない。

★ワンポイントアドバイス★

選択肢は長文で，紛らわしいものも多い。選択肢が長めの練習問題を利用して慣れておくことと同時に，漢字の読み書きや文学史，慣用句などの基本的な知識はしっかりと身につけておくことを心がけよう。

MEMO

大切なことはメモしておこうネ！

2020年度

★★★★★★★★★★★★★★★★★★★★★★★

入　試　問　題

2020年度

桐蔭学園高等学校入試問題

【数　学】（60分）〈満点：プログレスコース 150点　アドバンス・スタンダードコース 100点〉

【注意】（１）図は必ずしも正確ではありません。

（２）コンパスや定規，分度器などは使用できません。

（３）分数は約分して答えなさい。

（４）根号の中は，最も簡単な整数で答えなさい。

$\boxed{1}$　次の $\boxed{}$ に最も適する数字をマークせよ。

(1)　$(\sqrt{3}+2)^2-(\sqrt{3}-1)^2=\boxed{\text{ア}}+\boxed{\text{イ}}\sqrt{\boxed{\text{ウ}}}$ である。

(2)　$(2ab^2)^3\div(ab^2)^2=\boxed{\text{エ}}ab^{\boxed{\text{オ}}}$ である。

(3)　$a^2-4+(a-2)$ を因数分解すると，$(a-\boxed{\text{カ}})(a+\boxed{\text{キ}})$ である。

(4)　右の図のように円周上に３点A，B，Cがあり，$\overset{\frown}{AB}:\overset{\frown}{BC}:\overset{\frown}{CA}=9:4:7$ である。

このとき，$\angle ABC=\boxed{\text{ク}}\boxed{\text{ケ}}^\circ$ である。

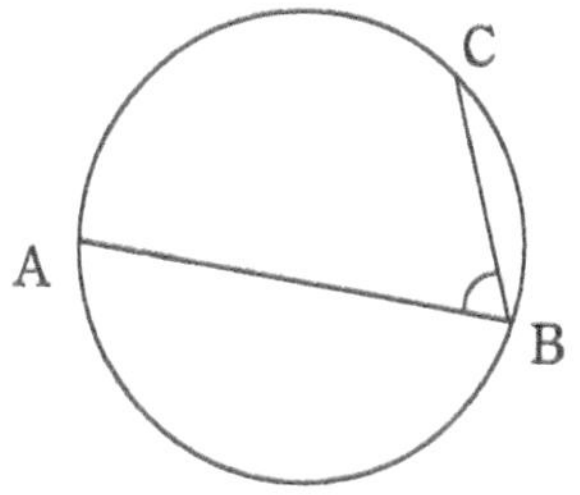

(5)　右の図の三角形の面積は $\boxed{\text{コ}}\sqrt{\boxed{\text{サ}}}$ である。

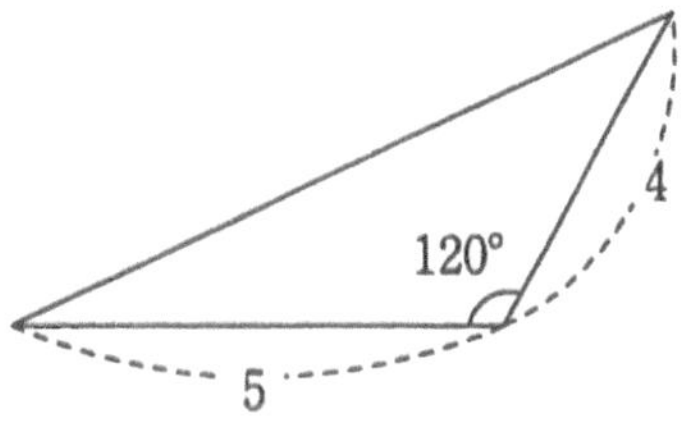

(6)　大中小の３つのさいころを同時に投げたとき，少なくとも２つの目が同じになる

確率は $\dfrac{\boxed{\text{シ}}}{\boxed{\text{ス}}}$ である。

$\boxed{2}$　１から９の数字が書かれたカードが１枚ずつある。この９枚のカードから３枚を選んで左から並べて３けたの整数を作る。このとき，次の $\boxed{}$ に最も適する数字をマークせよ。

(1)　整数は全部で $\boxed{\text{ア}}\boxed{\text{イ}}\boxed{\text{ウ}}$ 個できる。

(2)　偶数は $\boxed{\text{エ}}\boxed{\text{オ}}\boxed{\text{カ}}$ 個できる。

(3)　４の倍数は $\boxed{\text{キ}}\boxed{\text{ク}}\boxed{\text{ケ}}$ 個できる。

(4)　３の倍数は $\boxed{\text{コ}}\boxed{\text{サ}}\boxed{\text{シ}}$ 個できる。

[3] 下の図のように，$y=x^2$のグラフがあり，直線ℓは関数$y=2x+3$のグラフである。2つのグラフの交点をA，Bとする。点Aを通りx軸に平行な直線と点Bを通りy軸に平行な直線の交点をCとする。また，点Cから直線ℓに垂線を引き，交点をDとする。

円周率をπとして，次の$\boxed{}$に最も適する数字をマークせよ。

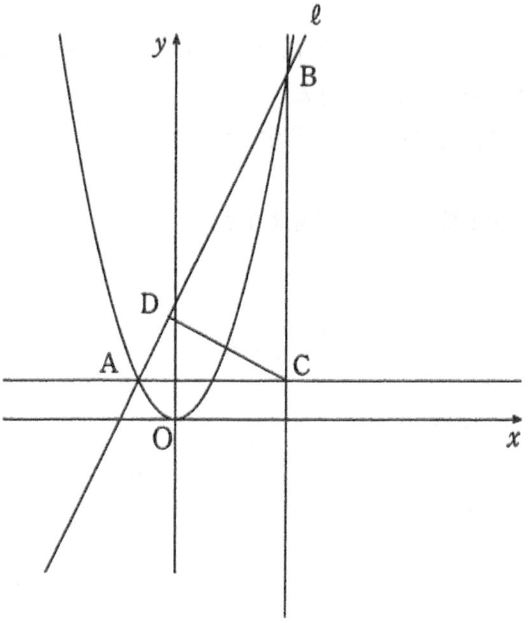

(1)　2点A，Bの座標はA$(-\boxed{ア}, \boxed{イ})$，B$(\boxed{ウ}, \boxed{エ})$ である。

(2)　三角形ABCの面積は$\boxed{オ}\boxed{カ}$である。

(3)　線分CDの長さは$\dfrac{\boxed{キ}\sqrt{\boxed{ク}}}{\boxed{ケ}}$である。

(4)　三角形ABCをℓの周りに1回転させてできる立体の体積は$\dfrac{\boxed{コ}\boxed{サ}\boxed{シ}\sqrt{\boxed{ス}}}{\boxed{セ}\boxed{ソ}}\pi$である。

[4] 下の図のように，∠ABC＝60°，AB＝10，BC＝8の三角形ABCが円Oに内接している。点A，Cからそれぞれの対辺に下ろした2つの垂線の交点をHとし，辺BCの中点をMとする。

このとき，次の$\boxed{}$に最も適する数字をマークせよ。

ただし，比は最も簡単な整数比で答えよ。

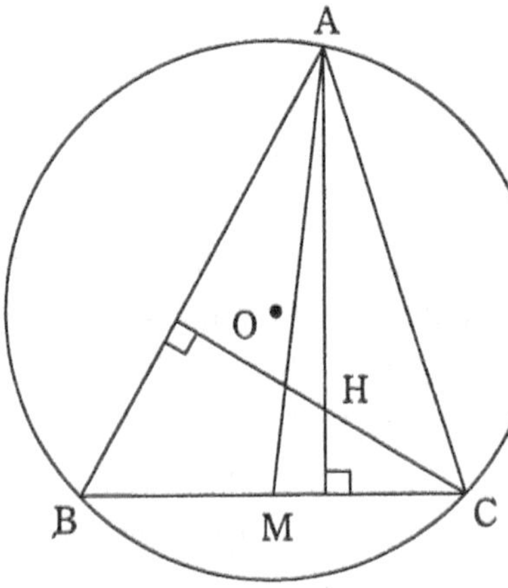

(1)　円O上にBDが円Oの直径になるよう点Dをとると，

∠BAD＝∠BCD＝$\boxed{ア}\boxed{イ}$°…①

Mは弦BCの中点であるから，∠OMB＝90°…②

また，AH⊥BC…③

①，②，③より，OM//DC，AH//DC…④

ゆえに，OM：DC＝$\boxed{ウ}$：$\boxed{エ}$…⑤

また，①とHC⊥ABより，AD//HC…⑥

よって，④，⑥より四角形AHCDは平行四辺形である。

ゆえに，AH：DC＝$\boxed{オ}$：$\boxed{カ}$…⑦

④，⑤，⑦から，$\mathrm{AH}:\mathrm{OM}=\boxed{\text{キ}}:\boxed{\text{ク}}$…⑧

OHとAMの交点をNとすると，

④，⑧から，$\mathrm{AN}:\mathrm{AM}=\boxed{\text{ケ}}:\boxed{\text{コ}}$が成り立つ。

(2)　(1)のとき，Aから辺BCに下ろした垂線をAEとする。

$\mathrm{AE}=\boxed{\text{サ}}\sqrt{\boxed{\text{シ}}}$，$\mathrm{ME}=\boxed{\text{ス}}$なので，$\mathrm{AM}=\boxed{\text{セ}}\sqrt{\boxed{\text{ソ}}\boxed{\text{タ}}}$である。

よって，$\mathrm{AN}=\dfrac{\boxed{\text{チ}}\sqrt{\boxed{\text{ツ}}\boxed{\text{テ}}}}{\boxed{\text{ト}}}$である。

$\boxed{5}$　右の［図Ⅰ］のような八面体ABCDEFがあり，

$\mathrm{AB}=\mathrm{AC}=\mathrm{AD}=\mathrm{AE}=\mathrm{BF}=\mathrm{CF}=\mathrm{DF}=\mathrm{EF}=3\sqrt{15}$

$\mathrm{BC}=\mathrm{CD}=\mathrm{DE}=\mathrm{EB}=6\sqrt{3}$である。

このとき，次の$\boxed{}$に最も適する数字をマークせよ。

(1)　辺BCの中点をMとするとき，AMの長さは

$\boxed{\text{ア}}\sqrt{\boxed{\text{イ}}}$ である。

(2)　四角すいABCDEに内接する球の半径は $\boxed{\text{ウ}}$ である。

(3)　［図Ⅱ］のように，八面体ABCDEFに，(2)で求めた半径の球が２つ互いに接して入っている。この２つの球に外接し，面ABC，面FBCに接する最小の球の半径は

$\boxed{\text{エ}}\boxed{\text{オ}}-\boxed{\text{カ}}\boxed{\text{キ}}\sqrt{\boxed{\text{ク}}}$ である。

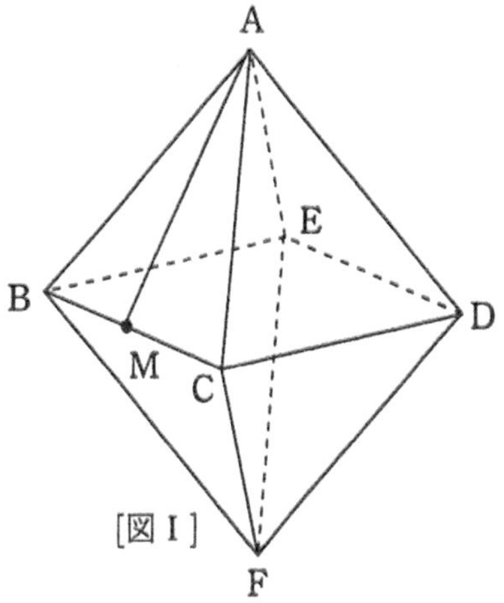

［図Ⅰ］

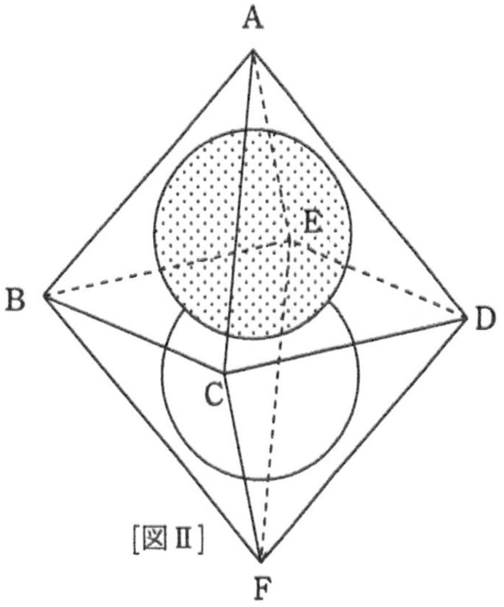

［図Ⅱ］

【英　語】（60分）〈満点：プログレス・アドバンスコース150点　スタンダードコース100点〉

I　次の英文を読んで，後の設問に答えなさい。なお，*の付いている語には本文の最後に注があります。

Odette was born in Amiens, in the north of France, in 1912. During World War I her mother helped the fight against Germany by giving rooms in her home to British soldiers. Little Odette loved playing with the soldiers. When Odette later married an Englishman, her mother was not surprised! After a short time in France, Odette and her husband moved to England in 1931.

In 1939 German soldiers attacked Poland, and World War II began. One year later, Germans moved into France and started a new government there. Odette's heart was broken. She remembered the proud people of Amiens in World War I. They fought hard for France's freedom, but now it was lost. Odette knew that she wanted to help. But she was only a housewife. What could she do?

In the early 1940s, when Odette listened to the radio news, she knew the British government wanted pictures of French beaches! Her old vacation photos! At last she could really help.

When the British Secret Service* saw Odette's photos, they became interested in this young Frenchwoman. She knew a lot about the north of France. They decided to invite Odette to their office in London. Soon Odette was traveling toward a future that she (　　1　　) in her dreams.

"【　　あ　　】," the man there said calmly. Odette could not believe her ears. She thought, "A spy? Me? Is this man crazy?"

"I'm only a housewife," she replied quietly. "I have three young daughters and a loving husband. They need me. I'm sorry."

But as Odette listened to her own voice, she knew. She knew that her country needed her more. The room was quiet. The calm man sat silently behind his desk, waiting. Odette thought of her family and her home. Then she said, "(2)I'll help in any way I can. What do I need to do?"

Odette began her lonely life of secrets and lies right away. She lied to her family. She told them she wanted to be a war nurse. She smiled kindly as she kissed her daughters and husband and said goodbye. But, inside, (3)her heart was breaking. "Will I ever see you again?" she thought.

In November, 1942 Odette started her work in Cannes, in the south of France. She looked and spoke like an ordinary Frenchwoman. But really she was working closely with a British spy, Peter Churchill, to pass money to the French Resistance*.

On April 16, 1943 Odette and Peter were caught by German police and questioned about their work. "【　　い　　】," thought Odette. "The Germans will kill us." But then she had an idea. It was a dangerous plan, but it was their only hope.

"Don't kill Peter, kill me!" she said. "Peter is my husband. He doesn't work for the Resistance — he's only here for me." Did the Germans believe her? Odette thought quickly. She needed a better lie — a lie to save their lives. "Peter's uncle is the most important man in Britain! You'll die if you kill him!"

The Germans looked carefully at their reports. One of them said, "Who is this woman? And who is Peter Churchill?" Another man said, "*Churchill!* We cannot kill this man. His uncle is *Winston* Churchill — the head of the British government."

A few days later Odette's future was decided. "The court* has decided that you must die," the German officer explained, in bad French. "You are a British spy and you work for the French Resistance."

Days, weeks, and months passed. But Odette did not stop hoping. It seemed that her lie about Winston Churchill was (4). Every night she imagined that she kissed her daughters. "I love you," she told them softly.

In May, 1944 Odette was moved to Ravensbrück, in the north of Germany. The prisoners* there worked until they died. Fritz Süren, the boss of Ravensbrück, knew that she was special.

By now the Americans were in Germany and the war was almost at an end. On April 28, 1945 Süren visited Odette. "We are leaving today," he told her. He pushed her into a car with a few other prisoners. Through the window Odette saw German soldiers who were trying to run away quickly. She could not believe her eyes! "Will I live to go free?" she thought.

After four days of driving, Odette was moved into Süren's car. "Why does he only want *me*?" she asked herself.

At 10:00 p.m. that night Süren drove Odette to a small town. "【 う 】," he explained. Odette could not believe her ears. Was this a joke? But Süren's face was serious. He thought that Odette was an important person. He wanted her to say good things about him after the war.

"This is Mrs. Churchill," Süren explained to an American officer. "She is a relative* of Winston Churchill." Without looking at Odette, he dropped his gun. Then he turned slowly, and was taken by some soldiers toward his prison room. Odette looked around at the little town, the friendly faces of the American soldiers, and Süren's empty car by the side of the road. She said to herself, "Is this a dream? Am I really alive? Am I really free?"

Back in England, Odette fell into her husband's arms and cried happily. After years of fear and pain, her family was together again. Her daughters kissed and held their brave mother. "You look more beautiful than ever," she told them. "Your love gave me hope and kept me alive."

In 1946 Odette received one of the most important British medals for her great courage. "【 え 】," she said. "It's for all the French Resistance workers in the war."

(Adapted from *The Housewife Spy*)

注：the British Secret Service　イギリス政府の情報収集機関
　French Resistance　第二次世界大戦当時，フランスを占領していたドイツ政府に対して戦っていたフランスの地下組織
　court　法廷，裁判所　　prisoner　捕虜　　relative　親族

問1　空所（ 1 ）に入る最も適当なものを次の①～④の中から一つ選び，その番号をマークしなさい。

① could not imagine　　② needed to hope
③ had to plan　　④ was not able to decide

問2　本文中の【 あ 】～【 え 】に入る最も適当なものをそれぞれ次の①～⑥の中から一つ選び，その

番号をマークしなさい。ただし，いずれも一度だけしか用いることはできません。

① This is the end
② This is not for me
③ You're going to die
④ We think you are a French spy
⑤ I'm giving you to the Americans
⑥ We want you to go to France as a spy

問3 下線部(2)のようにオデットが決断した理由として最も適当なものを次の①～④の中から一つ選び，その番号をマークしなさい。

① イギリスにいる愛する家族と別れたくなかったため
② フランスとドイツの国交を結ぶため
③ 自分の家族を助けるため
④ 自分の生まれ育ったフランスを助けたいため

問4 下線部(3)の理由として最も適当なものを次の①～④の中から一つ選び，その番号をマークしなさい。

① 家族にうそを見抜かれるのが怖かったため
② スパイとして役に立てるかどうか不安の気持ちがあったため
③ 愛する家族に二度と会うことができないかもしれないという不安があったため
④ 愛する夫と離婚してピーター・チャーチルと結婚しなければならなかったため

問5 空所（ 4 ）に入る最も適当なものを次の①～④の中から一つ選び，その番号をマークしなさい。

① dying ② exciting ③ happening ④ working

問6 本文の内容に合う英文を次の①～⑦の中から二つ選び，その番号をマークしなさい。

① Odette and her mother helped British soldiers to fight against Germany during World War I.
② Odette thought she could help Germans because she had some pictures taken in France.
③ Odette wanted to help as a war nurse and told a lie to her family.
④ Odette began her work as a spy with a British spy in Cannes, in the south of France.
⑤ Winston Churchill, the most important man in Britain, was Peter Churchill's uncle.
⑥ The Germans killed Peter Churchill because he was a British spy and worked for the French Resistance.
⑦ Süren thought Odette to be an important person and saved her life.

Ⅱ 次の英文を読んで，後の設問に答えなさい。なお，*の付いている語には本文の最後に注があります。

In the early 1980's, Donald Keene wrote an essay "Japanese Men" which, although more than 30 years old now, still sounds true. One of his main points is that though most Japanese women have a very positive image in the West, Japanese men are often thought of as hard workers or simply ignored*. It's true. Japanese men are not seen very often in American movies, books, or the media for example, and when they are, they are not shown in important roles. Anyone who lives in Japan knows that these images are unfair, but for some reason the attractiveness* of Japanese men is not exported to America and other Western countries very successfully.

【　　　　　　　　　　　　　　　①　　　　　　　　　　　　　　　】

Even so, a lot of Western women living in Japan find Japanese men extremely attractive. For some Western women, including myself, one of the most attractive qualities of Japanese men is their communication style. It is very different from that of most American men. Communication is often the key to a good relationship. And, Japanese men are easy to talk to. Here's why.

【　　　　　　　　　　　　　　　②　　　　　　　　　　　　　　　】

I think there's nothing so hard about listening well if the topic is simple. But when the conversation* becomes a discussion, and especially when people have different opinions, the art of listening becomes more difficult. Still, I find that most Japanese men continue to listen well, even in a more emotional* discussion. They seem able to accept opinions that are different from their own. So my second point is that Japanese men are easy to disagree with. In other words, it's (　　1　　) to agree to disagree with no bad feelings.

【　　　　　　　　　　　　　　　③　　　　　　　　　　　　　　　】

And American men? Well, in my experience, American men are much harder to communicate with, especially when there are different opinions. This is probably because they're taught to have strong opinions and to win arguments*. (　　　　2　　　　) is a very common discussion style among American men. This kind of "conversation" is more like an argument. A lot of Americans, even some women, like this style.

【　　　　　　　　　　　　　　　④　　　　　　　　　　　　　　　】

I've never liked the argument style of conversation myself, even when I lived in America. Some people find it exciting and interesting, but others, like me, just find it stressful*. I'll never forget one time. An old boyfriend and I went to a movie together. (　　　　3　　　　) Simple enough, right? But he went on and on trying to prove he was right and I was wrong about the movie. We ended up mad at each other and we couldn't accept that we had different opinions.

【　　　　　　　　　　　　　　　⑤　　　　　　　　　　　　　　　】

Because of this kind of difference in cultural styles, some Americans feel that Japan is a more gentle culture than America. Many Western women find Japanese men attractive. I hope more Americans will have the chance to experience it.

(Adapted from *In Praise of Japanese Men*)

注：ignore　無視する　　attractiveness　魅力的であること　　conversation　会話　　emotional　感情的な
　　argument　議論　　stressful　ストレスの多い

問1　第一段落で日本人男性について述べられていないことを次の①～④の中から一つ選び，その番号をマークしなさい。

①　30年以上前に書かれた文章が今でも通じるところがあること
②　欧米ではしばしば勤勉であると思われていること
③　アメリカの映画や本の中で重要な役割を果たさないこと
④　欧米では魅力的だと思われていること

問2　以下の段落が入る最も適当な場所を本文中の【　①　】～【　⑤　】の中から一つ選び，その番号をマークしなさい。

Japanese men are good listeners. They listen quietly, and give encouraging signals (*aizuchi*), and they wait until the other person finishes speaking before they start talking. Of course this is Japanese style, not only men's style. When I talk to someone who listens this way, I feel that they really want to hear what I have to say. And this is what most women want: Someone who truly listens.

問3　空所（　1　）に入る最も適切な単語を次の①～④の中から一つ選び，その番号をマークしなさい。

①　hard　②　dangerous　③　possible　④　unfair

問4　空所（　2　）に入る最も適当な英文を次の①～④の中から一つ選び，その番号をマークしなさい。

①　Telling the truth and understanding each other

②　Showing that you're right and the other person is wrong

③　Exchanging thoughts and ideas with each other

④　Not getting angry with or saying bad things about each other

問5　空所（　3　）に入る最も適当な英文を次の①～④の中から一つ選び，その番号をマークしなさい。

①　Both he and I loved it.

②　He loved it and I didn't.

③　It was the worst movie we've ever seen.

④　We talked about it for a few hours.

問6　本文の内容と一致するものを次の①～⑤の中から二つ選び，その番号をマークしなさい。

①　Japanese men are good at listening and easy to talk to, so many Japanese women think them very attractive.

②　Japanese men are likely to accept different opinions from their own.

③　The writer doesn't think it so hard to communicate with American men even if there are different opinions.

④　Many Americans like the argument style of conversation, and some think it is exciting and interesting.

⑤　The writer would like Japanese people to have strong opinions and win arguments.

Ⅲ　次の(1)～(5)の日本文の意味を表す英文を完成させる場合，英文中の空所(A)(B)(C)の位置に来るべき語（句）を，それぞれ①～⑧の中から一つ選び，その番号をマークしなさい。ただし，余分な語(句)が一つずつ含まれています。また，文頭に来るべきものも小文字で示してあります。

(1)　天気が良かったので，ピクニックは大成功でした。

(　　)(　　)(　A　)(　B　)(　C　)(　　)(　　).

①　a great　②　the picnic　③　fine　④　success

⑤　made　⑥　weather　⑦　the　⑧　because

(2)　こう私に言った人は，名前を名乗らなかった。

The man (　A　)(　　) me (　B　)(　　)(　C　) me (　　)(　　).

①　didn't　②　this　③　name　④　was

⑤ his　　⑥ who　　⑦ give　　⑧ told

(3) それは自分でしなさいとお母さんは息子に言いました。

The mother (A)( )( )(B)( )( )(C).

① himself　　② about　　③ her　　④it

⑤ to　　⑥ told　　⑦ son　　⑧do

(4) この白い帽子を見て何を思い出しますか。

What (A) ( )( )( )(B)( )(C)?

① hat　　② of　　③ look　　④ does

⑤ remind　　⑥ this　　⑦ white　　⑧ you

(5) 学校に行く途中で忘れずに手紙を投函《とうかん》してください。

Please ( )(A)(B)( )(C)( )( ) to school.

① on　　② not　　③ your　　④ to

⑤ the letter　　⑥ post　　⑦ way　　⑧ remember

事のあさましさよ」とありますが、その意味内容として最も適切なものを次の中から一つ選び、その番号をマークしなさい。

1. 悪意あるいたずらをしたことで、あの男から仕返しされたことはどう考えても自業自得だ。
2. 夫の心ないいたずらのせいで、妻である自分があの男のわなにかかったことが腹立たしい。
3. 夫のくだらないいたずらのせいで、妻である自分があの男から被害を受けたのは悲しすぎる。
4. つまらないいたずらをしたことで、あの男にだまされてしまったことが何とも情けない。

問11　次の各文について、本文の内容と一致しているものには○を、一致していないものには×を、それぞれマークしなさい。

1. 伊勢神宮参りの一行は、最初に神奈川駅に宿を取り、翌朝夜明け前に出立した。
2. 笑いを家業とする者が江戸へ戻ることになり、いたずらをした男たちは旅費を手渡した。
3. 事の真相がわかった後、夫の死を悲しんで尼になった妻のうちの一人が還俗《げんぞく》した。
4. すぐに尼になろうとした妻たちは、心ある親類の忠告に従い、しばらく尼になるのを思いとどまった。
5. 夫の死を告げられた妻たちは、尼になって笑いを家業とする者とともに巡礼の旅に出ることを希望した。
6. 笑いを家業とする者は、髪をそられた事情を知るために多くの品々を二人の町人に渡したが、教えてもらえなかった。

1．坊主姿が情けなくて、伊勢神宮参りなどはもはやどうでもよくなり、早く江戸に戻りたくなったから。

2．坊主姿にされたことを恨み、これより先には進めないことを口実に、仕返しの計画を練ろうとしたから。

3．坊主姿では、関所は通りにくく、伊勢神宮にも入れないので、この先の旅を続ける意味がないから。

4．坊主姿では、この先の旅路は進めないし、二人の仕打ちに対する復讐《ふくしゅう》を思いついたから。

問7　傍線部⑤「両人もせんなきことせし」とありますが、この時の「両人」の心情の説明として最も適切なものを次の中から一つ選び、その番号をマークしなさい。

1．相手が起きてから自分の姿に驚く姿は滑稽《こっけい》である上に、自分たちのしわざではないと信じ込ませることができたので、いたずらが成功したことに満足している。

2．酒ぐせの悪い相手をからかうつもりで仕掛けたいたずらだったが、想像以上に困惑する姿を見て、やりすぎてしまったと反省している。

3．旅を楽しもうと思いついたいたずらだったが、本当に信仰心を起こさせてしまい、一緒に旅が続けられなくなったことを残念に思っている。

4．はじめはとぼけていたが、せっかく旅のお伴に誘った相手が江戸に帰ると言い出したので、いたずらしたことを後ろめたく思っている。

問8　傍線部⑥「この遺恨を面白く返さん」とありますが、どのようなことを考えたのですか。その説明として最も適切なものを次の中から一つ選び、その番号をマークしなさい。

1．二人の町人の家族に対して、それぞれの夫が事故死したとうそをつき、家族たちを絶望させようとした。

2．出家姿で二人の町人の妻子に会い、涙を流してそれぞれの夫の死をほのめかして、その妻たちを出家させようとした。

3．二人の町人の妻子に対して、それぞれの夫の死といううそを信じさせるために、再び髪をそって出家を偽装しようとした。

4．出家姿で二人の町人の家族に会い、それぞれの夫の事故を涙ながらに告げ、家族たちを夫の供養のために巡礼の旅へと向かわせようとした。

問9　傍線部⑦「いかなる事とそれぞれにも尋ねければ」とありますが、ここではどのようなことが起きていますか。その説明として最も適切なものを次の中から一つ選び、その番号をマークしなさい。

1．妻は伊勢神宮にいるはずの夫が突然帰って来たことに驚き、夫は髪をそり落として尼の姿になった妻を見て驚いている。

2．妻は亡くなったはずの夫が生きて帰って来たことに驚き、夫は出家したはずの妻が家にいることに驚いている。

3．妻は亡くなったはずの夫が生きて帰って来たことに驚き、夫は髪をそり落とし尼の姿になった妻を見て驚いている。

4．妻は伊勢神宮にいるはずの夫が突然帰って来たことに驚き、夫は妻が出家してまで自分の無事を祈っていたことに驚いている。

問10　傍線部⑧「よしなきいたづら事なして、かの者にはかられける

2. 笑いを家業とする者は、酒なしではいられないたちだった。
3. 笑いを家業とする者は、一人で酒を飲むことを好んでいた。
4. 神田に住む二人の町人は、笑いを家業とする者を手厚くもてなそうとした。
5. 神田に住む二人の町人は、はじめから笑いを家業とする者を旅先でもてあそぶつもりだった。
6. 神田に住む二人の町人は、強引に笑いを家業とする者を伊勢神宮参りに連れ出した。

問2　傍線部①「せちに誘ひければ」とありますが、どのように誘ったのですか。その説明として最も適切なものを次の中から一つ選び、その番号をマークしなさい。

1. 旅費を負担することを申し出て誘った。
2. 多くの酒を飲ませることを約束して誘った。
3. 途中までの同行でもよいと言って誘った。
4. 希望する出家への近道だと教えて誘った。

問3　傍線部②「大いに驚き」とありますが、どうしてですか。その説明として最も適切なものを次の中から一つ選び、その番号をマークしなさい。

1. 気づかぬうちに望んでいた出家が実現したから。
2. 知らないうちに髪が全てなくなってしまっていたから。
3. 宿屋に泊まっていたはずなのに草原に寝ていたから。
4. はっと目を覚ましたらもう朝になっていたから。

問4　本文中の波線部a～eのうち、一つだけ主語が異なるものがあります。次の中から一つ選び、その番号をマークしなさい。

1. a　恨みければ　　2. b　詣でて　　3. c　与へて
4. d　工夫して　　5. e　語りければ

問5　傍線部③「今はせん方なし」とありますが、この場面での人物の心情の説明として最も適切なものを次の中から一つ選び、その番号をマークしなさい。

1. 笑いを家業とする者は、酒を飲み過ぎて眠っていた間に自分の髪の毛をそられてしまったことに憤り、二人に恨み言をぶつけたのだが、二人してとぼけ続けるので今に仕返しをしてやろうと決心した。
2. 二人の町人は、出発の朝に笑いを家業とする者が起きようとしないことに罰を与えるために髪の毛をそったが、笑いを家業とする者が予想外にその恨みをぶつけてくるので、びっくりして知らないふりを決め込んだ。
3. 二人の町人は、酒の飲み過ぎで起き上がることのできない笑いを家業とする者に対して、いたずら心でその髪をそってしまったのだが、笑いを家業とする者があまりにつらそうにしているのを見て自責の念にかられた。
4. 笑いを家業とする者は、酔いつぶれて寝ている間に自分の髪の毛をそったのは連れの二人であると疑って、二人に事情を聞いたのだが、二人が自分たちではないと言いはるので、どうにもならないとあきらめた。

問6　傍線部④「いとま請ひければ」とありますが、どうしてですか。その説明として最も適切なものを次の中から一つ選び、その番号をマークしなさい。

翌日夜明け前にいづれも神奈川を立たんと起き出《い》でけるに、独り者は酒の過ぎけるゆゑや、くたぶれ臥して色々起こせども目をさまさず。両人の連れふと思ひつき、かの者酔中に出家させばよきなぐさみならんと、ひそかにかみそり取り出し、髪をそりこぼち※5青道心《あをだうしん》となして、日の出る頃なほまた起こしければ、やうやく起き出でて頭をなでて②大いに驚き、両人の者の戯れになしぬらんとa恨みけれど、かつて知らざるよし答ふ。なほ疑ひて品々申しけれども、いささか覚えなしと陳じけるゆゑ、③今はせん方なし。出家にては箱根御関所も通りがたく、伊勢にても出家は制禁し給ふことなれば、はるばるb詣で益なし。これより江戸へ帰り候《さふら》はんと④いとま請ひければ、⑤両人もせんなきことせしと悔やみけれど、明白に言はんやうなく、路銀などc与へて江戸へ返しけるに、かの独り者つくづく思ひけるは、かく我をなぐさみ、情けなくも剃髪《ていはつ》させぬることの恨めしき。⑥この遺恨を面白く返さんと色々d工夫して、芝のあたりにて古き袈裟衣《けさころも》を調《ととの》へて誠の出家の姿となり、四、五日も過ぎてかの連れ両人の方へ至りければ、妻子驚き、いかなればかかる姿になりて早くも帰りけるやと尋ねければ、かの者涙を流し、かくなる上は推量なし給へ。道中船渡しにて岩へ乗りかけけるにや破船いたし、三人とも浮きぬ沈みぬ流れけるに、我等は運強く岩に流れかかりしを、皆々打ち寄り助け船にて引き上げられ、二人の者を尋ねけれど死生も知らず。その外の乗り合ひも行方なきゆゑ、無常を感じ出家し※6廻国《かいこく》に出で候ふ心得なれども、友達の家内へ知らせざるも便なしと立ち帰りしと、涙まじりにe語りければ、右物語のうちより妻子共の嘆きを見るも痛ましき有様なり。両人の妻はあまりの絶へがたさに、髪押し切りともに廻国せんと言ひけれども、廻国の事は親類衆とも相談し給ひ、出家の事は両人の※7菩提《ぼだい》のため然《しか》るべしと申し述べ、我は廻国に出で候ふよし申しおきて、行方なくなりしとかや。

両人の妻は菩提寺を頼み、出家染衣の身となりてねんごろに菩提をとむらひければ、心ある親類などは、あまりに思ひとりの過ぎたるならん。まづ破船の様をも聞き、飛脚をも出し候へかしとかれこれ相談のうち、二人の男は伊勢参宮とどこおりなく仕舞ひ帰りければ、両人の女房新尼となりて、夫を見て大いに驚き、⑦いかなる事とそれぞれにも尋ねければ、始めよりの事ども申しけるゆゑ、⑧よしなきいたづら事なして、かの者にはかられける事のあさましさよと、後悔すれども甲斐なく、右新尼は※8還俗《げんぞく》してこの頃は三、四寸も髪の伸びたると言ひし。その近隣の者来たりて語り笑ひぬ。

（『耳袋《みみぶくろ》』）

※1頓作　すばやく機転をきかせること。
※2伊勢　伊勢神宮のこと。
※3路次　道の途中。
※4駅　旅人が宿泊できる宿場のこと。
※5青道心　出家したばかりのお坊さんのこと。
※6廻国　巡礼のこと。
※7菩提　死後の幸福のこと。
※8還俗　出家した人が俗世間に戻ること。

問1　▼から▲の本文内容について記述した次の各文の中から、正しいものを二つ選び、その番号をマークしなさい。

1．笑いを家業とする者は、貧乏にあえぐ毎日を送っていた。

c　そのようなときに日本の「世間」から要請が届けられる。
d　彼は外国にあって日本の「世間」をしばし忘れて暮らしている。
e　それは忘れていたかつての桎梏が再び押し寄せてくる予感を与えるのである。

1．a→b→d→e→c　　2．b→d→a→c→e
3．e→d→c→a→b　　4．d→c→e→b→a

問10　傍線部⑦「このような社会において大人になるということ」とありますが、その説明として最も適切なものを次の中から一つ選び、その番号をマークしなさい。

1．大人がそれぞれ所属している「世間」の中の人間関係や、他の「世間」との上下関係を欧米型の制度をまねた学校教育を通じて学び、建前と本音の使い分けがうまくできるようになること。
2．大人たちの「世間」という人間関係が建前の世界であることを知り、欧米の制度を範に作られた学校もまた建前の世界であることを学び、本音に対する建前の姿を明確にとらえられるようになること。
3．建前から成り立つ学校教育を受けつつも、義務と助け合いの人間関係に縛られた「世間」を生きていく中で、理念と本音の区別をつけられるようになること。
4．ひとつの「世間」の中での大人たちの助け合いや競合関係を見て育つことで建前の世界を体得し、学校までもが差別を助長する建前の世界であると学ぶことで、欧米流の理念と本音とを使い分けられるようになること。

第三問　古典常識に関する次の設問に答えなさい。

問1　十二支を用いた時刻の表現で「酉《とり》の刻《こく》」が表す時刻を、次の中から一つ選び、その番号をマークしなさい。

1．午前三時～五時　　2．午前五時～七時
3．午前七時～九時　　4．午後三時～五時
5．午後五時～七時　　6．午後七時～九時

問2　十二支を用いた方位の表現で「午《うま》」が表す方角を、次の中から一つ選び、その番号をマークしなさい。

1．東　　2．西　　3．南　　4．北
5．北東　　6．南東　　7．南西　　8．北西

問3　「八月」の月の異名を次の中から一つ選び、その番号をマークしなさい。

1．霜月　　2．卯月　　3．文月
4．葉月　　5．睦月《むつき》

第四問　次の文章を読んで、後の設問に答えなさい。

▼これも同じ頃の事とや。神田あたりに頓作滑稽《とんさくこっけい》※1をなして人の笑ひを催し家業とする者あり。独り者にて常に酒を好み、飽く事なし。同町に相応に暮らしける者、友達申し合ひ伊勢※2へ参宮するとて、路次《ろし》※3のなぐさみに右の独り者を召し連れんと誘ひければ、路銀これ無きよしを答ふ。路銀は両人にていかやうにもまかなはん①とせちに誘ひければ、さらばとて三人うち連れ品川より神奈川まで、いそがぬ旅なれば、ここにては一杯を傾けかしこにては一樽を空しくして、神奈川駅※4に一宿しける。▲

4. 欧米諸国の諸制度やインフラストラクチャー、およびその基盤となる西欧精神にふれた明治政府の要人たちは、国を挙げての欧化政策の必要に迫られた。そのような中で我が国は、伝統的精神を守るために、近代的な個人と伝統的な個人のあり方の対立を回避しようとしたと筆者は考えている。

問7　傍線部⑤「特に知識人の場合はその相克《そうこく》は深刻なものがあった」とありますが、どうしてですか。その説明として最も適切なものを次の中から一つ選び、その番号をマークしなさい。

1. 明治以降の人々は、公的な場では欧米流の発言をしつつ、個人的な場では自分の「世間」から非難されるのを恐れてそのような発言をひかえた。しかし、当時の知識人は、我が国の体制が欧米に範をとり「世間」を否定してきたために、個人的な場においても欧米流の発言をしなければならなくなってしまったから。

2. 明治以降の人々は、公的な場では欧米流の発言をし、公的な場を離れると自分の「世間」における人間関係をこわさないような発言を心がけた。しかし、当時の知識人は自分が「世間」に従属していることを自覚しないまま欧米の理念に強い影響を受け、それを発言や行動の模範としたため、私的な生活の場から遊離することになってしまったから。

3. 明治以降の人々は、公的な発言の際には欧米流の内容を主とするのに対して、公的な場を離れると自分の「世間」の中では他人を気にせず本音を語った。だが、当時の知識人は、我が国の近代化を推し進めるためには伝統的な人間関係である「世間」が障害になると確信するようになってしまったから。

4. 明治以降の人々は、公的な発言の場では欧米流の内容を主とする一方で、個人的な生活の場では自分の「世間」に即して本音を語った。だが、当時の知識人は、「世間」に縛られながらも欧米の理念に心から魅了されていたために、欧米流の社会と「世間」のどちらを優先すべきかで困惑してしまったから。

問8　傍線部⑥「我が国の近代化がもたらした最大の問題」とありますが、これはどのようなことをさしていますか。最も適切なものを次の中から一つ選び、その番号をマークしなさい。

1. 「世間」が存在していることを忘れなければならないこと。

2. 建前の世界と本音の世界の両方の世界で生きていかなければならないこと。

3. 公的な舞台において「世間」という語を用いることができなくなったこと。

4. 欧米の個人が我が国の中に存在しているという前提を持たねばならないこと。

問9　本文中の空欄部Xに次の各文を意味が通るように並び替えて入れた場合、正しい順番はどれになりますか。後の選択肢の中から一つ選び、その番号をマークしなさい。なお、選択肢eの「桎梏《しっこく》」とは、人の行動を制限して自由を束縛するもの、という意味です。

a　日本にいたときには自分では意識せずに「世間」の規範に沿って行動し、語っていた人が、「世間」が見えなくなった外国ではその規範もなくなり、自由に行動し、書くことが出来るのである。

b　そのようなときに怒ったり、喜んだりして返事を書くと致命的な誤りを犯すことになる。

える時に、自国の伝統を見つめ直すこと。

2. 日本政府が欧米の諸制度を取り入れる時に、従来の個人のあり方を維持した状態を目指すこと。

3. 当時の日本の知識人たちが欧米を訪れた時に、社会の基礎となる人権理念にも目を向けること。

4. 日本が国を挙げて欧化政策に取り組む時に、それが個人のあり方を規定する精神的な面にまで及ぶこと。

問3　傍線部②「抵抗のしようがなかった」とありますが、筆者はどのようなことに「抵抗のしようがなかった」と考えていますか。その説明として最も適切なものを次の中から一つ選び、その番号をマークしなさい。

1. 近代化に目覚めた政府の要人たちが思い知らされた、伝統的な日本文化の力量の限界。

2. 欧米の文化と文明の両面において、我が国との差を痛感させられたことによる劣等感。

3. 日本人の心を完全に捉えることになった、欧米の数々の近代的諸制度がもつ圧倒的な魅力。

4. 近代化以前に長い年月をかけ、社会変革などを経て形成されてきた、欧米の理念の気高さ。

問4　本文中の空欄【D】に入れるのに最も適切な四字熟語を次の中から一つ選び、その番号をマークしなさい。

1. 竜頭蛇尾　　2. 文明開化

3. 和魂洋才　　4. 付和雷同

問5　傍線部③「従来の慣行」にあてはまることとして最も適切なものを次の中から一つ選び、その番号をマークしなさい。

1. 「世間」の規範に沿って行動したり語ったりすること。

2. 我が国の「世間」のあり方に不満をもらすこと。

3. 法や教育の面で欧米に範を求めること。

4. 人権理念を表面に掲げて行動すること。

問6　傍線部④「我が国は結果としては従来の個人のあり方を変えることはなかった」とありますが、筆者はこのことについてどのように考えていますか。その説明として最も適切なものを次の中から一つ選び、その番号をマークしなさい。

1. 欧米諸国の近代的個人のあり方に感激した明治時代の政府の要人たちが、我が国の個人のあり方に不満をもっていたことは確かだった。しかし、身も心もその虜となってしまいそうな欧米の近代的諸制度を目の当たりにして、当時の政府はせめて日本人の精神だけでも残したかったと筆者は考えている。

2. 明治時代の政府の要人たちは、欧米を訪れて、そこで目にした圧倒的な文明の力にひれ伏すしかなかった。あまりにも我が国とはかけ離れた状況を見てとった彼らは、社会構造や政府機関の組織や教育制度など、表面的な近代化を何よりも優先して進めようとしたと筆者は考えている。

3. 明治時代に欧米を訪れた政府の要人たちは、我が国の状況と見比べて、欧米の社会的土台を形成する理念をほめたたえた。しかしながら、欧米諸国がどれほどの期間をかけてその理念をつくり上げてきたのかを知り、我が国が短期間にそのような理念を血肉化することを断念したと筆者は考えている。

している人々の間には年賀状やお中元お歳暮の交換という義務があるが、この義務の背後には互いに何らかの世話をするということがある。同じ会社に属している場合には引き立ててもらったり、有利な条件で関係を持つことができることもある。同窓会はそのような意味で「世間」の代表的なものである。先輩後輩の間で互いに助け合う関係が生まれるのである。

　このような「世間」は同時に他の「世間」に属している人たちと競合する関係を持っている。政党の派閥を見ればその関係はよく解るであろう。単に競合するだけでなく、時には差別を助長する関係ともなる。「世間」は排他的で、差別的な関係なのである。この点については前著で述べたのでここでは繰り返さない。

　このような「世間」からなる社会で大人になるということは容易なことではない。子供はまず大人が建前の世界で生きていることを知ってしまう。明治以降設立された学校は欧米の制度をまねて作られたものであり、その意味では建前の世界のものだったのである。しかしその制度には単に建前であったといってすましてしまうわけにはいかない重要な面があった。

　たとえば学校においては身分差別は否定されていた。被差別部落[※4]の子弟でも学校においては他の子供と机を並べて学んだのである。これは建前の世界がもたらした積極的な面である。学校ではこうして身分差別は否定されていたが、現実の社会の中に存在している差別については口をつぐんでいたのである。そのような意味でも学校は建前の世界であった。

　明治以降我が国の教育は基本的に欧米の制度を範として行われたが、その際に我が国固有の文化は教育の対象にはならなかった。つまり西欧的な観点から日本の社会が描かれ、西欧的な個人があたかも我が国にも生まれているかの前提の上で教育が行われたのである。「世間」は今に至るまで我が国の教育の対象になっていないのである。子供たちはある年齢になると大人の世界が建前の世界であることを知り、建前と本音の使い分けを学んでゆく。こうして子供たちは大人になってゆくのである。

（阿部《あべ》謹也《きんや》『教養とは何か』）

※1インフラストラクチャー　経済活動の基盤となるような道路、上下水道などの施設、制度のこと。

※2前著　この筆者の著作『世間とは何か』をさす。

※3定款　根本的な規則。

※4被差別部落　昔から、身分、職業、居住を低く固定された人々のいた場所。

問1　本文中の空欄【A】～【C】にあてはまる語句の組み合わせとして最も適切なものを次の中から一つ選び、その番号をマークしなさい。

1.【A】＝建前　【B】＝本音　【C】＝建前
2.【A】＝本音　【B】＝本音　【C】＝建前
3.【A】＝本音　【B】＝建前　【C】＝本音
4.【A】＝建前　【B】＝建前　【C】＝本音

問2　傍線部①「真の意味で我が国を欧米化すること」とありますが、「真の意味」とはどういうことですか。その説明として最も適切なものを次の中から一つ選び、その番号をマークしなさい。

1.欧米を訪れた当時の日本の要人たちが新しい個人の生き方を捉《とら》

大切なことは当時も今も「世間」は隠されていたことである。人々は自分が「世間」に私的生活の足場をもっていることを隠してあたかも建前の世界だけで生きているかに振る舞ったのである。「世間」はこうして隠されたのである。そのことは言葉としての「世間」が公的な文書から消え去り、日常会話の中でのみ生き残ったことに示されている。明治十年頃にソサイエティーの訳語として社会という言葉が定められたとき、「世間」という語は公的な舞台から消えていった。人々はあたかも「世間」が存在しないかのように振る舞うことになったのである。しかし私的生活領域を基礎とした「世間」は私たちの生活の中できわめて大きな部分を占めているから、「世間」の中で生きている人間としてうなずけないことに対してはうわべはいかに従うかに見えても強固な反対の意志が隠されているのである。

⑥我が国の近代化がもたらした最大の問題がこうして生まれた。以後今日まで人々は政治、法制、教育そのほかのあらゆる分野において二重生活をやむなくされたのである。言葉は言葉それ自体として受け止められず、その背後にある真の意図が常に探し求められるようになった。発言の真意とか趣旨といわれるものがそれである。ある人が公的な場で発言した場合、その発言がその人の私的生活領域に根ざしたものであれば信用されるが、そうでない場合はただの言葉として受け止められるに過ぎず、疑いの目で見られることになる。本音とはその人の公的でない、私的生活領域に根ざした発言をいい、「世間」に根ざした言葉として信用される。

明治以来私たちは欧米の個人があたかも我が国に存在しているかの幻想の中で生きてきた。したがって「世間」の存在を言葉や行動の中で否定してきたのである。しかし私が見るところ我が国の人々、特に知識人といわれる人々は全く意識していないが、それぞれの「世間」の中で生きており、自己の存在自体が、その「世間」に依存しているのである。我が国の知識人は一人になったことがなく、自分が自分の「世間」に依存していることに気づいてもいないのである。だから時に外国に出張し、一年くらい滞在することになったときにそのことが露呈されることがしばしば起こる。

たとえば出張している人のところに大学から何らかの要請が届けられることがある。そのようなときにその人は日本にいたときと同様な振る舞いが出来ないことが多いのである。

X

そのようなときに彼は平衡感覚を失い、極端な行動に出がちなのである。日本の知識人は一人になったときに危ういのである。

⑦このような社会において大人になるということはどういうことだろうか。大人とはなによりもまず「世間」を知っている人をいう。「世間」とは大人が互いに結んでいる人間関係の絆《きずな》を意味し、それは人によって少しずつ異なっているが、多くの場合、それは年賀状を交換したり、お中元やお歳暮を交換したりする関係である。「世間」を構成する人たちの間には何の※3定款《ていかん》もないが、互いに一つの「世間」に属していることはよく知っているのである。「世間」に属している人はその仲間の葬儀には原則として列席しなければならない。「世間」を構成

どに限定され、人と人の関係のあり方にまではとうてい及ぶものではなかった。欧米諸国は近代化以前に数千年の時間をかけてその準備をしてきたのであり、我が国が欧米化路線を採用したとしてもわずかの時間にそのすべてをたどることができるはずもなかった。また当時の政府の要人たちも精神の面まで欧化しようと考えていたわけではなく、いわば【　D　】の道を模索していたのである。

文明にせよ、文化にせよ、最終的にはその根幹に人と人の関係の特異なあり方がある。新しい人と人の関係のあり方が生み出されたとき、新たな文明が誕生する条件が生まれたことになる。明治時代に我が国は欧米の諸制度を取り入れながら、結果としては人と人の人間関係については従来の形を残すことになった。そのような決断を明治政府がしたわけではない。圧倒的な欧米の近代的諸制度を前にして身も魂も奪われてしまいかねない状況の中でかろうじて踏みとどまったというべきであろう。こうして我が国特有の状況が生まれた。国家の体制と法制、経済の諸制度、教育体制などは欧米に範を得て一応近代化されながら、一人一人の人間の生き方の点では③従来の慣行が維持されたのである。

この状況はしかしやや複雑であった。なぜなら当時欧米を訪れた人々は欧米の近代的個人のあり方に感嘆し、我が国の個人のあり方に不満を漏らしていたからである。欧米の個人のあり方を理想とする人々も少なからずいたのである。しかし④我が国は結果としては従来の個人のあり方を変えることはなかった。こうして近代的な枠組みの中に従来の個人のあり方だけが生き残ることになった。

従来の人と人のあり方とは一言でいえば「世間」のことであり、「世間」が生き残ったということなのである。「世間」とは古来日本人の世界観の一部をなしており、※2前著で明らかにしたように、本来山や川、海や風などの自然界の出来事をも包含するものであり（器世間）、後世になって人と人の関係のあり方を意味する（有情世間）ようになったものである。近代的な諸制度の中に伝統的な人間関係である「世間」が生き残ったことはその後の我が国の諸問題に深くそして決定的な影響を残すことになった。政治や経済の諸問題だけでなく、法や教育の面においても欧米の影響は大きかったから、これらの諸問題については常に欧米に範が求められていた。欧米の個人のあり方は当時の知識人を捉《とら》えてはなさなかったし、明治以降の我が国の体制の中では欧米に範をとった近代化路線が主流をなしていたから、政治家も学者も文化人も公的な発言をする際には常に欧米流の内容を主として発言していたのである。

しかしひとたびその内容が発言者個人の生き方に関わる場合には複雑な事態となった。なぜならそこには「世間」が生きていたからであり、公的な発言をするものは常に自分の生き方と離れて別な次元のこととして話をしたのであり、自分の「世間」に関わらないよう用心していたのである。

こうして建前と本音の世界の区別が生まれたのである。人々は公的な発言をする際には常に欧米流の内容を主として発言し、公的な場を離れたときには自分の「世間」に即して本音でしゃべったのである。明治以降我が国はこのようにして理念の世界と本音の場の世界との二つの極をもつことになり、⑤特に知識人の場合はその相克《そうこく》は深刻なものがあった。

E　彼は十分な経験を積んでいるらしく、顔からは自信がうかがわれた。

1．片が付いている　　2．はくが付いている
3．先が見えている　　4．場数を踏んでいる

問3　次の各会話文中における言葉の使い方として正しくないものをすべて選び、その番号をマークしなさい。

1．「お帰りになられるお客様方は、出口までご案内させていただきます」
2．「いただきものですが、遠慮なく召し上がってください」
3．「その件は、私の父より聞き及んでおります」
4．「片平監督、明日はそちらの練習を拝見させていただきます」
5．「お越しになった方はこちらへどうぞ。私が校内をご案内申し上げます」
6．「わかりました、三橋先生。班長の田中君に申し上げておきます」
7．「山田先輩、私たちと一緒に大学を見学に参りませんか」
8．「そういえば、今日の新聞をご覧になりましたか」

第二問　次の文章を読んで、後の設問に答えなさい。

我が国においては個人は長い間西欧的な個人である前に自分が属する人間関係である「世間」の一員であった。したがって何らかの会合において発言する際には個人としての自分の意見を述べる前にまず自分が属する「世間」の利害に反しないことを確認しなければならない。まず「世間」人として発言しなければならなかったのである。自分自身の意見は【　A　】として「世間」の蔭に隠れていた。「世間」を代弁する発言はこうして個人にとっては【　B　】となり、【　C　】と区別されたのである。こうして「世間」と個人の関係の中で我が国における建前と本音の区別が生まれたのである。

このような建前と本音の違いがくっきりとした輪郭をもって現れたのが明治以降の我が国のあり方、特に近代化、西欧化との関係の中においてであった。明治政府は欧米の近代化路線を採用することを決めた。しかしその際に①真の意味で我が国を欧米化することが考えられたわけではなく、少なくとも社会構造や政府機関の組織、軍制や教育などの面での近代化が考えられていただけである。制度やインフラストラクチャー※1の面での近代化にすぎず、西欧精神の面にまで視線が届いていたわけではなかった。つまり表面の近代化に過ぎず、精神の面では旧来の路線の上ですべてが考えられていたのである。

このような状況の中で我が国特有の状況が増幅されたのである。欧米は圧倒的な文明の力をもって我が国に圧力をかけてきた。それは単に軍事力や合理的な法体制だけでなく、フランス革命を経て身につけた人権理念を表面に掲げたものであったから、②抵抗のしようがなかった。明治時代に欧米を訪れた政府の要人たちは欧米の社会の基礎をなしている理念の圧倒的な力に感嘆を惜しまなかった。武力だけの圧力なら抵抗のしようもあったであろうが、否定し去ることのできない崇高な理念が掲げられたとき、その前にひれ伏すしかなかったのである。しかも我が国の現実は欧米とはあまりにかけ離れていた。明治時代に我が国は国を挙げて欧化政策に取りかかるしかなかったのである。しかし欧化といってもそれは法制や行政構造、産業、教育制度な

【国　語】〈五〇分〉〈満点：一〇〇点〉

第一問　語句に関する次の設問に答えなさい。

問1　次のA～Eの各文について、傍線部のカタカナと同じ漢字を用いるものを、それぞれの選択肢の中から一つずつ選び、その番号をマークしなさい。

A　他国の製品に自国の市場がシンショクされる。
1．ネット経由で最新のニュースがハイシンされる。
2．雨水が地下にゆっくりとシントウする。
3．徹底した合理化政策をスイシンする。
4．著作権のシンガイには注意を払わねばならない。

B　バクゼンとした不安で夜も眠れなかった。
1．数分ごとにバクショウと拍手の嵐《あらし》が起こる。
2．ジュバクにかかったかのように身動きがとれない。
3．アラビア半島にはサバクが一面に広がっている。
4．バクフの無謀な方針に対して、庶民の不満が表面化した。

C　世界に自分が一人きりになったようなサッカクに陥る。
1．昆虫のショッカクは周囲の様子を感じる器官だ。
2．たいしたシュウカクもなく取材先から戻ってきた。
3．隠されていた能力がついにカクセイした。
4．日本社会でもカクサは拡大しつつある。

D　地元企業への就職が大いにショウレイされた。
1．トーナメントで優勝し、ヒョウショウを受ける。
2．パソコンのスイショウ動作環境を確認する。
3．コンテストで入選し、多額のショウキンを受け取る。
4．名誉博士のショウゴウを与える。

E　役員達は、会社内の不祥事についてイカンの意を表明した。
1．イシツブツは警察署で保管される。
2．事故犠牲者のイレイヒに花を捧《ささ》げる。
3．交通規則のイハンシャを取り締まる。
4．子ども向けのイジンデンを出版する。

問2　次の各文において、傍線部の語句の意味を表す表現として最も適切なものを、それぞれの選択肢の中から一つずつ選び、その番号をマークしなさい。

A　おいしいものをたくさん食べた結果、味の善し悪しがわかるようになった。
1．舌を巻いた　　2．舌が肥えた
3．舌が回った　　4．舌を出した

B　誰でも自分の身近な場所で意外な事件が起きれば、驚くものだ。
1．足が出てしまえば　　2．揚げ足を取られれば
3．足を奪われてしまえば　　4．足下から鳥が立てば

C　幼児が言うことをきかなくても、怒るほどのことではない。
1．目くじらを立てる　　2．目を見張る
3．目に余る　　4．目から火が出る

D　彼女は、この選抜チームの男ばかりのメンバーの中でただ一人の女性だ。
1．はきだめに鶴　　2．鶴の一声
3．紅一点　　4．高嶺《たかね》の花

MEMO

大切なことはメモしておこうネ！

2020年度

解　答　と　解　説

《2020年度の配点は解答欄に掲載してあります。》

＜数学解答＞ 《学校からの正答の発表はありません。》

1 (1) ア 3　イ 6　ウ 3　(2) エ 8　オ 2　(3) カ 2　キ 3
(4) ク 6　ケ 3　(5) コ 5　サ 3　(6) シ 4　ス 9

2 (1) ア 5　イ 0　ウ 4　(2) エ 2　オ 2　カ 4
(3) キ 1　ク 1　ケ 2　(4) コ 1　サ 8　シ 0

3 (1) ア 1　イ 1　ウ 3　エ 9　(2) オ 1　カ 6
(3) キ 8　ク 5　ケ 5　(4) コ 2　サ 5　シ 6　ス 5　セ 1
ソ 5

4 (1) ア 9　イ 0　ウ 1　エ 2　オ 1　カ 1　キ 2　ク 1
ケ 2　コ 3　(2) サ 5　シ 3　ス 1　セ 2　ソ 1　タ 9
チ 4　ツ 1　テ 9　ト 3

5 (1) ア 6　イ 3　(2) ウ 3　(3) エ 2　オ 7　カ 1　キ 8
ク 2

○推定配点○
プログレス・アドバンスコース　1 各5点×6　2 (1)・(2) 各6点×2
(3)・(4) 各8点×2　3 (1)・(2) 各6点×2　(3)・(4) 各8点×2
4 (1) 各4点×5　(2) AE，ME 各5点×2　AM，AN 各6点×2
5 (1)・(2) 各6点×2　(3) 10点　計150点
スタンダードコース　1 各4点×6　2 (1)・(2) 各4点×2　(3)・(4) 各6点×2
3 (1)・(2) 各4点×2((1)完答)　(3)・(4) 各6点×2　4 (1) 各2点×5
(2) AE，ME 各2点×2　AM，AN 各3点×2　5 (1)・(2) 各4点×2　(3) 8点
計100点

＜数学解説＞

1 (小問群―数の計算，平方根の計算，式の計算，因数分解，円の性質，角度，確率)

基本　(1) $\sqrt{3}+2=A$，$\sqrt{3}-1=B$とおくと，$(\sqrt{3}+2)^2-(\sqrt{3}-1)^2=A^2-B^2=(A+B)(A-B)=\{(\sqrt{3}+2)+(\sqrt{3}-1)\}\{(\sqrt{3}+2)-(\sqrt{3}-1)\}=(2\sqrt{3}+1)\times 3=3+6\sqrt{3}$

基本　(2) $(2ab^2)^3\div(ab^2)^2=8a^3b^6\div a^2b^4=8ab^2$

(3) $a^2-4+(a-2)=(a+2)(a-2)+(a-2)$　$a-2=A$とおくと，$A(a+2)+A=A(a+2+1)$
Aを元に戻すと，$(a-2)(a+3)$

(4) ∠ABCは弧CAに対する円周角であり，弧CAは円周の$\frac{7}{9+4+7}=\frac{7}{20}$　よって，∠ABC＝
$360^\circ\times\frac{7}{20}\times\frac{1}{2}=63^\circ$

(5)　右図のように，点A，B，Cを置き，点Bから直線ACに垂線BHを引くと，△BCHは内角の大きさが30°，60°，90°の直角三角形となるので，BC：BH＝2：$\sqrt{3}$　　BH＝$2\sqrt{3}$　　よって，△ABC＝$\frac{1}{2}$×AC×BH＝$5\sqrt{3}$

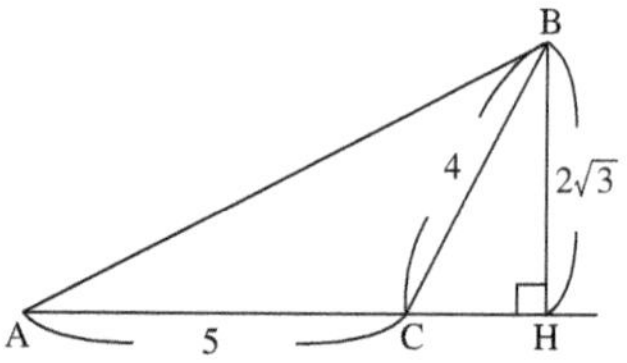

(6)　少なくとも2つの目が同じになるのは，3つのさいころの目がすべて異なるとき以外である。3つの目がすべて異なる場合の目の出方は，大に6通りの出方があり，そのそれぞれに対して中の目に5通りずつの出方があり，さらにそれらに対して小の目に4通りずつの出方があるから，6×5×4(通り)ある。3つのさいころの目の出方の総数は6×6×6(通り)なので，その確率は，$\frac{6\times5\times4}{6\times6\times6}=\frac{5}{9}$　　よって，少なくとも2つの目が同じになる確率は，$1-\frac{5}{9}=\frac{4}{9}$

2 (場合の数―カードの並べ方，整数の性質)

(1)　百の位の数として9通りの並べ方があり，そのそれぞれに対して十の位の数として8通りずつの並べ方があり，そして，それらに対して一の位の数として7通りずつの並べ方があるので整数は全部で9×8×7＝504(通り)ある。

(2)　偶数の一の位の数は偶数である。一の位から順に考えると，一の位の数として4通りの並べ方があり，そのそれぞれに対して十の位の数として8通りずつの並べ方があり，それらに対して百の位の数として7通りずつの並べ方があるので，偶数は全部で4×8×7＝224(通り)ある。

重要 (3)　百の位の数字をa，十の位の数字をb，一の位の数字をcとすると，3けたの整数は$100a+10b+c$と表せる。$100a+10b+c=4\times25a+10b+c$　　よって，$10b+c$，つまり，3けたの整数の下2けたが4の倍数であれば，3けたの整数は4の倍数である。異なる1から9までの数字で作られる2けたの4の倍数は，99÷4＝24余り3　　99までの24個の4の倍数から，4，8，20，40，60，80，44，88の6個を除いた16個ある。それぞれの数について，百の位の数として，下2けたに使われていない数字が7通りずつあるので，4の倍数は16×7＝112(通り)

重要 (4)　$100a+10b+c=(33\times3+1)a+(3\times3+1)b+c=33\times3a+3\times3b+a+b+c$　　よって，$a+b+c$，つまり，各位の数の和が3の倍数であれば，3けたの整数は3の倍数となる。和が3の倍数となる整数は，$a<b<c$として，123，126，129，135，138，147，156，159，168，189，234，237，246，249，258，267，279，345，348，357，369，378，456，459，468，489，567，579，678，789の30個ある。それぞれの数について，$a<c<b$，$b<a<c$，$b<c<a$，$c<a<b$，$c<b<a$の場合もあるので，3の倍数は30×6＝180(個)できる。

3 (関数・グラフと図形―$y=ax2$のグラフ，直線，交点の座標，面積，長さ，回転体の体積)

基本 (1)　$y=x^2$のグラフと直線$y=2x+3$の交点のx座標は，方程式$x^2=2x+3$の解として求められる。$x^2-2x-3=0$　　$(x+1)(x-3)=0$　　$x=-1,\ 3$　　$x=-1$のとき$y=1$，$x=3$のとき，$y=9$
よって，A(−1，1)，B(3，9)

基本 (2)　AC＝3−(−1)＝4，BC＝9−1＝8　　よって，△ABC＝$\frac{1}{2}\times4\times8=16$

重要 (3)　△ABCの面積は$\frac{1}{2}$×AB×CDとして求めることもできる。ABの長さは△ABCで三平方の定理を用いて，AB＝$\sqrt{AC^2+BC^2}=\sqrt{16+64}=4\sqrt{5}$　　よって，AB×CD＝AC×BCから，CD＝$4\times8\div4\sqrt{5}=\frac{8}{\sqrt{5}}=\frac{8\sqrt{5}}{5}$

(4)　△ABCをℓの周りに1回転させると，〈底面の半径がCD，高さがADの円すい〉と〈底面の半径がCD，高さがBDの円すい〉を合わせた立体ができる。よって，その体積は，$\frac{1}{3}\times\pi\times CD^2\times AD+$

$\frac{1}{3}\times\pi\times CD^2\times BD=\frac{1}{3}\times\pi\times CD^2\times(AD+BD)=\frac{1}{3}\times\pi\times CD^2\times(AD+BD)=\frac{1}{3}\times\pi\times\left(\frac{8\sqrt{5}}{5}\right)^2\times$ $4\sqrt{5}=\frac{1}{3}\times\pi\times\frac{64}{5}\times4\sqrt{5}=\frac{256\sqrt{5}}{15}$

4 （平面図形―証明，円，角度，線分の比，長さ）

(1)　直径に対する円周角は直角なので，$\angle BAD=\angle BCD=90^\circ$ …①　$\angle OMB=90^\circ$ …②，$AH\perp BC$…③なので，①，②，③から，OM//DC，AH//DC…④　平行線と線分の比の関係から，OM：DC＝BO：BD＝1：2…⑤　また，①とHC⊥ABから，AD//HC…⑥　④，⑥から，四角形AHCDは2組の向かい合う対辺がそれぞれ平行なので平行四辺形である。よって，対辺は等しいから，AH：DC＝1：1…⑦　④，⑤，⑦から，AH：OM＝DC：OM＝2：1…⑧　OHとAMの交点をNとすると，④，⑧から，OM//AH，MN：AN＝OM：HA＝1：2　よって，AN：AM＝2：(2＋1)＝2：3

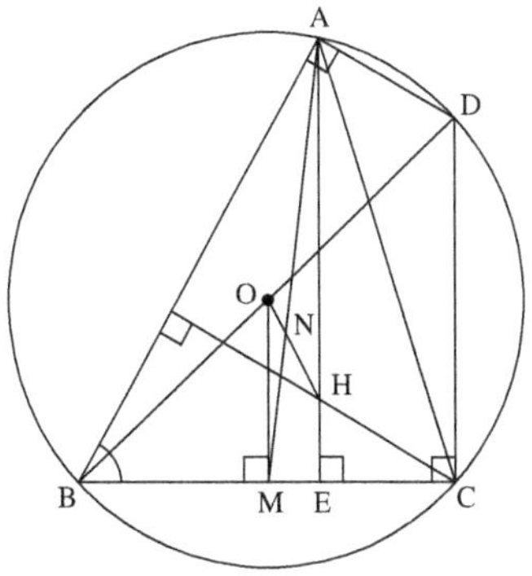

(2)　$\angle ABC=60^\circ$なので，△ABEは内角の大きさが30°，60°，90°の直角三角形である。よって，AB：BE：AE＝2：1：$\sqrt{3}$だから，$AE=5\sqrt{3}$，BE＝5　また，MはBCの中点だから，BM＝4　よって，ME＝1　△AMEで三平方の定理を用いると，$AM=\sqrt{AE^2+ME^2}=\sqrt{(5\sqrt{3})^2+1^2}=\sqrt{76}=2\sqrt{19}$　$AN=\frac{2}{3}AM$だから，$AN=\frac{2}{3}\times2\sqrt{19}=\frac{4\sqrt{19}}{3}$

5 （空間図形―八面体に内接する球，2つの球に外接する球，長さ）

基本　(1)　△ABCは二等辺三角形なので，AMはBCに垂直である。よって，△ABMで三平方の定理を用いると，$AM=\sqrt{AB^2-BM^2}=\sqrt{(3\sqrt{15})^2-(3\sqrt{3})^2}=\sqrt{135-27}=\sqrt{108}=6\sqrt{3}$

重要　(2)　EDの中点をN，四角すいABCDEに内接する球の中心をOとする。図1は，四角すいABCDEを面AMNで切った切り口を表している。$AM=AN=MN=6\sqrt{3}$なので，△AMNは正三角形であり，正三角形の高さは1辺の長さの$\frac{\sqrt{3}}{2}$倍だから，△AMNの面積は，$\frac{1}{2}\times6\sqrt{3}\times\left(\frac{\sqrt{3}}{2}\times6\sqrt{3}\right)=27\sqrt{3}$…①　円Oの半径を$r$とすると，接線と接点を通る半径は垂直に交わるから，△AMNの面積は，$\triangle OAM+\triangle OMN+\triangle ONA=\frac{1}{2}\times AM\times r+\frac{1}{2}\times MN\times r+\frac{1}{2}\times NA\times r=9\sqrt{3}r$…②　①，②から，$9\sqrt{3}r=27\sqrt{3}$　$r=3$　したがって，四角すいABCDEに内接する球の半径は3である。

図1

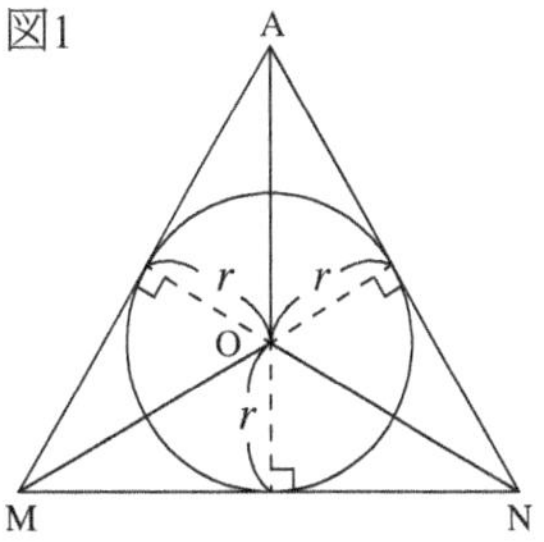

やや難　(3)　2つの球に外接し，面ABC，面FBCに接する球が最小になるのは，その球が線分AM上で面ABCに接するときである。図2は面AMNで八面体を切断した切り口を表している。2つの球に外接し，面ABC，面FBCに接する球の中心をPとし，PからAMに垂線PHを引き，円Pの半径をxとすると，$\angle AMN=90^\circ$だから，△PMHは内角の大きさが30°，60°，90°の直角三角形だから，PM：PH＝2：$\sqrt{3}$　$PM=\frac{2x}{\sqrt{3}}$　OからMNに垂線OIを引くとIはMNの中点であり，$MI=3\sqrt{3}$　よって，$PI=3\sqrt{3}-$

図2

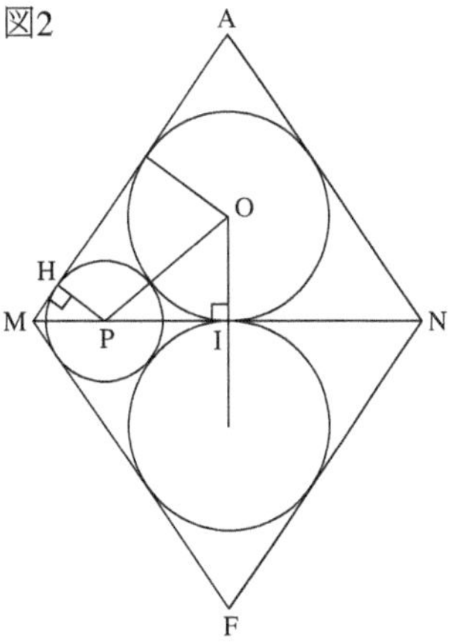

$\frac{2x}{\sqrt{3}}$　2円に接する円の中心を結ぶ線分は2円の接点を通るから，$OP=3+x$　△OPIで三平方の定理を用いると，$\left(3\sqrt{3}-\frac{2x}{\sqrt{3}}\right)^2+3^2=(3+x)^2$　$27-12x+\frac{4x^2}{3}+9=9+6x+x^2$　$\frac{x^2}{3}-18x=-27$　$x^2-54x=-81$　両辺に27の2乗を加えて左辺を平方の形にすると，$(x-27)^2=27^2-81=648$　$x-27=\pm\sqrt{648}$　$x=27\pm18\sqrt{2}$　$x<3\sqrt{2}$なので，$x=27-18\sqrt{2}$　よって，2つの球に外接し，面ABC，面FBCに接する最小の球の半径は$27-18\sqrt{2}$である。

★ワンポイントアドバイス★

Ⅰの(5)は，三角形の外側を考える。Ⅱの(3)，(4)は，4の倍数，3の倍数になる数の性質を利用する。Ⅲの(3)は△ABCの面積を2通りに表すことでCDの長さを求めるとよい。三角形の相似を用いてもよい。Ⅳは，最終的にANの長さを求める問題である。Ⅴの(2)，(3)は，対称な面で切断した切り口で考える。

＜英語解答＞ 《学校からの正答の発表はありません。》

Ⅰ　問1　①　問2　【あ】　⑥　【い】　①　【う】　⑤　【え】　②　問3　④
問4　③　問5　④　問6　④，⑦

Ⅱ　問1　④　問2　②　問3　③　問4　②　問5　②　問6　②，④

Ⅲ　(1)　(A)　⑥　(B)　⑤　(C)　②　(2)　(A)　⑥　(B)　②　(C)　⑦
(3)　(A)　⑥　(B)　⑤　(C)　①　(4)　(A)　④　(B)　⑤　(C)　②
(5)　(A)　④　(B)　⑥　(C)　①

○推定配点○
プログレス・アドバンスコース　Ⅰ　問2　各6点×4　他　各7点×18(Ⅲは各完答)
計150点
スタンダードコース　Ⅰ　各4点×10　他　各5点×12(Ⅲは各完答)　計100点

＜英語解説＞

Ⅰ　**(長文読解問題・歴史：語句補充・選択，文補充・選択，内容吟味，内容一致)**

(全訳)　オデットは1912年にフランス北部のアミアンで生まれた。第1次世界大戦の間，彼女の母親は自宅の部屋をイギリス兵に与えることで，ドイツとの戦闘の手助けをした。幼いオデットは兵士たちと遊ぶのが大好きだった。後にオデットがイギリス人男性と結婚した時，彼女の母親は驚かなかった！　フランスで短期間過ごした後，オデットと夫は1931年にイギリスに引っ越した。

1939年，ドイツ兵がポーランドを攻撃し，第2次世界大戦がはじまった。1年後，ドイツがフランスに侵攻し，そこで新しい政府を始めた。オデットの心は砕けた。彼女は第1次世界大戦中のアミアンの誇り高き人々を覚えていた。彼らはフランスの自由のために一生懸命戦ったが，今やそれは失われてしまった。オデットは役に立ちたいと思った。しかし彼女は主婦にすぎなかった。彼女に何ができたのだろうか。

1940年代初期，オデットはラジオのニュースを聞いていた時に，イギリス政府がフランスの海岸の写真を求めていることを知った！　自分の昔の休暇の写真！　ついに彼女は役に立てたのだ。

イギリス政府の情報収集機関はオデットの写真を見て，この若いフランス人女性に興味を持った。彼女はフランス北部についてよく知っていた。彼らはオデットをロンドンの事務所に招くことにした。まもなくオデットは夢でも(1)想像できなかった将来へ向かって旅立つことになるのだった。

「【あ】我々はあなたに，スパイとしてフランスへ行ってほしい」とそこにいた男性が冷静に言った。オデットは自分の耳が信じられなかった。「スパイ？　私が？　この男性は頭がおかしいの？」と彼女は思った。

「私はただの主婦です」と彼女は静かに答えた。「私には3人の幼い娘と愛する夫がいます。彼らには私が必要です。申し訳ありません」

しかしオデットは自分自身の声を聞いて悟った。祖国は自分を必要としている，と彼女は悟った。部屋は静かだった。その冷静な男性は黙って机の後ろに座り，待っていた。オデットは自分の家族と家庭のことを考えた。それから彼女は「(2)私ができることならどんな方法でもお手伝いします。何をすればいいですか」と言った。

オデットはすぐに，秘密と嘘の孤独な生活を始めた。彼女は家族に嘘をついた。彼女は彼らに従軍看護師になりたいと言った。彼女は優しくほほ笑んで娘たちや夫にキスをし，さようならと言った。しかし内面では(3)彼女の心は砕けそうだった。「私はあなたたちに再び会えるの？」と彼女は思った。

1942年11月，彼女はフランス南部のカンヌで仕事を始めた。彼女は普通のフランス人女性のような見た目と話し方だった。しかし実際は，彼女はフランスの抵抗勢力に資金提供するため，イギリスのスパイであるピーター・チャーチルと緊密に連携して働いていた。

1943年4月16日，オデットとピーターはドイツ警察に逮捕され，自分たちの仕事について尋問された。「【い】もうこれで終わりだわ」とオデットは思った。「ドイツ人は私たちを殺すわ」　しかしその時，彼女はある案を思いついた。それは危険な計画だったが，彼らの唯一の望みだった。

「ピーターを殺さないで，私を殺して！」と彼女は言った。「ピーターは私の夫です。彼は抵抗勢力のために仕事をしていません。私のためにここにいるだけです」　ドイツ人は彼女のことを信じたか？　オデットはすぐに考えた。彼女にはもっと良い嘘が必要だった。彼らの命を救う嘘が。「ピーターのおじはイギリスで最も重要な男性です！　もし彼を殺せば，あなたは死にます！」

ドイツ人たちは彼らの報告書を注意深く見た。彼らの1人が「この女は誰だ？　そしてピーター・チャーチルとは誰か？」と言った。もう1人の男が「チャーチル！　我々はこの男を殺せない。彼のおじはウィンストン・チャーチル，イギリス政府の首相だ」と言った。

数日後，オデットの将来が決まった。「法廷の決定で，お前は死ぬことになった」とドイツ人将校が下手なフランス語で説明した。「お前はイギリスのスパイで，フランスの抵抗勢力のために働いている」

数日，数週間，そして数か月が経った。しかしオデットは望むことをやめなかった。ウィンストン・チャーチルについての彼女の嘘が(4)効いているようだった。毎晩彼女は娘たちにキスをするのを想像した。彼女は彼女たちに「愛しているわ」と優しく言った。

1944年5月，オデットはドイツ北部のラーベンスブリュックに移された。そこの捕虜たちは死ぬまで働いた。ラーベンスブリュックの所長のフリッツ・ズーレンは，彼女が特別であると知っていた。

今では，アメリカがドイツに侵攻しており，戦争はほとんど終わりだった。1945年4月28日，ズーレンはオデットに面会した。「我々は今日出発する」と彼は彼女に言った。彼は彼女を他の数名の捕虜と一緒に車に押し込んだ。窓からオデットはドイツ兵たちが早く逃げようとしているのを見た。彼女は自分の目が信じられなかった！　「私は生きて解放されるの？」と彼女は思った。

4日間の車移動の後，オデットはズーレンの車に移された。「なぜ彼は私だけをほしがっているの？」と彼女は自問した。

その晩の10時に，ズーレンは車でオデットを小さな町に連れて行った。「【う】私はお前をアメリカ人たちに引き渡す」と彼は説明した。オデットは自分の耳が信じられなかった。これは冗談？　しかしズーレンの顔は真剣だった。彼はオデットを重要人物だと考えていた。彼は戦後に彼女が彼についてよく言ってくれるよう望んでいた。

「こちらはチャーチル夫人だ」とズーレンはアメリカ人将校に説明した。「彼女はウィンストン・チャーチルの親族だ」　オデットを見ることなく，彼は銃を下に落とした。それから彼はゆっくりと向きを変え，何人かの兵士によって監獄へ連れていかれた。オデットはあたりを見回して，その小さな町，アメリカ兵たちの親しげな顔，路肩に置かれたズーレンの誰も乗っていない車を見た。彼女は心の中で「これは夢？　私は本当に生きているの？　私は本当に自由の身なの？」と思った。

イギリスに戻り，オデットは夫に抱きしめられ，うれし泣きをした。恐怖と痛みの年月を経て，家族が再び一緒になった。娘たちは勇敢な母親にキスをして抱きしめた。「あなたたちは以前よりもきれいになったわ」と彼女は娘たちに言った。「あなたたちの愛が私に希望を与え，私を生かしてくれたのよ」

1946年，オデットは彼女の偉大な勇気に対してイギリスで最も重要なメダルの1つを授与された。「【え】これは私のためのものではありません」と彼女は言った。「戦争中にフランスの抵抗勢力のために働いた全ての人のためのものです」

やや難　問1　全訳下線部参照。スパイとして働くことを「夢にも思わなかった将来」と表現している。

重要　問2　全訳下線部参照。【え】の文 This is not for me. の This はオデットが授与されたメダルを指す。

問3　第2段落第6文および第7段落第2文参照。オデットは祖国フランスのために役に立ちたいと思っており，祖国も自分を必要としていると感じた。

問4　直後の文参照。スパイの仕事は命の危険を伴うので，二度と家族に会えないかもしれないと不安に思った。

問5　work「作用する，効果がある」

やや難　問6　①「オデットと彼女の母は第1次世界大戦中，イギリス兵がドイツと戦うのを手助けした」(×)　オデットの母はイギリス兵の手助けをしたが，オデットは当時子供だったので手助けしたわけではない。　②「オデットはフランスで撮った写真を何枚か持っていたのでドイツ人の役に立てると思った」(×)　③「オデットは従軍看護師として働きたいと思い，家族に嘘をついた」(×)　④「オデットはフランス南部のカンヌで，イギリスのスパイと一緒にスパイの仕事を始めた」(○)　⑤「イギリスで最も重要な人物であるウィンストン・チャーチルはピーター・チャーチルのおじだった」(×)　これはオデットがついた嘘である。　⑥「ドイツ人たちはピーター・チャーチルを殺した，なぜなら彼はイギリスのスパイでフランスの抵抗勢力のために働いたからだ」(×)　⑦「ズーレンはオデットを重要人物だと思い，彼女の命を救った」(○)

Ⅱ　〔長文読解問題・エッセイ：内容吟味，段落補充，語句補充・選択，文補充・選択，内容一致〕

〔全訳〕　1980年代初頭，ドナルド・キーンは『日本人男性』というエッセイを書いた。それは今から30年以上も前のものだが，今でも真実のように思われる。彼の主張の1つは，ほとんどの日本人女性は西洋において非常に肯定的なイメージがあるが，日本人男性は勤勉だと思われるか，その存在を無視されている，ということだ。それは本当である。日本人男性は，例えばアメリカの映画，本，メディアにあまり登場することがなく，登場する場合でも重要な役ではない。日本に住んでいる人なら誰でもこれらのイメージが不公平であると知っているが，何らかの理由により，日本人男性の魅力はアメリカや他の西洋諸国に対してあまりうまく伝わっていない。

そうであっても，日本に住んでいる西洋人女性の多くが日本人男性を非常に魅力的だと思う。私自身を含む西洋人女性にとって，日本人男性の最も魅力的な性質の1つは，彼らのコミュニケーション様式だ。それはほとんどのアメリカ人男性とは異なっている。コミュニケーションは良い関係の鍵となることが多い。そして日本人男性には話しかけやすい。理由はこうだ。

【②】日本人男性は聞き上手だ。彼らは静かに聞き，相手を促す合図(相づち)を与え，自分が話し始める前に相手が話し終わるのを待つ。もちろんこれは日本式であって，男性に限ったことではない。このように聞いてくれる人に話しかける時，私は彼らが私の言うことを本当に聞きたがっていると感じる。そしてこの「本当に聞いてくれる人」はほとんどの女性が求めているものだ。

話題が単純な時は，よく聞くのはそれほど難しいことではないと思う。しかし，会話が討論になった時，そして特に人々の意見が異なる時，聞く技術はさらに難しくなる。それでも，私はほとんどの日本人男性は感情的な討論の場合でもよく聞き続けていると思う。彼らは自分とは異なる意見を受け入れられるようだ。だから私の第2の主張は，日本人男性には反対しやすい，ということだ。別の言い方をすれば，嫌な気分にならずに反対することに同意(1)できるということだ。

ではアメリカ人男性は？　私の経験では，アメリカ人男性はコミュニケーションをとるのがずっと難しい。意見の違いがある時は特に。これはおそらく，彼らが強い意見を持って議論に勝て，と教えられているからだろう。(2)自分が正しくて相手が間違っていると示すことが，アメリカ人男性の間で非常に一般的な討論形式である。この種の「会話」は議論に近い。多くのアメリカ人は，女性でさえも，この様式を好む。

私自身はアメリカに住んでいた時でさえも，議論形式の会話が好きではなかった。それはわくわくしておもしろい，と思う人もいるが，私のようにストレスだと感じる人もいる。私はある時のことを決して忘れない。かつてのボーイフレンドと私は一緒に映画に行った。(3)彼はそれがとても気に入り，私は気に入らなかった。単純なことでしょう？　しかし彼は延々と，自分が映画について正しくて私が間違っているのだと証明しようとした。私たちは最後には相手に対して激怒し，自分たちの意見が違っていることを受け入れられなかった。

文化の様式にこのような違いがあるため，日本はアメリカよりも優しい文化だと感じるアメリカ人もいる。多くの西洋人女性は日本人男性を魅力的に感じる。もっと多くのアメリカ人がそれを経験する機会を持つことができればいいな，と私は思う。

問1　第1段落参照。④は日本人女性についての記述である。

重要　問2　②の直前に Here's why.「その理由はこうです」とあるのに着目する。この表現の後に具体的な理由を述べる。「日本人男性には話しかけやすい。その理由はこうだ。日本人男性は聞き上手だからだ」という流れとなる。

やや難　問3　possible「可能な」 日本人男性は異なる意見を受け入れるので，反対意見を言いやすいと筆者は考えている。agree to disagree「反対することに同意する」とは結局「反対する」ことであり，それが possible「可能だ」と述べている。

重要　問4　直前の文参照。to have strong opinions and to win arguments「強い意見を持って議論に勝つ」ために，会話が②「自分が正しくて相手が間違っていると示す」討論形式になる。

問5　空所(3)の3つ後の文に we had different opinions「私たちは意見が違っていた」とある。

問6　①「日本人は聞き上手で話しかけやすいので，多くの日本人女性は彼らを大変魅力的だと思っている」(×)　②「日本人男性は自分とは異なる意見を受け入れがちだ」(○)　③「筆者は，意見が異なる場合でもアメリカ人男性とコミュニケーションするのはさほど難しくないと思っている」(×)　④「多くのアメリカ人は議論形式の会話を好み，わくわくしておもしろいと思う人

もいる」(○)　⑤「筆者は，日本人に強い意見を持ち，議論に勝ってほしいと思っている」(×)

重要 Ⅲ　**(語句整序：関係代名詞，不定詞，熟語)**

(1)　The fine weather made the picnic a great success.　⑧ because が不要。直訳は「素晴らしい天気がピクニックを大成功にした」となる。〈make ＋目的語＋補語〉「～を…にする」

(2)　(The man) who told (me) this didn't give (me) his name.　④ was が不要。who は主格の関係代名詞で who told me this「私にこう言った」が man を後ろから修飾する。「名前を名乗らなかった」の部分は「私に名前を与えなかった」と表す。

(3)　(The mother) told her son to do it himself.　② about が不要。〈tell ＋人＋ to ＋動詞の原形〉「(人)に～するように言う」　himself は「彼自身で」の意味。

(4)　(What) does this white hat remind you of?　③ look が不要。直訳は「この白い帽子はあなたに何を思い出させるか」。〈remind ＋人＋ of ～〉「(人)に～を思い出させる」

(5)　(Please) remember to post the letter on your way (to school.)　② not が不要。〈remember to ＋動詞の原形〉「忘れずに～する」　on one's way to ～「～へ行く途中に」

★ワンポイントアドバイス★

Ⅱは日本在住のアメリカ人女性によるエッセイ。日本在住の外国人による異文化論は，入試でしばしば取り上げられるテーマの1つである。

＜国語解答＞　《学校からの正答の発表はありません。》

第一問　問1　A　2　　B　3　　C　3　　D　2　　E　1

問2　A　2　　B　4　　C　1　　D　3　　E　4　　問3　1・6・7

第二問　問1　3　　問2　4　　問3　4　　問4　3　　問5　1　　問6　1　　問7　4

問8　2　　問9　4　　問10　3

第三問　問1　5　　問2　3　　問3　4

第四問　問1　2・6　　問2　1　　問3　2　　問4　3　　問5　4　　問6　3　　問7　4

問8　2　　問9　3　　問10　4　　問11　1　×　　2　○　　3　×　　4　×

5　×　　6　×

○推定配点○

第一問　問1・問2　各2点×10　　問3　5点(完答)　　**第二問**　各3点×10　　**第三問**　各3点×3

第四問　問11　各1点×6　　他　各3点×10(問1完答)　　計100点

＜国語解説＞

第一問　(漢字の読み書き，ことわざ・慣用句，敬語・その他)

問1　A　浸食　　1　配信　　2　浸透　　3　推進　　4　侵害

B　漠然　　1　爆笑　　2　呪縛　　3　砂漠　　4　幕府

C　錯覚　　1　触角　　2　収穫　　3　覚醒　　4　格差

D　奨励　　1　表彰　　2　推奨　　3　賞金　　4　称号

E　遺憾　　1　遺失物　　2　慰霊碑　　3　違反者　　4　偉人伝

問2　A　1は感嘆する，3はよどみなくしゃべる，4は陰で人をばかにするという意味。　B「足下から鳥が立つ」には，他に急に思い立ってするという意味もある。　C　2は驚いて目を見開く，3は程度がひどくて見ていられない，4は頭を打った時に目の前に光が飛び交うような感じを言う。D　1はその場所にふさわしくない際立ってすぐれた人がいる，2は多くの人を従わせる有力者の一言，4はあこがれるだけで手が届かないという意味を表す。　E　1は決着している，2は経験を積み貫禄がついている，3は将来の予想がついているという意味。

やや難　問3　1「お……なる」と「れる」の敬語を二重に用いている。　6　先生に対して，班長の田中君に「申し上げる」という謙譲語を用いている。　7　山田先輩の動作に「参る」という謙譲語を用いている。

第二問　（論説文─内容吟味，文脈把握，段落・文章構成，脱文・脱語補充）

基本　問1　A　前後の文脈から，「『世間』の蔭に隠れてい」る「自分自身の意見」にふさわしい語句があてはまる。　B「『世間』を代弁する発言」にふさわしいのは，表向きの考えを意味する「建前」。　C　Bの「建前」と「区別され」るのは，「本音」。

問2　日本の欧米化について述べている部分に着目する。直後の段落で「しかし欧化といってもそれは法制や行政構造，産業，教育制度などに限定され，人と人の関係のあり方にまではとうてい及ぶものではなかった」と説明している。

問3　直後の文の「欧米の社会の基礎をなしている理念の圧倒的な力に感嘆を惜しまなかった」や，一つ後の文の「否定し去ることのできない崇高な理念が掲げられたとき，その前にひれ伏すしかなかった」から，「抵抗しようがなかった」とする対象をとらえる。

問4　直前に説明の意味を表す「いわば」があるので，その前の内容に着目する。「精神の面まで欧化しようと考えていたわけではなく」から，法や教育の面は欧化しても精神は日本のままでいようとしたとわかる。日本人の精神と西洋の文化を両立させるという意味の四字熟語を入れる。

問5「慣行」は，習慣として行うこと。一つ後の段落に「従来の人と人のあり方とは一言で言えば『世間』のこと」とある。冒頭の段落の「我が国においては個人は長い間西欧的な個人である前に自分が属する人間関係である『世間』の一員であった……自分の意見を述べる前にまず自分が属する『世間』の利害に反しないことを確認しなければならない」という説明にも着目する。

やや難　問6「文明にせよ」で始まる段落で「明治時代に我が国は欧米の諸制度を取り入れながら，結果としては人と人の人間関係については従来の形を残すことになった。そのような決断を明治政府がしたわけではない。圧倒的な欧米の近代的諸制度を前にして身も魂も奪われてしまいかねない状況の中でかろうじて踏みとどまったというべき」と，「個人のあり方を変えることはなかった」いきさつを説明している。この「かろうじて踏みとどまっていた」を，「せめて日本人の精神だけでも残したかった」と表現している1が適切。

問7「相克」は，対立して矛盾する二つのものの間で争うこと。「理念の世界と本音の場の世界との二つの極」の間でどちらを優先すべきか争うことを意味している。直前の文の「公的な発言をする際には常に欧米流の内容を主として発言し，公的な場を離れたときには自分の『世間』に即して本音でしゃべった」という状況で起こる「相克」としてふさわしいものを選ぶ。

問8　直後の文の「人々は政治，法制，教育そのほかのあらゆる分野において二重生活をやむなくされた」ことが「最大の問題」にあたる。この「二重生活」について，一つ前の段落で「こうして建前と本音の世界の区別が生まれた……人々は公的な発言をする際には常に欧米流の内容を主として発言し，公的な場を離れたときには自分の『世間』に即して本音でしゃべった」と説明している。

やや難　問9　［X］の直前の内容から，外国に出張している人のところに大学から要請が届いた場合，その人が日本にいたときと同様な振る舞いが出来ないという内容を具体的に述べる。まず，彼の現在の状況を述べるdが，次に，要請が届くという内容のcが続き，その要請によって起こる感情を述べるeがくる。その感情によって起こり得る事態を述べるbの後，「彼」の行動を説明するaがくる。aが X の直後の「平衡感覚を失い，極端な行動に出がち」という内容に通じることを確認する。

重要 問10　最終段落の「西欧的な観点から……教育が行われたのである。『世間』は今に至るまで我が国の教育の対象になっていないのである。子供たちはある年齢になると大人の世界が建前の世界であることを知り，建前と本音の使い分けを学んでゆく。こうして子供たちは大人になってゆく」という内容に，3が適切。

第三問　（語句の意味）

問1　一日二十四時間を十二等分し，十二支にあてる。「子」「丑」「寅」「卯」「辰」「巳」「馬」「羊」「申」「酉」「戌」「亥」の順になるので，「酉の刻」は午後五時から午後七時を表す。

問2　方位360度を十二等分し，北を「子」とする。「午」は六番目なので南を表す。

基本 問3　1は十一月，2は四月，3は七月，5は一月の異名。

第四問　（古文―大意・要旨，情景・心情，内容吟味，文脈把握，文と文節，口語訳）

〈口語訳〉　これも同じ頃のことということだ。(江戸の)神田の辺りにすばやく機転をきかせ滑稽なことをして人の笑いをとり家業とする者がいた。独身でいつも酒が好きで，飽きることがない。同じ町でそれなりに暮らしていた者で，友達と申し合わせて伊勢神宮へ参拝すると言って，道中の楽しみに例の独り身の男を呼び連れて行こうと誘ったところ，(笑いを家業とする者は)旅費がないからと答える。旅費は二人で何とかしてまかなってやろうと熱心に誘ったので，それならばと三人で連れ立って品川から神奈川まで，急がない旅なので，ここでは(酒を)一杯傾けあそこでは(酒を)一樽空にして，神奈川の宿場で一夜の宿をとった。

翌日の夜明け前に二人の町人が神奈川を出発しようと起き出したところ，(笑いを家業とする)独り身の男は酒を飲み過ぎたためだろうか，くたびれて寝込んでいろいろ起こしても目を覚まさない。二人の連れはふと思いついて，その者が酔って寝込んでいる間に出家させれば良い気晴らしとなるだろうと，こっそりかみそりを取り出して，(笑いを家業とする者の)髪をそりあげ出家したばかりの坊さん(のよう)にして，日の出の頃にまた起こしたところ，(笑いを家業とする者が)ようやく起き出してきて頭をなでて，おおいに驚き，二人の者がふざけてしたのだろうと恨んだけれど，(二人の町人は)まったく知らない旨を答える。(笑いを家業とする者は)なお疑っていろいろと言ったけれど，少しも覚えがないと言うので，今はどうにもならない。出家していては箱根の関所を通りにくく，伊勢神宮でも出家(している者は)制限されていることなので，はるばるお詣りしてもむだである。今から江戸へ帰るつもりですと，別れを願い出ると，二人もつまらないことをしてしまったと後悔したが，はっきり言う様子もなく，(笑いを家業とする者に)旅費などを与えて江戸へ帰したが，その(笑いを家業とする)独り身の男がつくづく思ったことには，このように自分を笑い者にし，情けなくも剃髪させてしまったことは恨めしい。この恨みを面白く返そうと色々考えて，芝の辺りで古い袈裟を買い求めて本当に出家の姿となり，四，五日も経ってその連れだった二人の家の方へ行ったところ，(二人の)妻子は驚き，どうしてそのような姿になってこんなに早く帰ってきたのかと尋ねたところ，その(笑いを家業とする)者は涙を流し，こうなったからにはお察しください。旅の途中で渡し船が岩に乗りかかったのでしょうか船が壊れ，三人とも浮いたり沈んだり流されたのですが，私は幸運にも岩に流れかかったところを，皆が集まり助け舟に引き上げられ，二人の者(の行方)を尋ねたのですが生きているのか死んでしまったのかわかりません。その他の乗客も行方不明なので，(私は)無常を感じ出家し巡礼に出かけるつもりですが，友達の奥様へ知らせないのも都合が悪いと帰り立ち寄ったと，涙まじりに語ったので，その話の途中から妻子たちの嘆きは見るも痛ましい様子だった。二人の妻はあまりの辛さに，髪をおろしていっしょに巡礼をすると言ったけれども，巡礼のことは親類の方たちと相談なさって，出家のことは二人の菩提のためにはよろしいでしょうと(笑いを家業とする者は)申し述べ，私は巡礼に出かけますということを言い置いて，行方をくらましたということだ。

二人の妻は菩提寺に頼み，出家し染め衣を着た(尼の)身となって熱心に二人の死後の幸福をとむらったので，心ある親類などが，あまりに思い込みが過ぎているようだ。まず破船の様子を聞き，飛脚を出しましょうかとあれこれ相談しているうちに，二人の男が伊勢参拝をとどこおりなく終えて帰ったところ，二人の妻が新米尼となっていて，夫を見て大変驚き，どうしたことかとそれぞれが尋ねたところ，初めからのできごとを語ったので，つまらないいたずらをして，あの男にだまされたことが情けないと，後悔しても仕方がなく，この新米尼は還俗してこのころは三，四寸も髪が伸びたと言っている。その近所の者が来て話して笑った。

問1　「独り者にて常に酒を好み，飽く事なし」とあるので2が正しい。「同町に暮らしける者，友達申し合ひ伊勢へ参宮するとて，路次のなぐさみに右の独り者を召し連れんと……せちに誘ひければ」とあるので6も正しい。

基本　問2　直前の「路銀は両人にていかようにもまかなはんと」に着目する。

問3　笑いを家業とする者が「大いに驚」いたのは，自分の「頭をなで」たことによる。二人の町人が，笑いを家業とする男が酔って眠っている間に「髪をそりこぼち青道心となして」とある。

問4　cの「江戸へ帰り候はん」と言う笑いを家業とする者に，路銀などを「与へて」江戸へ返したのは，二人の町人。他は，すべて笑いを家業とする者が主語。

問5　「せん方なし」は，仕方がないという意味。直前の「両人の者の戯れになしぬらんと恨みけれど，かつて知らざるよし答ふ。なほ疑ひて品々申しけれども，いささか覚えなしと陳じけるゆゑ」から，笑いを家業とする者の心情を想像する。

問6　直前の文で「出家にては箱根御関所も通りがたく，伊勢にても出家は制禁し給ふことなれば，はるばる詣でて益なし」と理由を述べている。

問7　「せんなし」は仕方がない，意味がないという意味。直後に「悔やみ」とあることから，笑いを家業とする男に対して，二人の町人はつまらないことをしたと後悔しているとわかる。「想像以上に困惑している」とある2は適切ではない。

重要　問8　「遺恨」は，忘れがたい深い恨みのこと。この後で笑いを家業とする男がどのような「工夫」をしたのかを読み取る。笑いを家業とする男は出家の姿となり，妻たちに夫の行方がわからないと伝え，妻たちを出家させようとしている。

問9　夫たちが死んだと思い込んで尼になった妻たちと，伊勢神宮を無事に終えて帰ってきた夫たちが顔を合わせた場面である。夫たちは妻たちが尼になっていることに，妻たちは死んだと思っていた夫たちが元気に帰ってきたことに対して「いかなる事」と尋ねている。

問10　「よしなし」はつまらない，「はかられる」はだまされるという意味。ここでの「あさまし」は，情けないという意味で用いられている。

やや難　問11　「翌日」で始まる段落に「これより江戸へ帰り候はん」という笑いを家業とする者に対して二人の町人が「路銀など与へて江戸へ返しける」とあるので，2は正しい。

★ワンポイントアドバイス★

言葉の正誤や，本文の正誤を問うものに紛らわしい選択肢が含まれている。時間をとられすぎることのないように，全体の時間配分を意識することが大切だ。

MEMO

大切なことはメモしておこうネ！

解答用紙集

○月×日 △曜日　天気(合格日和)

◆ご利用のみなさまへ

＊解答用紙の公表を行っていない学校につきましては、弊社の責任において、解答用紙を制作いたしました。

＊編集上の理由により一部縮小掲載した解答用紙がございます。

＊編集上の理由により一部実物と異なる形式の解答用紙がございます。

人間の最も偉大な力とは、その一番の弱点を克服したところから生まれてくるものである。 ――カール・ヒルティ――

東京学参株式会社

桐蔭学園高等学校　2024年度

◇数学◇

※この解答用紙は学校からの発表がないため，東京学参が制作いたしました。

1

(1)	(2)		(3)			(4)					(5)		
ア	イ	ウ	エ	オ	カ	キ	ク	ケ	コ	サ	シ	ス	セ
⓪	⓪	⓪	⓪	⓪	⓪	⓪	⓪	⓪	⓪	⓪	⓪	⓪	⓪
①	①	①	①	①	①	①	①	①	①	①	①	①	①
②	②	②	②	②	②	②	②	②	②	②	②	②	②
③	③	③	③	③	③	③	③	③	③	③	③	③	③
④	④	④	④	④	④	④	④	④	④	④	④	④	④
⑤	⑤	⑤	⑤	⑤	⑤	⑤	⑤	⑤	⑤	⑤	⑤	⑤	⑤
⑥	⑥	⑥	⑥	⑥	⑥	⑥	⑥	⑥	⑥	⑥	⑥	⑥	⑥
⑦	⑦	⑦	⑦	⑦	⑦	⑦	⑦	⑦	⑦	⑦	⑦	⑦	⑦
⑧	⑧	⑧	⑧	⑧	⑧	⑧	⑧	⑧	⑧	⑧	⑧	⑧	⑧
⑨	⑨	⑨	⑨	⑨	⑨	⑨	⑨	⑨	⑨	⑨	⑨	⑨	⑨

2

(1)		(2)		(3)		(4)		
ア	イ	ウ	エ	オ	カ	キ	ク	ケ
⓪	⓪	⓪	⓪	⓪	⓪	⓪	⓪	⓪
①	①	①	①	①	①	①	①	①
②	②	②	②	②	②	②	②	②
③	③	③	③	③	③	③	③	③
④	④	④	④	④	④	④	④	④
⑤	⑤	⑤	⑤	⑤	⑤	⑤	⑤	⑤
⑥	⑥	⑥	⑥	⑥	⑥	⑥	⑥	⑥
⑦	⑦	⑦	⑦	⑦	⑦	⑦	⑦	⑦
⑧	⑧	⑧	⑧	⑧	⑧	⑧	⑧	⑧
⑨	⑨	⑨	⑨	⑨	⑨	⑨	⑨	⑨

3

(1)	(2)	(3)		(4)
ア	イ	ウ	エ	オ
⓪	⓪	⓪	⓪	⓪
①	①	①	①	①
②	②	②	②	②
③	③	③	③	③
④	④	④	④	④
⑤	⑤	⑤	⑤	⑤
⑥	⑥	⑥	⑥	⑥
⑦	⑦	⑦	⑦	⑦
⑧	⑧	⑧	⑧	⑧
⑨	⑨	⑨	⑨	⑨

4

(1)		(2)		(3)		(4)		
ア	イ	ウ	エ	オ	カ	キ	ク	ケ
⓪	⓪	⓪	⓪	⓪	⓪	⓪	⓪	⓪
①	①	①	①	①	①	①	①	①
②	②	②	②	②	②	②	②	②
③	③	③	③	③	③	③	③	③
④	④	④	④	④	④	④	④	④
⑤	⑤	⑤	⑤	⑤	⑤	⑤	⑤	⑤
⑥	⑥	⑥	⑥	⑥	⑥	⑥	⑥	⑥
⑦	⑦	⑦	⑦	⑦	⑦	⑦	⑦	⑦
⑧	⑧	⑧	⑧	⑧	⑧	⑧	⑧	⑧
⑨	⑨	⑨	⑨	⑨	⑨	⑨	⑨	⑨

5

(1)				(2)			(3)			(4)	
ア	イ	ウ	エ	オ	カ	キ	ク	ケ	コ	サ	シ
⓪	⓪	⓪	⓪	⓪	⓪	⓪	⓪	⓪	⓪	⓪	⓪
①	①	①	①	①	①	①	①	①	①	①	①
②	②	②	②	②	②	②	②	②	②	②	②
③	③	③	③	③	③	③	③	③	③	③	③
④	④	④	④	④	④	④	④	④	④	④	④
⑤	⑤	⑤	⑤	⑤	⑤	⑤	⑤	⑤	⑤	⑤	⑤
⑥	⑥	⑥	⑥	⑥	⑥	⑥	⑥	⑥	⑥	⑥	⑥
⑦	⑦	⑦	⑦	⑦	⑦	⑦	⑦	⑦	⑦	⑦	⑦
⑧	⑧	⑧	⑧	⑧	⑧	⑧	⑧	⑧	⑧	⑧	⑧
⑨	⑨	⑨	⑨	⑨	⑨	⑨	⑨	⑨	⑨	⑨	⑨

桐蔭学園高等学校　2024年度　　◇英語◇

※この解答用紙は学校からの発表がないため，東京学参が制作いたしました。

Ⅰ

問1	問2	問3	問4	問5	問6	問7
①	①	①	①	①	①	①
②	②	②	②	②	②	②
③	③	③	③	③	③	③
④	④	④	④	④	④	④
						⑤
						⑥
						⑦
						⑧

Ⅱ

問1	問2	問3	問4	問5	問6
①	①	①	①	①	①
②	②	②	②	②	②
③	③	③	③	③	③
④	④	④	④	④	④
					⑤
					⑥
					⑦
					⑧

Ⅲ

(1)			(2)			(3)			(4)			(5)		
(A)	(B)	(C)	(A)	(B)	(C)	(A)	(B)	(C)	(A)	(B)	(C)	(A)	(B)	(C)
①	①	①	①	①	①	①	①	①	①	①	①	①	①	①
②	②	②	②	②	②	②	②	②	②	②	②	②	②	②
③	③	③	③	③	③	③	③	③	③	③	③	③	③	③
④	④	④	④	④	④	④	④	④	④	④	④	④	④	④
⑤	⑤	⑤	⑤	⑤	⑤	⑤	⑤	⑤	⑤	⑤	⑤	⑤	⑤	⑤
⑥	⑥	⑥	⑥	⑥	⑥	⑥	⑥	⑥	⑥	⑥	⑥	⑥	⑥	⑥
⑦	⑦	⑦	⑦	⑦	⑦	⑦	⑦	⑦	⑦	⑦	⑦	⑦	⑦	⑦
⑧	⑧	⑧	⑧	⑧	⑧	⑧	⑧	⑧	⑧	⑧	⑧	⑧	⑧	⑧

◇国語◇

桐蔭学園高等学校　２０２４年度

※この解答用紙は学校からの発表がないため，東京学参が作成いたしました。

第一問

問1	a	①②③④
	b	①②③④
	c	①②③④
	d	①②③④
	e	①②③④
問2	X	①②③④
	Y	①②③④
問3		①②③④
問4		①②③④
問5		①②③④
問6		①②③④
問7		①②③④
問8		①②③④
問9		①②③④

第二問

問1		①②③④
問2		①②③④
問3		①②③④
問4		①②③④
問5		①②③④
問6	i	①②③④
	ii	①②③④
問7		①②③④
問8		①②③④
問9		①②③④
問10		①②③④⑤⑥

桐蔭学園高等学校　2023年度

◇数学◇

※この解答用紙は学校からの発表がないため，東京学参が制作いたしました。

1

(1)			(2)		(3)				(4)			(5)			
ア	イ	ウ	エ	オ	カ	キ	ク	ケ	コ	サ	シ	ス	セ	ソ	タ
⓪	⓪	⓪	⓪	⓪	⓪	⓪	⓪	⓪	⓪	⓪	⓪	⓪	⓪	⓪	⓪
①	①	①	①	①	①	①	①	①	①	①	①	①	①	①	①
②	②	②	②	②	②	②	②	②	②	②	②	②	②	②	②
③	③	③	③	③	③	③	③	③	③	③	③	③	③	③	③
④	④	④	④	④	④	④	④	④	④	④	④	④	④	④	④
⑤	⑤	⑤	⑤	⑤	⑤	⑤	⑤	⑤	⑤	⑤	⑤	⑤	⑤	⑤	⑤
⑥	⑥	⑥	⑥	⑥	⑥	⑥	⑥	⑥	⑥	⑥	⑥	⑥	⑥	⑥	⑥
⑦	⑦	⑦	⑦	⑦	⑦	⑦	⑦	⑦	⑦	⑦	⑦	⑦	⑦	⑦	⑦
⑧	⑧	⑧	⑧	⑧	⑧	⑧	⑧	⑧	⑧	⑧	⑧	⑧	⑧	⑧	⑧
⑨	⑨	⑨	⑨	⑨	⑨	⑨	⑨	⑨	⑨	⑨	⑨	⑨	⑨	⑨	⑨

2

(1)			(2)				(3)		(4)	
ア	イ	ウ	エ	オ	カ	キ	ク	ケ	コ	サ
⓪	⓪	⓪	⓪	⓪	⓪	⓪	⓪	⓪	⓪	⓪
①	①	①	①	①	①	①	①	①	①	①
②	②	②	②	②	②	②	②	②	②	②
③	③	③	③	③	③	③	③	③	③	③
④	④	④	④	④	④	④	④	④	④	④
⑤	⑤	⑤	⑤	⑤	⑤	⑤	⑤	⑤	⑤	⑤
⑥	⑥	⑥	⑥	⑥	⑥	⑥	⑥	⑥	⑥	⑥
⑦	⑦	⑦	⑦	⑦	⑦	⑦	⑦	⑦	⑦	⑦
⑧	⑧	⑧	⑧	⑧	⑧	⑧	⑧	⑧	⑧	⑧
⑨	⑨	⑨	⑨	⑨	⑨	⑨	⑨	⑨	⑨	⑨

3

(1)				(2)		(3)			(4)			
ア	イ	ウ	エ	オ	カ	キ	ク	ケ	コ	サ	シ	ス
⓪	⓪	⓪	⓪	⓪	⓪	⓪	⓪	⓪	⓪	⓪	⓪	⓪
①	①	①	①	①	①	①	①	①	①	①	①	①
②	②	②	②	②	②	②	②	②	②	②	②	②
③	③	③	③	③	③	③	③	③	③	③	③	③
④	④	④	④	④	④	④	④	④	④	④	④	④
⑤	⑤	⑤	⑤	⑤	⑤	⑤	⑤	⑤	⑤	⑤	⑤	⑤
⑥	⑥	⑥	⑥	⑥	⑥	⑥	⑥	⑥	⑥	⑥	⑥	⑥
⑦	⑦	⑦	⑦	⑦	⑦	⑦	⑦	⑦	⑦	⑦	⑦	⑦
⑧	⑧	⑧	⑧	⑧	⑧	⑧	⑧	⑧	⑧	⑧	⑧	⑧
⑨	⑨	⑨	⑨	⑨	⑨	⑨	⑨	⑨	⑨	⑨	⑨	⑨

4

(1)				(2)							(3)		
ア	イ	ウ	エ	オ	カ	キ	ク	ケ	コ	サ	シ	ス	セ
⓪	⓪	⓪	⓪	⓪	⓪	⓪	⓪	⓪	⓪	⓪	⓪	⓪	⓪
①	①	①	①	①	①	①	①	①	①	①	①	①	①
②	②	②	②	②	②	②	②	②	②	②	②	②	②
③	③	③	③	③	③	③	③	③	③	③	③	③	③
④	④	④	④	④	④	④	④	④	④	④	④	④	④
⑤	⑤	⑤	⑤	⑤	⑤	⑤	⑤	⑤	⑤	⑤	⑤	⑤	⑤
⑥	⑥	⑥	⑥	⑥	⑥	⑥	⑥	⑥	⑥	⑥	⑥	⑥	⑥
⑦	⑦	⑦	⑦	⑦	⑦	⑦	⑦	⑦	⑦	⑦	⑦	⑦	⑦
⑧	⑧	⑧	⑧	⑧	⑧	⑧	⑧	⑧	⑧	⑧	⑧	⑧	⑧
⑨	⑨	⑨	⑨	⑨	⑨	⑨	⑨	⑨	⑨	⑨	⑨	⑨	⑨

5

(1)				(2)								(3)				
ア	イ	ウ	エ	オ	カ	キ	ク	ケ	コ	サ	シ	ス	セ	ソ	タ	チ
⓪	⓪	⓪	⓪	⓪	⓪	⓪	⓪	⓪	⓪	⓪	⓪	⓪	⓪	⓪	⓪	⓪
①	①	①	①	①	①	①	①	①	①	①	①	①	①	①	①	①
②	②	②	②	②	②	②	②	②	②	②	②	②	②	②	②	②
③	③	③	③	③	③	③	③	③	③	③	③	③	③	③	③	③
④	④	④	④	④	④	④	④	④	④	④	④	④	④	④	④	④
⑤	⑤	⑤	⑤	⑤	⑤	⑤	⑤	⑤	⑤	⑤	⑤	⑤	⑤	⑤	⑤	⑤
⑥	⑥	⑥	⑥	⑥	⑥	⑥	⑥	⑥	⑥	⑥	⑥	⑥	⑥	⑥	⑥	⑥
⑦	⑦	⑦	⑦	⑦	⑦	⑦	⑦	⑦	⑦	⑦	⑦	⑦	⑦	⑦	⑦	⑦
⑧	⑧	⑧	⑧	⑧	⑧	⑧	⑧	⑧	⑧	⑧	⑧	⑧	⑧	⑧	⑧	⑧
⑨	⑨	⑨	⑨	⑨	⑨	⑨	⑨	⑨	⑨	⑨	⑨	⑨	⑨	⑨	⑨	⑨

桐蔭学園高等学校　2023年度　◇英語◇

※この解答用紙は学校からの発表がないため，東京学参が制作いたしました。

I

問1	問2			問3	問4	問5	問6
	(2)	(3)	(4)				
①	①	①	①	①	①	①	①
②	②	②	②	②	②	②	②
③	③	③	③	③	③	③	③
④	④	④	④	④	④	④	④
							⑤
							⑥
							⑦
							⑧

II

問1	問2					問3	問4	問5
	(2)	(3)	(4)	(5)	(6)			
①	①	①	①	①	①	①	①	①
②	②	②	②	②	②	②	②	②
③	③	③	③	③	③	③	③	③
④	④	④	④	④	④	④	④	④
	⑤	⑤	⑤	⑤	⑤			⑤
								⑥

III

(1)			(2)			(3)			(4)			(5)		
(A)	(B)	(C)	(A)	(B)	(C)	(A)	(B)	(C)	(A)	(B)	(C)	(A)	(B)	(C)
①	①	①	①	①	①	①	①	①	①	①	①	①	①	①
②	②	②	②	②	②	②	②	②	②	②	②	②	②	②
③	③	③	③	③	③	③	③	③	③	③	③	③	③	③
④	④	④	④	④	④	④	④	④	④	④	④	④	④	④
⑤	⑤	⑤	⑤	⑤	⑤	⑤	⑤	⑤	⑤	⑤	⑤	⑤	⑤	⑤
⑥	⑥	⑥	⑥	⑥	⑥	⑥	⑥	⑥	⑥	⑥	⑥	⑥	⑥	⑥
⑦	⑦	⑦	⑦	⑦	⑦	⑦	⑦	⑦	⑦	⑦	⑦	⑦	⑦	⑦
⑧	⑧	⑧	⑧	⑧	⑧	⑧	⑧	⑧	⑧	⑧	⑧	⑧	⑧	⑧
⑨	⑨	⑨	⑨	⑨	⑨	⑨	⑨	⑨	⑨	⑨	⑨	⑨	⑨	⑨

◇国語◇

桐蔭学園高等学校　２０２３年度

※この解答用紙は学校からの発表がないため、東京学参が作成いたしました。

第一問

(1)	A	①②③④
	B	①②③④
	C	①②③④
	D	①②③④
(2)	E	①②③④
	F	①②③④

第二問

問1		①②③④
問2		①②③④
問3		①②③④
問4		①②③④
問5		①②③④
問6		①②③④
問7		①②③④
問8	D	①②③④
	E	①②③④
問9		①②③④

第三問

問1	(a)	①②③④⑤
	(b)	①②③④⑤
	(c)	①②③④⑤
	(d)	①②③④⑤
	(e)	①②③④⑤
問2		①②③④
問3		①②③④
問4		①②③④
問5		①②③④
問6		①②③④
問7		①②③④
問8		①②③④

桐蔭学園高等学校　2022年度

◇数学◇

※この解答用紙は学校からの発表がないため，東京学参が制作いたしました。

1

(1)	(2)			(3)		(4)	(5)				
ア	イ	ウ	エ	オ	カ	キ	ク	ケ	コ	サ	シ
⓪	⓪	⓪	⓪	⓪	⓪	⓪	⓪	⓪	⓪	⓪	⓪
①	①	①	①	①	①	①	①	①	①	①	①
②	②	②	②	②	②	②	②	②	②	②	②
③	③	③	③	③	③	③	③	③	③	③	③
④	④	④	④	④	④	④	④	④	④	④	④
⑤	⑤	⑤	⑤	⑤	⑤	⑤	⑤	⑤	⑤	⑤	⑤
⑥	⑥	⑥	⑥	⑥	⑥	⑥	⑥	⑥	⑥	⑥	⑥
⑦	⑦	⑦	⑦	⑦	⑦	⑦	⑦	⑦	⑦	⑦	⑦
⑧	⑧	⑧	⑧	⑧	⑧	⑧	⑧	⑧	⑧	⑧	⑧
⑨	⑨	⑨	⑨	⑨	⑨	⑨	⑨	⑨	⑨	⑨	⑨

2

(1)		(2)			(3)			
ア	イ	ウ	エ	オ	カ	キ	ク	ケ
⓪	⓪	⓪	⓪	⓪	⓪	⓪	⓪	⓪
①	①	①	①	①	①	①	①	①
②	②	②	②	②	②	②	②	②
③	③	③	③	③	③	③	③	③
④	④	④	④	④	④	④	④	④
⑤	⑤	⑤	⑤	⑤	⑤	⑤	⑤	⑤
⑥	⑥	⑥	⑥	⑥	⑥	⑥	⑥	⑥
⑦	⑦	⑦	⑦	⑦	⑦	⑦	⑦	⑦
⑧	⑧	⑧	⑧	⑧	⑧	⑧	⑧	⑧
⑨	⑨	⑨	⑨	⑨	⑨	⑨	⑨	⑨

3

(1)		(2)				(3)	
ア	イ	ウ	エ	オ	カ	キ	ク
⓪	⓪	⓪	⓪	⓪	⓪	⓪	⓪
①	①	①	①	①	①	①	①
②	②	②	②	②	②	②	②
③	③	③	③	③	③	③	③
④	④	④	④	④	④	④	④
⑤	⑤	⑤	⑤	⑤	⑤	⑤	⑤
⑥	⑥	⑥	⑥	⑥	⑥	⑥	⑥
⑦	⑦	⑦	⑦	⑦	⑦	⑦	⑦
⑧	⑧	⑧	⑧	⑧	⑧	⑧	⑧
⑨	⑨	⑨	⑨	⑨	⑨	⑨	⑨

4

(1)	(2)		(3)		
ア	イ	ウ	エ	オ	カ
⓪	⓪	⓪	⓪	⓪	⓪
①	①	①	①	①	①
②	②	②	②	②	②
③	③	③	③	③	③
④	④	④	④	④	④
⑤	⑤	⑤	⑤	⑤	⑤
⑥	⑥	⑥	⑥	⑥	⑥
⑦	⑦	⑦	⑦	⑦	⑦
⑧	⑧	⑧	⑧	⑧	⑧
⑨	⑨	⑨	⑨	⑨	⑨

5

(1)		(2)			(3)		(4)				
ア	イ	ウ	エ	オ	カ	キ	ク	ケ	コ	サ	シ
⓪	⓪	⓪	⓪	⓪	⓪	⓪	⓪	⓪	⓪	⓪	⓪
①	①	①	①	①	①	①	①	①	①	①	①
②	②	②	②	②	②	②	②	②	②	②	②
③	③	③	③	③	③	③	③	③	③	③	③
④	④	④	④	④	④	④	④	④	④	④	④
⑤	⑤	⑤	⑤	⑤	⑤	⑤	⑤	⑤	⑤	⑤	⑤
⑥	⑥	⑥	⑥	⑥	⑥	⑥	⑥	⑥	⑥	⑥	⑥
⑦	⑦	⑦	⑦	⑦	⑦	⑦	⑦	⑦	⑦	⑦	⑦
⑧	⑧	⑧	⑧	⑧	⑧	⑧	⑧	⑧	⑧	⑧	⑧
⑨	⑨	⑨	⑨	⑨	⑨	⑨	⑨	⑨	⑨	⑨	⑨

桐蔭学園高等学校　2022年度　◇英語◇

※この解答用紙は学校からの発表がないため，東京学参が制作いたしました。

Ⅰ

問1	問2				問3	問4	問5	問6	問7							
	【あ】	【い】	【う】	【え】					(1)	(2)	(3)	(4)	(5)	(6)	(7)	(8)
①	①	①	①	①	①	①	①	①	①	①	①	①	①	①	①	①
②	②	②	②	②	②	②	②	②	②	②	②	②	②	②	②	②
③	③	③	③	③	③	③	③	③	③	③	③	③	③	③	③	③
④	④	④	④	④	④	④	④	④	④	④	④	④	④	④	④	④
								⑤	⑤	⑤	⑤	⑤	⑤	⑤	⑤	⑤
								⑥	⑥	⑥	⑥	⑥	⑥	⑥	⑥	⑥
								⑦	⑦	⑦	⑦	⑦	⑦	⑦	⑦	⑦
								⑧	⑧	⑧	⑧	⑧	⑧	⑧	⑧	⑧
									⑨	⑨	⑨	⑨	⑨	⑨	⑨	⑨

Ⅱ

問1	問2				問3	問4	問5	問6			問7			
	【あ】	【い】	【う】	【え】				(A)	(B)	(C)	(1)	(2)	(3)	(4)
①	①	①	①	①	①	①	①	①	①	①	①	①	①	①
②	②	②	②	②	②	②	②	②	②	②	②	②	②	②
③	③	③	③	③	③	③	③	③	③	③	③	③	③	③
④	④	④	④	④	④	④	④	④	④	④				
	⑤	⑤	⑤	⑤										

Ⅲ

(1)			(2)			(3)			(4)			(5)		
(A)	(B)	(C)	(A)	(B)	(C)	(A)	(B)	(C)	(A)	(B)	(C)	(A)	(B)	(C)
①	①	①	①	①	①	①	①	①	①	①	①	①	①	①
②	②	②	②	②	②	②	②	②	②	②	②	②	②	②
③	③	③	③	③	③	③	③	③	③	③	③	③	③	③
④	④	④	④	④	④	④	④	④	④	④	④	④	④	④
⑤	⑤	⑤	⑤	⑤	⑤	⑤	⑤	⑤	⑤	⑤	⑤	⑤	⑤	⑤
⑥	⑥	⑥	⑥	⑥	⑥	⑥	⑥	⑥	⑥	⑥	⑥	⑥	⑥	⑥
⑦	⑦	⑦	⑦	⑦	⑦	⑦	⑦	⑦	⑦	⑦	⑦	⑦	⑦	⑦
⑧	⑧	⑧	⑧	⑧	⑧	⑧	⑧	⑧	⑧	⑧	⑧	⑧	⑧	⑧
⑨	⑨	⑨	⑨	⑨	⑨	⑨	⑨	⑨	⑨	⑨	⑨	⑨	⑨	⑨

◇国語◇

桐蔭学園高等学校　２０２２年度

※この解答用紙は学校からの発表がないため、東京学参が作成いたしました。

第一問

A	① ② ③ ④
B	① ② ③ ④
C	① ② ③ ④
D	① ② ③ ④
E	① ② ③ ④
F	① ② ③ ④

第二問

問1	① ② ③ ④
問2	① ② ③ ④
問3	① ② ③ ④
問4	① ② ③ ④
問5	① ② ③ ④
問6	① ② ③ ④
問7	① ② ③ ④
問8	① ② ③ ④
問9	① ② ③ ④

第三問

問1	(a)	① ② ③ ④
	(b)	① ② ③ ④
	(c)	① ② ③ ④
	(d)	① ② ③ ④
問2		① ② ③ ④
問3		① ② ③ ④
問4		① ② ③ ④
問5		① ② ③ ④
問6		① ② ③ ④
問7		① ② ③ ④
問8		① ② ③ ④
問9		① ② ③ ④
問10		① ② ③ ④

◇数学◇

1

(1)			(2)		(3)		(4)		(5)	(6)	
ア	イ	ウ	エ	オ	カ	キ	ク	ケ	コ	サ	シ
⓪	⓪	⓪	⓪	⓪	⓪	⓪	⓪	⓪	⓪	⓪	⓪
①	①	①	①	①	①	①	①	①	①	①	①
②	②	②	②	②	②	②	②	②	②	②	②
③	③	③	③	③	③	③	③	③	③	③	③
④	④	④	④	④	④	④	④	④	④	④	④
⑤	⑤	⑤	⑤	⑤	⑤	⑤	⑤	⑤	⑤	⑤	⑤
⑥	⑥	⑥	⑥	⑥	⑥	⑥	⑥	⑥	⑥	⑥	⑥
⑦	⑦	⑦	⑦	⑦	⑦	⑦	⑦	⑦	⑦	⑦	⑦
⑧	⑧	⑧	⑧	⑧	⑧	⑧	⑧	⑧	⑧	⑧	⑧
⑨	⑨	⑨	⑨	⑨	⑨	⑨	⑨	⑨	⑨	⑨	⑨

2

(1)		(2)			(3)				
ア	イ	ウ	エ	オ	カ	キ	ク	ケ	コ
⓪	⓪	⓪	⓪	⓪	⓪	⓪	⓪	⓪	⓪
①	①	①	①	①	①	①	①	①	①
②	②	②	②	②	②	②	②	②	②
③	③	③	③	③	③	③	③	③	③
④	④	④	④	④	④	④	④	④	④
⑤	⑤	⑤	⑤	⑤	⑤	⑤	⑤	⑤	⑤
⑥	⑥	⑥	⑥	⑥	⑥	⑥	⑥	⑥	⑥
⑦	⑦	⑦	⑦	⑦	⑦	⑦	⑦	⑦	⑦
⑧	⑧	⑧	⑧	⑧	⑧	⑧	⑧	⑧	⑧
⑨	⑨	⑨	⑨	⑨	⑨	⑨	⑨	⑨	⑨

3

(1)	(2)		(3)					(4)		
ア	イ	ウ	エ	オ	カ	キ	ク	ケ	コ	サ
⓪	⓪	⓪	⓪	⓪	⓪	⓪	⓪	⓪	⓪	⓪
①	①	①	①	①	①	①	①	①	①	①
②	②	②	②	②	②	②	②	②	②	②
③	③	③	③	③	③	③	③	③	③	③
④	④	④	④	④	④	④	④	④	④	④
⑤	⑤	⑤	⑤	⑤	⑤	⑤	⑤	⑤	⑤	⑤
⑥	⑥	⑥	⑥	⑥	⑥	⑥	⑥	⑥	⑥	⑥
⑦	⑦	⑦	⑦	⑦	⑦	⑦	⑦	⑦	⑦	⑦
⑧	⑧	⑧	⑧	⑧	⑧	⑧	⑧	⑧	⑧	⑧
⑨	⑨	⑨	⑨	⑨	⑨	⑨	⑨	⑨	⑨	⑨

4

(1)		(2)				(3)				
ア	イ	ウ	エ	オ	カ	キ	ク	ケ	コ	サ
⓪	⓪	⓪	⓪	⓪	⓪	⓪	⓪	⓪	⓪	⓪
①	①	①	①	①	①	①	①	①	①	①
②	②	②	②	②	②	②	②	②	②	②
③	③	③	③	③	③	③	③	③	③	③
④	④	④	④	④	④	④	④	④	④	④
⑤	⑤	⑤	⑤	⑤	⑤	⑤	⑤	⑤	⑤	⑤
⑥	⑥	⑥	⑥	⑥	⑥	⑥	⑥	⑥	⑥	⑥
⑦	⑦	⑦	⑦	⑦	⑦	⑦	⑦	⑦	⑦	⑦
⑧	⑧	⑧	⑧	⑧	⑧	⑧	⑧	⑧	⑧	⑧
⑨	⑨	⑨	⑨	⑨	⑨	⑨	⑨	⑨	⑨	⑨

5

(1)		(2)	(3)		
ア	イ	ウ	エ	オ	カ
⓪	⓪	⓪	⓪	⓪	⓪
①	①	①	①	①	①
②	②	②	②	②	②
③	③	③	③	③	③
④	④	④	④	④	④
⑤	⑤	⑤	⑤	⑤	⑤
⑥	⑥	⑥	⑥	⑥	⑥
⑦	⑦	⑦	⑦	⑦	⑦
⑧	⑧	⑧	⑧	⑧	⑧
⑨	⑨	⑨	⑨	⑨	⑨

Ⅰ

問1					問2	問3
【あ】	【い】	【う】	【え】	【お】		
①	①	①	①	①	①	①
②	②	②	②	②	②	②
③	③	③	③	③	③	③
④	④	④	④	④	④	④
⑤	⑤	⑤	⑤	⑤		⑤
						⑥

Ⅱ

問1	問2	問3	問4	問5	問6	問7
①	①	①	①	①	①	①
②	②	②	②	②	②	②
③	③	③	③	③	③	③
④	④	④	④	④	④	④
						⑤
						⑥
						⑦
						⑧

Ⅲ

(1)			(2)			(3)			(4)			(5)		
(A)	(B)	(C)	(A)	(B)	(C)	(A)	(B)	(C)	(A)	(B)	(C)	(A)	(B)	(C)
①	①	①	①	①	①	①	①	①	①	①	①	①	①	①
②	②	②	②	②	②	②	②	②	②	②	②	②	②	②
③	③	③	③	③	③	③	③	③	③	③	③	③	③	③
④	④	④	④	④	④	④	④	④	④	④	④	④	④	④
⑤	⑤	⑤	⑤	⑤	⑤	⑤	⑤	⑤	⑤	⑤	⑤	⑤	⑤	⑤
⑥	⑥	⑥	⑥	⑥	⑥	⑥	⑥	⑥	⑥	⑥	⑥	⑥	⑥	⑥
⑦	⑦	⑦	⑦	⑦	⑦	⑦	⑦	⑦	⑦	⑦	⑦	⑦	⑦	⑦
⑧	⑧	⑧	⑧	⑧	⑧	⑧	⑧	⑧	⑧	⑧	⑧	⑧	⑧	⑧

◇国語◇　　　　　　　　桐蔭学園高等学校　2021年度

第一問

A	①②③④
B	①②③④
C	①②③④
D	①②③④
E	①②③④

第二問

問1	i	①②③④
	ii	①②③④
問2		①②③④
問3		①②③④
問4		①②③④
問5		①②③④⑤⑥
問6		①②③④
問7		①②③④
問8		①②③④⑤⑥
問9	A	①②③④
	B	①②③④
問10		①②③④
問11		①②③④⑤⑥
問12		①②③④

第三問

問1	①②③④
問2	①②③④
問3	①②③④
問4	①②③④
問5	①②③④
問6	①②③④
問7	①②③④
問8	①②③④⑤⑥⑦⑧

桐蔭学園高等学校　2020年度

◇数学◇

1

(1)			(2)		(3)		(4)		(5)		(6)	
ア	イ	ウ	エ	オ	カ	キ	ク	ケ	コ	サ	シ	ス
0	0	0	0	0	0	0	0	0	0	0	0	0
1	1	1	1	1	1	1	1	1	1	1	1	1
2	2	2	2	2	2	2	2	2	2	2	2	2
3	3	3	3	3	3	3	3	3	3	3	3	3
4	4	4	4	4	4	4	4	4	4	4	4	4
5	5	5	5	5	5	5	5	5	5	5	5	5
6	6	6	6	6	6	6	6	6	6	6	6	6
7	7	7	7	7	7	7	7	7	7	7	7	7
8	8	8	8	8	8	8	8	8	8	8	8	8
9	9	9	9	9	9	9	9	9	9	9	9	9

2

(1)			(2)			(3)			(4)		
ア	イ	ウ	エ	オ	カ	キ	ク	ケ	コ	サ	シ
0	0	0	0	0	0	0	0	0	0	0	0
1	1	1	1	1	1	1	1	1	1	1	1
2	2	2	2	2	2	2	2	2	2	2	2
3	3	3	3	3	3	3	3	3	3	3	3
4	4	4	4	4	4	4	4	4	4	4	4
5	5	5	5	5	5	5	5	5	5	5	5
6	6	6	6	6	6	6	6	6	6	6	6
7	7	7	7	7	7	7	7	7	7	7	7
8	8	8	8	8	8	8	8	8	8	8	8
9	9	9	9	9	9	9	9	9	9	9	9

3

(1)				(2)		(3)			(4)					
ア	イ	ウ	エ	オ	カ	キ	ク	ケ	コ	サ	シ	ス	セ	ソ
0	0	0	0	0	0	0	0	0	0	0	0	0	0	0
1	1	1	1	1	1	1	1	1	1	1	1	1	1	1
2	2	2	2	2	2	2	2	2	2	2	2	2	2	2
3	3	3	3	3	3	3	3	3	3	3	3	3	3	3
4	4	4	4	4	4	4	4	4	4	4	4	4	4	4
5	5	5	5	5	5	5	5	5	5	5	5	5	5	5
6	6	6	6	6	6	6	6	6	6	6	6	6	6	6
7	7	7	7	7	7	7	7	7	7	7	7	7	7	7
8	8	8	8	8	8	8	8	8	8	8	8	8	8	8
9	9	9	9	9	9	9	9	9	9	9	9	9	9	9

4

(1)										(2)									
ア	イ	ウ	エ	オ	カ	キ	ク	ケ	コ	サ	シ	ス	セ	ソ	タ	チ	ツ	テ	ト
0	0	0	0	0	0	0	0	0	0	0	0	0	0	0	0	0	0	0	0
1	1	1	1	1	1	1	1	1	1	1	1	1	1	1	1	1	1	1	1
2	2	2	2	2	2	2	2	2	2	2	2	2	2	2	2	2	2	2	2
3	3	3	3	3	3	3	3	3	3	3	3	3	3	3	3	3	3	3	3
4	4	4	4	4	4	4	4	4	4	4	4	4	4	4	4	4	4	4	4
5	5	5	5	5	5	5	5	5	5	5	5	5	5	5	5	5	5	5	5
6	6	6	6	6	6	6	6	6	6	6	6	6	6	6	6	6	6	6	6
7	7	7	7	7	7	7	7	7	7	7	7	7	7	7	7	7	7	7	7
8	8	8	8	8	8	8	8	8	8	8	8	8	8	8	8	8	8	8	8
9	9	9	9	9	9	9	9	9	9	9	9	9	9	9	9	9	9	9	9

5

(1)		(2)	(3)				
ア	イ	ウ	エ	オ	カ	キ	ク
0	0	0	0	0	0	0	0
1	1	1	1	1	1	1	1
2	2	2	2	2	2	2	2
3	3	3	3	3	3	3	3
4	4	4	4	4	4	4	4
5	5	5	5	5	5	5	5
6	6	6	6	6	6	6	6
7	7	7	7	7	7	7	7
8	8	8	8	8	8	8	8
9	9	9	9	9	9	9	9

Ⅰ

問1	問2				問3	問4	問5	問6
	(あ)	(い)	(う)	(え)				
①	①	①	①	①	①	①	①	①
②	②	②	②	②	②	②	②	②
③	③	③	③	③	③	③	③	③
④	④	④	④	④	④	④	④	④
	⑤	⑤	⑤	⑤				⑤
	⑥	⑥	⑥	⑥				⑥
								⑦

Ⅱ

問1	問2	問3	問4	問5	問6
①	①	①	①	①	①
②	②	②	②	②	②
③	③	③	③	③	③
④	④	④	④	④	④
	⑤				⑤

Ⅲ

(1)			(2)			(3)			(4)			(5)		
(A)	(B)	(C)	(A)	(B)	(C)	(A)	(B)	(C)	(A)	(B)	(C)	(A)	(B)	(C)
①	①	①	①	①	①	①	①	①	①	①	①	①	①	①
②	②	②	②	②	②	②	②	②	②	②	②	②	②	②
③	③	③	③	③	③	③	③	③	③	③	③	③	③	③
④	④	④	④	④	④	④	④	④	④	④	④	④	④	④
⑤	⑤	⑤	⑤	⑤	⑤	⑤	⑤	⑤	⑤	⑤	⑤	⑤	⑤	⑤
⑥	⑥	⑥	⑥	⑥	⑥	⑥	⑥	⑥	⑥	⑥	⑥	⑥	⑥	⑥
⑦	⑦	⑦	⑦	⑦	⑦	⑦	⑦	⑦	⑦	⑦	⑦	⑦	⑦	⑦
⑧	⑧	⑧	⑧	⑧	⑧	⑧	⑧	⑧	⑧	⑧	⑧	⑧	⑧	⑧

第一問

問1	A	① ② ③ ④
	B	① ② ③ ④
	C	① ② ③ ④
	D	① ② ③ ④
	E	① ② ③ ④
問2	A	① ② ③ ④
	B	① ② ③ ④
	C	① ② ③ ④
	D	① ② ③ ④
	E	① ② ③ ④
問3		① ② ③ ④ ⑤ ⑥ ⑦ ⑧

第二問

問1	① ② ③ ④
問2	① ② ③ ④
問3	① ② ③ ④
問4	① ② ③ ④
問5	① ② ③ ④
問6	① ② ③ ④
問7	① ② ③ ④
問8	① ② ③ ④
問9	① ② ③ ④
問10	① ② ③ ④

第三問

問1	① ② ③ ④ ⑤ ⑥
問2	① ② ③ ④ ⑤ ⑥ ⑦ ⑧
問3	① ② ③ ④ ⑤

第四問

問1		① ② ③ ④ ⑤ ⑥
問2		① ② ③ ④
問3		① ② ③ ④
問4		① ② ③ ④ ⑤
問5		① ② ③ ④
問6		① ② ③ ④
問7		① ② ③ ④
問8		① ② ③ ④
問9		① ② ③ ④
問10		① ② ③ ④
問11	1	
	2	
	3	
	4	
	5	
	6	

MEMO

大切なことはメモしておこうネ！

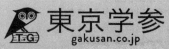

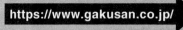

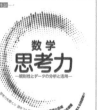

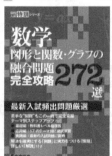

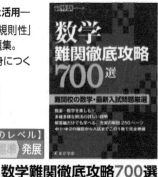

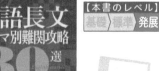

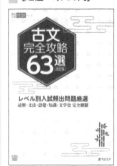

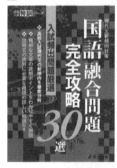

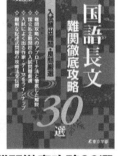

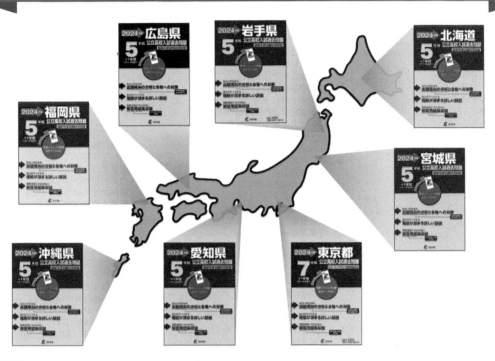

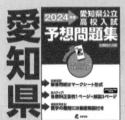

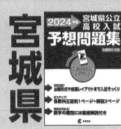

〈ダウンロードコンテンツについて〉

本問題集のダウンロードコンテンツ、弊社ホームページで配信しております。現在ご利用いただけるのは「2025年度受験用」に対応したもので、**2025年3月末日**までダウンロード可能です。弊社ホームページにアクセスの上、ご利用ください。

※配信期間が終了いたしますと、ご利用いただけませんのでご了承ください。

高校別入試過去問題シリーズ

桐蔭学園高等学校　2025年度

ISBN978-4-8141-2961-4

[発行所] 東京学参株式会社

〒153-0043　東京都目黒区東山2-6-4

書籍の内容についてのお問い合わせは右のQRコードから　⇒

※書籍の内容についてのお電話でのお問い合わせ、本書の内容を超えたご質問には対応できませんのでご了承ください。

2024年7月11日　初版